Oliver Georgi

Und täglich grüßt das Phrasenschwein

Einleitung:
Phrasen, Floskeln, leere Sätze

Wenn Politiker und Politikerinnen reden, sind Floskeln meist nicht weit. Politiker handeln mit Augenmaß, betonen ihre große Einigkeit, wollen sich nach Wahlniederlagen ehrlich machen und die Leitplanken ihres Handelns neu ausrichten, weil es an der Tatsache nichts zu beschönigen gibt, dass das Profil dringend wieder geschärft werden muss. Sie wenden Schaden vom Land und von ihrer Partei ab, sagen Dinge in aller Deutlichkeit und versachlichen die Diskussion mit einer Dynamik, die authentisch und zukunftsfähig ist – Politikerinnen und Politiker aller Parteien lieben solche Wortformeln und Stanzen, mit denen sie viel reden können, aber wenig sagen müssen. Besonders Bundeskanzlerin Angela Merkel ist eine Meisterin dieser »lingua blablativa«, wie der Soziologe Niklas Luhmann diese Art zu sprechen genannt hat.[1] Egal, wo Merkel auftritt, ob bei der Eröffnung des Handwerkstages, einem europäischen Gipfeltreffen in Brüssel oder bei einer Regierungserklärung im Bundestag, ihre Reden gleichen sich in ihrer Floskelhaftigkeit oft so sehr, dass das Zuhören schwerfällt.

Der Duden definiert eine Phrase als eine »nichtssagende Aussage« oder Redensart, also als einen Begriff, dessen ursprünglicher Sinn einem »rhetorischen Automatismus« gewichen ist[2], wie Wikipedia ergänzt, weil er inflationär und zu oft ohne kausale Konsequenz verwendet wird. Das Wort Floskel ist ein Synonym dazu, weshalb in diesem Buch von beiden Begriffen die Rede sein soll. Selbst Politiker, denen gemeinhin gute rhetorische Fähigkeiten attestiert werden, sind vor dem Phrasenschwein nicht gefeit, im Gegenteil. Als der heutige FDP-Vorsitzende Christian Lindner am 14. Dezember 2011 überraschend seinen Rücktritt als FDP-Generalsekretär erklärte, geriet sein kurzer Vortrag im Berliner Thomas-Dehler-Haus zu einer Sternstunde politischer Kommunikation – im negativen Sinn. »Es gibt den Moment, in dem man seinen Platz frei machen muss, um eine neue Dynamik zu ermöglichen«, sagte Lindner. »Meine Erkenntnis hat für mich zur Konsequenz, dass ich aus Respekt vor meiner Partei und vor meinem Engagement für die liberale Sache mein Amt niederlege. Dadurch ermögliche ich es dem FDP-Bundesvorsitzenden Philipp Rösler, die wichtige Bundestagswahl 2013 [...] mit neuen Impulsen zu einem Erfolg für die FDP zu machen.«[3] Erkenntnis, Dynamik, Respekt, Engagement, Impuls – von alldem hatte Lindner gesprochen und seinem Publikum damit quasi ein Best-of des politischen Phrasenvokabulars geboten. Nur gesagt hatte er wenig – die Gründe für seinen überraschenden Rückzug blieben auch nach seiner Rede so nebulös wie davor.

Ist das der Grund, warum Politiker so formelhaft reden: Weil sie ihre echten Beweggründe vor ihren Wählern verbergen und krampfhaft den Anschein wahren wollen, dass Streit, Missgunst und Konkurrenzkampf in der Politik nicht vorkommen? Weil sie ihr Volk mit ihren Floskeln und Stanzen bewusst in die Irre führen wollen, wenn sie »Bürokratieabbau« sagen und damit eigentlich den Abbau des Kündigungsschutzes meinen, wie die Journalisten Daniel Baumann und Stephan Hebel 2016 in ihrem Buch *Gute-Macht-Geschichten* schrieben?[4] Dass die politischen Vertreter ihre Wähler durch ihre Sprache vorsätzlich täuschen wollten, ist in Zeiten erstarkender (rechts-)populistischer Bewegungen nicht nur bei der AfD und Pegida ein beliebter Topos – aber ist diese Erklärung nicht viel zu einfach?

Die Phrasen- und Formelhaftigkeit der Politikersprache sei ein Grund dafür, warum immer weniger Menschen ihre Volksvertreter glaubwürdig fänden, gestand der langjährige Hamburger Bürgermeister Ole von Beust (CDU) 2012 in einem Gastbeitrag für die *Süddeutsche Zeitung* – den Vorwurf der bewussten Irreführung wies er jedoch zurück.[5] Politiker verwendeten ihre Phrasen »meist gar nicht in der bösen Absicht der Verkleisterung oder Vertuschung« – ihre Sprache sei eher ein »Ausdruck der Sozialisation in der Politik«. Viele Volksvertreter hätten sich von den Jugendorganisationen ihrer Parteien über die Kommunalpolitik bis in die »höheren Ebenen« hochgearbeitet und dabei fast zwangsläufig die »herrschende Terminologie« übernommen, um die »eigene Kompetenz« zu beweisen. Von Beust verglich das mit der Sprache angehender Mediziner, die »aus Stolz und Anpassung« den Duktus ihrer Zunft übernehmen und damit ihre Zugehörigkeit zum Orden beweisen – um den Preis, eine immer hermetischere Sprache zu verwenden. Von Beust machte aber noch einen zweiten Grund für die immer größere Formelhaftigkeit der politischen Sprache aus: die Angst von Politikern und Politikerinnen, sich eine Blöße zu geben und Autorität zu verlieren, wenn sie ihren Zorn und ihre Trauer ehrlich zeigten. »Wenn ich gestanzte Formulierungen nehme, gehe ich kein Risiko ein« – nach diesem Motto handelten viele Politiker, schrieb von Beust und nahm dafür auch die Medien in Mithaftung, die zur »Ritualisierung der Politik« beitrügen und denjenigen bestraften, der sich nicht an die Regeln halte. Ist das so? Reagieren Politiker mit ihren Floskeln lediglich auf den Druck der Öffentlichkeit, in der Scheitern und Schwäche heutzutage nicht mehr vorkommen dürfen? Sind es vor allem die immer kürzeren

Erregungszyklen in der medialen Berichterstattung, die teils auch kleine Abweichungen vom rhetorischen Mainstream schnell zum großen Skandal hochspielt und Politikern das Signal vermittelt, dass es besser ist, vage zu bleiben, und sich nicht lohnt zu polarisieren? Oder liegt es auch an den widersprüchlichen Erwartungen der Wähler, die sich »authentische« Politiker mit Charisma wünschen, dann aber mitunter wie vor den Kopf gestoßen sind, wenn diese das Versprechen einlösen und sich tatsächlich unangepasst verhalten wie Peer Steinbrück im Bundestagswahlkampf 2013? »Belastbar«, »authentisch«, »ergebnisoffen«, solche Floskeln sind kaum ohne den Rückbezug auf diejenigen zu verstehen, die ebendiese politischen Repräsentanten wählen.

Es ist an der Zeit, sich der Dreiecksbeziehung zwischen Politikern, den Wählern und den Medien wieder bewusster zu werden – auch weil die politische Kommunikation vor allem in der Ära Merkel so phrasenhaft geworden ist, dass es unserer Demokratie längst zu schaden beginnt. Es ist auch Merkels schablonenhafte, technokratische Sprache, die das rechtspopulistische Versprechen der AfD, endlich wieder jenen »Klartext« zu reden, den die etablierten Parteien verlernt hätten, auf so fruchtbaren Boden fallen lässt. Zugleich hat das Erstarken der AfD in den letzten Monaten zu einer zunehmenden Verrohung und Entgrenzung des politischen Vokabulars selbst im Bundestag geführt. Ob »Asyltourismus«, »Anti-Asyl-Industrie«, »Kopftuchmädchen« oder Alexander Gaulands »Vogelschiss«: Im öffentlichen Diskurs werden plötzlich wieder Sätze gesagt, die vor kurzer Zeit noch undenkbar gewesen wären. Offen artikulierter Hass gegen Ausländer und Flüchtlinge, abfällige Bemerkungen gegen das »System«, dessen Sturz zu planen die Rechtspopulisten öffentlich verkünden, immer häufigere rhetorische Provokationen an der Grenze des Sagbaren, die zu verschieben das offen erklärte Ziel der AfD ist: Auch das ist, neben der Phrasenhaftigkeit vieler Politiker, die Lage der politischen Rhetorik im Jahr 2019.

Wie könnte ein Ausweg aus diesem Dilemma aussehen, den Phrasen abzuschwören und eine präzisere, offenere Sprache zu sprechen, ohne damit zu ihrer Verrohung beizutragen? Wie kann der verständliche Wunsch vieler Wähler nach mehr Authentizität auch in der politischen Kommunikation eingelöst werden, ohne »Klartext« mit der verantwortungslosen Sprache der (Rechts-)-Populisten zu verwechseln? Darum soll es in diesem Buch gehen. Und um noch etwas: um mehr Selbstkritik und Ehrlichkeit auch bei uns selbst, den Wählern und den Journalisten. Denn auch wir nutzen jeden Tag Phrasen – und das häufig aus denselben Gründen wie die politischen Vertreter. Wir wollen Dinge sprachlich verzögern, weil wir uns noch nicht festlegen mögen oder können (etwa wenn wir sagen, morgen sei »auch noch ein Tag«). Wir wollen Dinge verschleiern, weil wir eine Festlegung scheuen, und finden etwas »interessant«, obwohl »völlig daneben« viel ehrlicher wäre. Und wir sagen viele Phrasen leichtfertig dahin, weil sie nicht nur zur Sprache der Höflichkeit gehören, sondern oft auch Ausdruck von Sprachökonomie sind. Phrasen schaffen Distanz, geben Zeit zur Orientierung und ermöglichen es uns und unseren Gesprächspartnern, Dinge blitzschnell in einen Bedeutungskontext zu setzen. Phrasen sind für uns also mindestens so praktisch wie für die Politiker. Deshalb wäre es unehrlich, mit dem Finger immer nur auf ihre Floskeln zu zeigen.

Trotzdem müssen es sich unsere Volksvertreter mehr als »normale Menschen« gefallen lassen, für ihre oft blutleere Sprache kritisiert zu werden. Denn Sprache ist nicht losgelöst von der Politik, sie macht sie auch. Nicht nur *was Politiker tun*, kann die Gegenwart und die Zukunft verändern. Sondern auch die Art und Weise, *wie sie darüber reden*.

1 Vertrauen

Im Leben ist es ja so: Man kann auf vieles verzichten, auf dreilagiges Toilettenpapier, handgemahlenen peruanischen Bohnenkaffee und sogar auf rechtsdrehende Joghurtkulturen in Heumilch, aber wenn das Vertrauen fehlt, dann wird die Existenz schnell zu einer trüben Veranstaltung. Ob in der Ehe, beim Rohfisch-Japaner um die Ecke oder dem Arzt, der eine Reizung des Blinddarms von dessen Durchbruch unterscheiden soll – ohne Vertrauen ist alles ein Krampf, und das gilt nicht nur für den Blinddarm. In der Politik hingegen verhält es sich mit dem Vertrauen genau umgekehrt: Je mehr es davon gibt, desto gefährlicher wird es. Kaum jemand stellt das regelmäßig so eindrucksvoll unter Beweis wie Angela Merkel. Wenn die Kanzlerin einem langjährigen Mitstreiter öffentlich ihr Vertrauen ausspricht, weil er sich bei einem hässlichen Skandal oder beim Leugnen einer anderen, längst offensichtlichen politischen Dummheit hat erwischen lassen, kann der Betroffene hoffen, dass der Kelch noch einmal an ihm vorübergeht. Hat die Kanzlerin allerdings »vollstes Vertrauen«, dann ist völlig klar: maximal noch 72 Stunden, Kisten packen, Anschlussverwendung, notfalls bei der EU oder im Bahn-Vorstand.

Die Liste derer, denen Merkel in ihrer Zeit als Kanzlerin schon gnadenlos vertraut hat, um sie kurz darauf, als es nicht mehr zu vermeiden war, noch gnadenloser fallen zu lassen, ist lang. Der frühere Verteidigungsminister Franz Josef Jung, der

2009 wegen der Kundus-Affäre in Afghanistan in Ungnade gefallen war; der unglückselige Bundespräsident Christian Wulff, der 2011 wegen der Affäre um einen Hauskredit und die Bezahlung eines Urlaubs durch den Unternehmer David Groenewold in Verruf geriet; der frühere Wirtschafts- und Verteidigungsminister Karl-Theodor zu Guttenberg, der bei seiner Doktorarbeit nicht nur bei der *F.A.Z.* abgeschrieben hatte; sogar Annette Schavan, eine enge Freundin Merkels, die 2013 ebenfalls über eine Plagiatsaffäre im Zusammenhang mit ihrer Doktorarbeit stolperte: Ihnen allen sprach Merkel auf dem Höhepunkt der Krise ihr »volles« oder sogar ihr »vollstes« Vertrauen aus. Und machte der Öffentlichkeit damit unmissverständlich klar: Wenn die Kanzlerin so etwas zu diesem heiklen Zeitpunkt schon eigens betont, kann die Demission nicht mehr weit sein. Der Blogger Sascha Lobo errechnete, dass in 73 Prozent der Fälle, in denen Merkel während ihrer zweiten Amtszeit einem deutschen Politiker ihr »volles Vertrauen« ausgesprochen hatte, nach durchschnittlich 33,3 Tagen der Rücktritt erfolgte.[1] Wohl nie zuvor hat eine Politikerin einen zentralen Begriff der Politik rhetorisch so fundamental ins Gegenteil verkehrt.

Brandgefährliches Vertrauen ist aber mitnichten nur ein Alleinstellungsmerkmal Angela Merkels. Auch sonst wird einander in der Politik vertraut, dass es eine wahre Freude ist und man vor lauter Ergriffenheit manchmal am liebsten das Taschentuch zücken möchte. Ob eine »vertrauensvolle Zusammenarbeit«, auf die politische Partner sich zu Beginn einer neuen Koalition einschwören, oder die »Kultur des Vertrauens«, die meist erst dann betont wird, wenn es mit dem Vertrauen schon längst nicht mehr so weit her ist: Allenthalben machen Politikerinnen und Politiker in ihren Äußerungen klar, dass Vertrauen eine der wichtigsten Kategorien im politischen Alltag ist.

Als der frühere bayerische Ministerpräsident Horst Seehofer (CSU) im Winter 2017 nach einem quälend langen Machtkampf seinen Platz in der Staatskanzlei für seinen Widersacher Markus Söder räumte, betonten danach beide, wie sachlich sie miteinander gerungen hätten und wie »vertrauensvoll« sie auch künftig zusammenarbeiten würden. Das klang aufgeräumt und edel: Zwei erbitterte Kontrahenten begraben ihre kleingeistige Fehde zugunsten der größeren Sache und hören endlich auf mit dem Kindergarten. Man musste auf Fernsehaufnahmen aber nicht erst in beider Gesichter blicken, um sich an die alte Weisheit zu erinnern: Je überschwänglicher zwei Politiker ihr gegenseitiges Vertrauen betonen, desto härter werden in den Taschen schon die Fäuste geballt.

Nun kann man sagen: Wozu überhaupt diese mühsamen Verklausulierungen? Weiß nicht ohnehin jeder, dass in Wirklichkeit alles viel hässlicher ist, weil echtes Vertrauen in der Politik, wenn überhaupt, nur so lange existiert, wie es dem eigenen Fortkommen nicht schadet? Warum sagt Angela Merkel nicht einfach, wie es ist, wenn sie wieder mal einen Minister entlässt, zu dem sie »vollstes Vertrauen« hat: Dass sie die Nase voll hat von ihm, weil er es trotz aller Mahnungen noch immer nicht übers Herz gebracht hat, zu seinen Verfehlungen zu stehen, und dass er jetzt schleunigst vom Hof muss, damit der Schaden nicht auch auf sie selbst zurückfällt? Und wieso kann Horst Seehofer nicht einfach öffentlich eingestehen, dass er Söder partout nicht ausstehen kann, in drei Gottes Namen aber nun einmal weiter mit ihm zusammenarbeiten muss, auch wenn das offenbar alles andere als ein Vergnügen ist?

Die Antwort auf diese Fragen ist simpel: Weil man sich in der Politik tunlichst erst dann abwendet, wenn jemand wirklich nicht mehr zu retten ist – man weiß schließlich nie, ob die

Affäre nicht doch noch vorübergeht und man es weiter miteinander aushalten muss. Wie stünde man denn da, wenn man mit größtmöglicher Empörung mit einem Vertrauten gebrochen hat und der dann unvermutet doch wieder von den Toten aufersteht? Auch könnte bei zu schnellen Distanzierungen rasch der Eindruck von Missgunst entstehen – ist man bis kurz vor dem bitteren Ende des Lobes voll, kann einem hernach hingegen niemand vorwerfen, man habe insgeheim schon lange die Messer gewetzt. Politik, das ist – zumal in unserem medialen Zeitalter – auch eine große Bühne. Und Politiker wissen instinktiv, dass das Publikum Dolchstöße im Vorhinein nicht goutiert, Krokodilstränen im Nachhinein aber besser wegwischt. Hinzu kommt, dass die Sache mit dem Vertrauen natürlich ein Spiel mit offenen Karten ist, schließlich ist es im echten Leben genauso: Wenn etwas über Gebühr betont wird, ist es meist nicht mehr allzu ernst gemeint. Warum sollten die Politiker und Politikerinnen, von denen nun mal größtmögliche Volksnähe eingefordert wird, es dem Volk also nicht auch in dieser Hinsicht gleichtun?

Diese durchaus nachvollziehbare Taktik hat allerdings Folgen. Nach der Studie »Trust in Professions 2018« der Gesellschaft für Konsumforschung (GfK) hatten nur 14 Prozent der Befragten Vertrauen in Politiker – damit lag diese Berufsgruppe weit abgeschlagen auf Rang 20, noch hinter Versicherungsvertretern, Werbefachleuten, Schauspielern oder Unternehmern. Ganz vorne in der Liste: Feuerwehrleute, Sanitäter und Krankenschwestern.[2] Nach Ansicht vieler Wissenschaftler belegt das zwar nicht unbedingt, dass die Menschen allgemein demokratieverdrossen sind oder das System generell infrage stellen. Aber ihr Misstrauen in die handelnden politischen Vertreter und die Medien ist gewachsen. Das liegt, zugegeben, zum großen Teil an inhaltlichen Fragen – an gebrochenen Wahlversprechen, am persönlichen Fehlverhalten von Politikern oder an der immens gestiegenen Komplexität politischer Sachverhalte. Wenn es früher um die Einführung der 35-Stunden-Woche ging, dann war das von den allermeisten leicht nachzuvollziehen, weil es ihre Lebenswelt unmittelbar betraf und die wenigen Optionen klar auf dem Tisch lagen. Wenn heute aber über komplexe Großthemen wie die Eurorettungspolitik verhandelt wird, haben mitunter selbst Experten Mühe, das Thema ganz zu erfassen – und die Laien bleiben nur noch verwirrt zurück. Es ist diese wachsende Unüberschaubarkeit der politischen Themen, die bei vielen Wählern das Gefühl der Machtlosigkeit und des Misstrauens verstärkt hat.

Aber, und das ist ein wichtiger Punkt: Es hat auch mit einer politischen Kommunikation zu tun, die in den letzten Jahren, auch bedingt durch die häufigen Großen Koalitionen und den geradezu harmoniesüchtigen politischen Diskurs, immer formelhafter geworden ist. Viele Debatten werden mittlerweile so ängstlich geführt, dass echte Kontroversen, die die Unterschiede zwischen den politischen Positionen deutlich machen könnten, zunehmend ausbleiben. Leichtfertig dahingesagte Theater-Floskeln wie das »volle Vertrauen« verstärken noch diese fatale Sprachlosigkeit. Wenn Politikerinnen und Politiker schon bei so fundamentalen Begriffen des menschlichen Miteinanders offenkundig flunkern: Wie sollen die Wähler ihnen dann erst vertrauen, wenn es inhaltlich ernst wird?

»Alles Reden ist sinnlos, wenn das Vertrauen fehlt«, hat der Schriftsteller Franz Kafka einmal geschrieben. Oder, um mit Angela Merkel zu sprechen: »Am Ende ist Vertrauen genau die Währung, mit der gezahlt wird.«[3] Politiker wissen nur zu gut um den fundamentalen Wert dieser Währung. Auch deshalb sprechen sie nicht bloß nach Wahlniederlagen gern davon, dass sie das

»verlorene Vertrauen« ihrer Anhänger oder Wähler jetzt schnell zurückgewinnen wollen. Doch auch dieses Versprechen nach großen Enttäuschungen ist längst so offensichtlich zur Formel erstarrt, dass nur noch die wenigsten Wähler wirklich hoffen dürften, dass sich am Verhalten und der Kommunikation ihrer politischen Repräsentanten mit ihnen schnell grundlegend etwas ändern würde.

Ein gutes Beispiel dafür, wie nachhaltig die falsche Vertrauensrhetorik das Vertrauensverhältnis zwischen Politikern, ihrer Partei und den Wählern beschädigen kann, bot nach der letzten Bundestagswahl die SPD mit ihren »ergebnisoffenen Verhandlungen« mit der Union. Rhetorisch ist der Begriff »ergebnisoffen« nachgerade genial. Um das zu verstehen, sollten Sie sich kurz folgende Szenerie vorstellen: Sie müssen das Unangenehmste tun, das in Ihrem Leben vorstellbar ist, und leider ist es so unausweichlich wie das Amen in der Kirche. Sagen wir, ein gemeinsames Weihnachtsfest mit allen Verwandten steht an, das nicht nur Ihnen und Ihrer Frau, sondern vor allem Ihren Kindern die Schweißperlen auf die Stirn treibt. Trotzdem glauben Sie, dass es keine Alternative zu ihm gibt, weil Ihre Eltern Ihnen sonst mit der Enterbung drohen. Dummerweise haben Sie vor Ihren Kindern bis vor Kurzem laut verkündet, dass Sie so etwas nie tun würden, selbst mit vorgehaltener Waffe nicht, und waren eigentlich ziemlich stolz auf Ihren Mut. Und jetzt stehen Sie vor dem Dilemma, das Unausweichliche mit dem größtmöglichen Ekel, zu dem Sie fähig sind, als (wenn überhaupt!) unwahrscheinliche Option verkaufen zu müssen, weil Ihnen sonst der größte Ärger Ihres Lebens droht. Was also tun? Richtig: Sie müssen Wahlfreiheit vortäuschen, um das Vertrauen, das Ihre Kinder in Sie setzen, nicht zu verspielen. Also rufen Sie »ergebnisoffen« bei Ihren Eltern an, obwohl Sie das Ergebnis des Telefonats längst kennen.

In einem vergleichbar furchtbaren Dilemma steckten die Sozialdemokraten im Herbst 2017. Als die SPD-Spitze nach der Bundestagswahl schließlich doch Sondierungsgespräche mit der Union über die Bildung einer Großen Koalition eingehen wollte, musste sie ihrer erzürnten Basis einen 180-Grad-Schwenk verkaufen. Die SPD werde in die Opposition gehen, hatte der damalige Parteivorsitzende Martin Schulz am Wahlabend unter lautem Jubel angekündigt und dieses Versprechen danach gleich mehrfach wiederholt. Doch nach dem Scheitern der Jamaika-Gespräche war davon keine Rede mehr, die SPD stand plötzlich unter großem Druck: Wenn sie ihr Versprechen nicht kassierte, würde sie für Neuwahlen verantwortlich gemacht werden, die in Berlin kaum jemand wollte. Schulz und die gesamte Parteispitze standen vor dem Kunststück, womöglich einen offenkundigen Wortbruch begehen zu müssen, ohne dass er so aussehen durfte. Also verlegte sich Schulz bei seiner Argumentation auf die Kunst der Rosstäuschung: Die SPD lege sich mit der Aufnahme von Sondierungsgesprächen keinesfalls schon auf eine Große Koalition fest, sondern werde »ergebnisoffen« in die Verhandlungen mit der Union gehen, versprach er auf dem SPD-Parteitag im Dezember 2017 in Berlin. Eine Autosuggestion, der die Delegierten nach einer stundenlangen heftigen Debatte zustimmten – und die fortan die »ergebnisoffene« Sprachregelung bildete. Dabei ist der Begriff »ergebnisoffene Verhandlungen« eigentlich eine Tautologie – schließlich ist das Ergebnis bei Verhandlungen in der Regel nie vorher bekannt und also immer »offen«, sonst wären es ja keine Verhandlungen.

Natürlich durchschaute selbst der ahnungsloseste Genosse schnell, dass das Wort, das nur vordergründig keine Vorfestlegung auf die Große Koalition zu bedeuten schien, genau sein Gegenteil zu kaschieren versuchte. Schließlich machte die Parteispitze längst keinen Hehl mehr daraus, dass sie im Zweifel den Wortbruch durch eine erneute Große Koalition der Ungewissheit von Neuwahlen vorziehen würde und ein »Nein« die Partei ihrer Ansicht nach nur noch weiter in die Krise stürzen könnte. Das Mitgliedervotum war also von Anfang an nicht wirklich »ergebnisoffen«. Wenn es um das Thema Vertrauen geht, hat der rhetorische Kniff sein Ziel deshalb definitiv verfehlt. Im Gegenteil: Was als »vertrauensbildende Notlösung« gedacht war, um vor der eigenen Parteibasis den Anschein der Wahlfreiheit und der Aufrichtigkeit zu wahren, dürfte vielen Genossinnen und Genossen nur als weiterer Beleg dafür gedient haben, dass diese Parteiführung ihr Vertrauen endgültig nicht mehr verdient habe.

Was hätte die SPD stattdessen tun sollen? Ganz einfach: Sie hätte ihrer Partei reinen Wein einschenken und viel offener kommunizieren sollen, warum es sowohl gewichtige Argumente für neuerliche Gespräche mit der Union als auch mindestens ebenso gewichtige dagegen gab. Sie hätte offen eingestehen können, dass auch die Parteiführung selbst zerstritten darüber ist, welche Option die richtige ist. Das hätte tatsächlich »Vertrauen« schaffen können, weil die Kommunikation endlich einmal aufrichtig und wahrhaftig gewesen wäre. So aber entschied sich die Parteispitze, wie es nicht nur SPD-Politiker in (zu) vielen Fällen tun: Sie legte sich auf eine Richtung fest, wo sie Basisdemokratie mit offenem Ausgang versprochen hatte. Sie hatte Angst vor der Vieldeutigkeit, die ihre ohnehin wacklige Position nach der Bundestagswahl weiter hätte schwächen können.

In den Tagen vor dem entscheidenden Parteitag, aber auch vor dem Mitgliedervotum wenige Wochen später, bei dem die Basis über die Aufnahme von Koalitionsverhandlungen mit der Union abstimmen sollte, machte die SPD-Spitze in ihren Publikationen und im Internet einseitig Werbung für die Große

Koalition – die Argumente der GroKo-Gegner fanden sich dort kaum. Nicht nur bei den Jusos um Kevin Kühnert sorgte das für große Verärgerung – waren ihnen von der Parteispitze nach der Bundestagswahl nicht endlich Transparenz und Offenheit versprochen worden? Auch, dass vor dem entscheidenden Parteitag offenbar massiv Druck auf die entscheidenden Landesverbände wie Nordrhein-Westfalen ausgeübt wurde, trotz anfänglicher Verweigerung doch für die GroKo zu stimmen, verstärkte in der Partei nicht gerade jenes »volle Vertrauen«, das die Parteispitze von der Basis eigentlich zurückerlangen wollte. Dass derlei Druck auf die Landesverbände ausgeübt wird, ist natürlich normales politisches Geschäft und strategisch durchaus nachvollziehbar: Die Risiken von Neuwahlen galten im Willy-Brandt-Haus als ebenso groß wie die Gefahr, nach einem erneuten Urnengang wieder vor derselben Situation zu stehen und am Ende ohnehin eine Große Koalition eingehen zu müssen. Trotzdem war der Eindruck, die Parteispitze wolle die angeblich »ergebnisoffene« Entscheidung einseitig vorwegnehmen, kommunikativ fatal. Und das umso mehr, als die SPD in jenen Tagen wieder einmal einem Narrativ huldigte, das sich in den letzten Jahren immer mehr in Politik und Medien verbreitet hat: dem der »breiten Mehrheit«.

Nicht erst seit Konrad Adenauer, der bei der Kanzlerwahl 1949 bekanntermaßen für sich selbst stimmte und nur deshalb gewählt wurde, galt in der Politik die Regel: Eine Stimme mehr genügt, Hauptsache Mehrheit. Heute hingegen gelten knappe oder selbst klare, aber nicht überragend große Mehrheiten oft schon als Zeichen der Schwäche, die für die kommende Zeit Streit und danach nur noch das Scheitern verheißt. Das liegt auch an den immer schnelleren Erregungszyklen der Medien im Online-Zeitalter, die aus knappen Entscheidungen sogleich Rückschläge, Abstrafungen und »überraschende Niederlagen« machen und damit dem immer gierigeren Nachrichtenstrom Futter geben. Umgekehrt haben die Politiker und Politikerinnen schnell gelernt, dass Entscheidungen und Beschlüsse in den Medien nur dann nicht angezweifelt werden, wenn sie mindestens sehr eindeutig, im besten Fall aber mit überragender Mehrheit getroffen werden.

Auch vor dem entscheidenden SPD-Parteitag in Bonn dürften die Parteistrategen im Willy-Brandt-Haus viel darüber nachgedacht haben, ob eine Entscheidung von nur 51 Prozent für die Große Koalition »vertrauenswürdig« genug wäre oder aber die Partei noch mehr ins Unglück stürzen würde, weil die mediale Erzählung dann womöglich gelautet hätte: »SPD zittert sich in die Große Koalition – wie stabil ist die nächste Regierung?« Also tat die SPD-Spitze im Vorfeld alles, um der Entscheidung – unter den gegebenen Umständen – eine so »breite Mehrheit« wie möglich zu verschaffen. So wollte man in der Öffentlichkeit den Eindruck erwecken, dass in die SPD wieder Stabilität und Konsens eingekehrt seien und man ihr und dem nächsten möglichen Regierungsbündnis »vertrauen« könne. Am Ende stimmten in Bonn 56 Prozent der Delegierten für die Aufnahme von Sondierungsgesprächen mit der Union – in früheren Zeiten wäre das eine knappe, aber valide Mehrheit gewesen, und die Debatten darüber hätten wohl noch am selben Tag aufgehört. Jetzt aber wurden die 56 Prozent in den Medien weithin als Zitterpartie gewertet, die nur zeige, wie zerrissen und instabil die SPD sei. Gab diese Bewertung nicht den Sorgen der Parteistrategen recht, zu viel basisdemokratische Ehrlichkeit könne die Lage nur noch viel schlimmer machen?

Auch bei der Wahl von Andrea Nahles zur neuen Parteivorsitzenden im März 2017 ließ sich ein ähnlicher Mechanismus beobachten, der viel zum Thema »Vertrauen« und seiner medialen Kommunikation aussagt. Vor dem Parteitag in Wiesbaden streute das Nahles-Lager, man erwarte ein Ergebnis von »75 Prozent + x«. Und die Medien sekundierten, bei einem Ergebnis darunter wäre die Autorität von Nahles – sprich, das Vertrauen der Partei in die neue Parteivorsitzende – schon zum Beginn ihrer Amtszeit infrage gestellt. Wer ist Henne, wer Ei? Reagieren die Politiker auf die Medien oder umgekehrt? Und wer von beiden ist am Ende schuld daran, dass Erwartungen oft so künstlich in die Höhe geschraubt werden? Als Nahles schließlich mit 66 Prozent der Stimmen gewählt wurde, weil ihre unbekannte Gegenkandidatin Simone Lange überraschend viele Stimmen erhalten hatte, war der Ton in der Berichterstattung wie erwartet gesetzt: Nahles hatte einen »Dämpfer« erhalten, eine »Klatsche« bekommen und war »angeschlagen« – so werteten es jedenfalls die meisten Journalisten. Kaum einer schrieb darüber, dass Nahles in einer Zeit, in der die SPD durch einen veritablen Richtungsstreit zerrissen wurde und in einer der größten Krisen ihrer neueren Geschichte steckte, immerhin eine klare Mehrheit bekommen hatte und zumindest fürs Erste unangefochten war. Indem Nahles' Umfeld die Erwartungen im Vorfeld aber so hoch gesteckt hatte, um den Medien keine Angriffsfläche zu bieten, hatte die SPD wieder nicht authentisch kommuniziert. Statt Vertrauen zu schaffen, wie es nach der desaströsen Bundestagswahl angekündigt worden war, und aufrichtig und selbstkritisch zu sein, hatte sie wieder auf das Narrativ der großen Einigkeit in Zeiten größter Uneinigkeit gesetzt. Damit hatte sie ihre neue Parteivorsitzende ohne Not nur noch mehr geschwächt – und den Eindruck der Zerrissenheit verstärkt.

Vertrauen zu verspielen, gerade indem man Vertrauenswürdigkeit in immer neuen rhetorischen Hülsen suggeriert, ist indes keine Paradedisziplin nur der SPD. Auch und gerade Angela Merkel ist eine wahre Meisterin dieser Technik, wie wir am Anfang des Kapitels schon beim Wort »vollstes Vertrauen« für ihre wankenden Minister gelernt haben. Die Kanzlerin hat viele Hülsen in ihrem Wortschatz, die das Vertrauen vieler Wählerinnen und Wähler in die Wahrhaftigkeit der politischen Klasse nachhaltig beschädigt haben. Einer der fragwürdigsten Begriffe im Merkel'schen Duktus ist jedoch das Wort »alternativlos«. Kaum ein anderes Wort steht so sinnbildlich für eine Kommunikation, die Festigkeit, Handlungsfähigkeit und letzthin Vertrauenswürdigkeit signalisieren soll, aber das völlige Gegenteil bewirkt.

Als im September 2008 die Bankenkrise ausbrach und nach Lehman Brothers auch die deutsche Hypo Real Estate ins Wanken geriet, tauchte der Begriff »alternativlos« ab 2009 immer öfter in Reden von Merkel und danach auch von anderen Kabinettsmitgliedern auf. Sie halte die staatliche Kontrolle über »systemimmanente« (noch so ein Begriff) Banken wie die Hypo Real Estate für »alternativlos«, sagte Merkel damals, was bei vielen in Deutschland für einen empörten Aufschrei sorgte.[4] Denn es war mitnichten so, dass es damals tatsächlich keine Alternative zur Zwangsverstaatlichung von Banken gab – zahlreiche Ökonomen argumentierten dagegen und glaubten nicht, dass eine Bankenpleite zwangsläufig zu jenen Ansteckungseffekten bis hin zu einem großen Bankencrash führen müsse, vor denen Merkel und die Regierung so große Angst hatten. Auch 2010, die Griechenland-Krise war auf einem vorläufigen Höhepunkt, verwendete Merkel wieder denselben Begriff, um die weiteren Finanzhilfen für Athen zu rechtfertigen, die viele Ökonomen nicht nur in Deutschland kategorisch ablehnten.[5] »Mit dem Etikett ›alternativlos‹ stellt sich Politik als ohnmächtiges Vollzugsorgan eines von höherer Macht bestimmten Schicksals hin«, schrieb Heike Göbel Ende 2010 in der *F.A.Z.*, als das Wort von der Deutschen Gesellschaft für Sprache gerade zum »Unwort des Jahres 2010«

gekürt worden war. »Das schafft Verdruss beim Wähler. Warum soll er überhaupt noch seine Stimme abgeben, wenn Regierungshandeln so alternativlos ist, wie behauptet?«[6] Mit diesem »Totschlagargument«, das sie seither in verschiedenen Situationen immer wieder verwendet hat, wollte Merkel damals mit der größtmöglichen rhetorischen Wucht ihre politische Linie durchsetzen – man könnte auch sagen: durchdrücken – und den Wählern zugleich das Gefühl von Führungsstärke vermitteln. Auch »alternativlos« ist mithin ein Wort, das Vertrauen erzeugen soll: Vertraut mir, dass ich schon am besten weiß, was jetzt zu tun ist, weil ich die Einzigartigkeit dieser fundamentalen Krise einschätzen kann. Doch indem sie ihre Politik als »alternativlos« bezeichnete, bewies Merkel nach Einschätzung mancher ein »antipluralistisches Verständnis« von Politik, wie Astrid Séville einmal in der *taz* schrieb[7]: Sie wischte alle anderen Alternativen beiseite und tat sie als nicht weitsichtig und durchdacht genug ab. Notwendige Diskussionen über die besten Lösungen, wie sie für eine Demokratie konstitutiv sind, wurden durch das Wort als sinnlos diskreditiert. Auch ließ der Begriff jene Nuancen nicht mehr zu, die in einem nachhaltigen politischen Diskurs- und Entscheidungsprozess unabdingbar sind: Gegenüber einer »alternativlosen« Maßnahme oder Entscheidung wird alles andere bedeutungslos. Merkels Wort von der »Alternativlosigkeit« ist also schon deshalb problematisch, weil es faktisch den Diskurs abwürgt – und beim Wähler damit das Gegenteil von Vertrauen schafft. Das liegt im Übrigen vielleicht auch daran, dass die Menschen heutzutage gemeinhin deutlich mündiger sind als noch zu Adenauers Zeiten: Ihm hätte man einen solchen Satz in der damaligen paternalistischen Republik wohl noch eher durchgehen lassen – in unserer heutigen Gesellschaft wollen sich die meisten eine solche Bevormundung hingegen nicht mehr gefallen lassen.

Viel fataler als der entstandene Vertrauensverlust aber ist, dass es womöglich auch diese »alternativlose« Rhetorik Merkels war, die den Erfolg der Rechtspopulisten in Deutschland mit befeuert hat. Wenn ausgerechnet die Bundeskanzlerin mit ihrer Rhetorik einen Alleingeltungsanspruch formuliert und andere Meinungen damit für nichtig erklärt, ist das eine Steilvorlage für jene, die sich als Anwälte einer »schweigenden Mehrheit« gegen die »Meinungsdiktatur« inszenieren. »Es ist etwas für die Demokratie Wichtiges zurückgekommen, nämlich eine wirkliche Opposition«[8], frohlockte denn auch die damalige AfD-Vizevorsitzende Beatrix von Storch im März 2016 nach den Landtagswahlen in Sachsen-Anhalt, Rheinland-Pfalz und Baden-Württemberg, bei denen die AfD in allen drei Ländern mit zweistelligen Ergebnissen in die Landtage einzog und in zwei Bundesländern sogar die SPD hinter sich ließ. Dieser Aufstieg der AfD hat natürlich in erster Linie mit inhaltlichen Fragen zu tun, allen voran mit der Flüchtlingskrise seit dem Herbst 2015, in deren Zuge Hunderttausende Menschen vor allem aus Syrien nach Deutschland kamen und die den Rechtspopulisten seither immer mehr Anhänger bescherte. Aber es ist bei vielen eben auch ein latentes Gefühl der Machtlosigkeit, ein Gefühl des Nicht-mehr-gesehen-Werdens, das sie der AfD in die Arme treibt – und dieses Gefühl wurde womöglich auch von Merkels »alternativloser« technokratischer Rhetorik mit geformt.

»Ihre Reden sind wie dicke, wattige Schneeflocken, die aus einem grauen Winterhimmel fallen«, schrieb der *taz*-Journalist Ulrich Schulte einmal über Merkel. »Sie decken zu, dämpfen, zeichnen die Konturen weich. Und am Ende steht stets dieselbe Frage: Was hat sie jetzt eigentlich gesagt?«[9] Egal, wo Merkel spricht, ob bei einem CDU-Parteitag, einem EU-Gipfel in Brüssel, der Eröffnung einer Handwerksmesse oder einem TV-Duell im

Fernsehen, die Phrasen ähneln sich überall. Sie will »Gemeinsames in den Vordergrund stellen« (Neujahrsansprache 2017), sieht Deutschland »vor einem Jahrzehnt, in dem sich vieles für unser Land entscheiden wird« (Neujahrsansprache 2009), will »verlorenes Vertrauen zurückgewinnen« (nach der Bundestagswahl 2017). Und so weiter und so weiter. Merkel mache sich mit ihrer »Teflonsprache« nicht nur schwer angreifbar, sie verschleiere auch ihre Ohnmacht, schrieb Ulrich Schulte weiter – eine Einschätzung, die das Problem treffend auf den Punkt bringt. Indem Merkel viel redet, aber oft keine Stellung bezieht, und indem sie diskursive Details in technokratischen Phrasen nivelliert, bereitet sie den Boden für populistische Vereinfachungsformeln. Je gleichförmiger und wolkiger die Sprache der »etablierten« Parteien, umso leichter können Populisten mit ihrem vorgeblichen »Klartext« bei den Unzufriedenen punkten.

Die Frage ist allerdings, ob Angela Merkel mit ihrer politischen Ausdrucksweise wirklich so alleine dasteht. Ist es nicht auch nachvollziehbar, dass sie in ihrer Rhetorik wie viele andere Spitzenpolitiker so wolkig und floskelhaft wie möglich bleibt, um möglichst wenig Angriffsfläche zu bieten? Wie könnte eine Sprache überhaupt aussehen, die klar, aber nicht populistisch ist und Debatten nicht herrisch in »Alternativlosigkeit« erstickt? Und wie müsste sich das Selbstverständnis der Politikerinnen und Politiker ändern, um authentischer zu kommunizieren? Das wird in diesem Buch noch an einigen Punkten eine Rolle spielen.

2 Ehrlichkeit

Wenn Vertrauen das wichtigste Gut von Politikern ist, dann ist das zweitwichtigste: Ehrlichkeit. Denn ohne die ist das Vertrauen der Wähler in ihre Volksvertreter schnell dahin – ehrlich zu sein oder zumindest vor Wahlen den Anschein von Ehrlichkeit zu erwecken ist für Politiker und Politikerinnen schon deshalb unerlässlich. »Wenn Sie einen anderen Menschen für Ihre Sache gewinnen wollen, müssen Sie ihn zuerst davon überzeugen, dass Sie sein aufrichtiger Freund sind«, hat Abraham Lincoln einmal gesagt. Es ist wie ein Geschäft, das der Wähler mit dem Politiker abschließt: Mit seiner Stimme schenkt er ihm sein Vertrauen. Im Gegenzug erwartet er nicht nur, dass der Politiker mit maximalem Einsatz für seine Ziele kämpft und keine Versprechungen macht, die er nicht einhalten kann, sondern auch, dass er offen über die Möglichkeiten und Grenzen des eigenen Handelns spricht. Maximales Wählervertrauen gegen maximale Aufrichtigkeit – im Idealfall wäre das eine für beide Seiten erquickliche Arbeitsbeziehung auf Augenhöhe. Und was ist für einen Politiker zwingend erforderlich, um gegenüber seinen Wählern Aufrichtigkeit zu demonstrieren? Richtig: die Betonung offener Selbstkritik.

Kaum ein Wort wird in diesem Kontext so gern bemüht wie »schonungslos«. Politikerinnen und Politiker versprechen eine »schonungslose Analyse der Lage« wie Angela Merkel in ihrer

Regierungserklärung nach ihrer ersten Wiederwahl 2009, fordern nach Affären »schonungslose Aufklärung«, wollen den politischen Gegner in Untersuchungsausschüssen dazu bringen, »schonungslos« die Wahrheit auf den Tisch zu legen. Auch nach verheerenden Niederlagen ist der Begriff eine Standardfloskel, wenn Politiker am Wahlabend mit sorgenvoller Miene vor die Kameras treten und sich reumütig geben. Als die SPD bei der Bundestagswahl 2017 eine krachende Niederlage eingesteckt hatte, forderte der damalige Erste Hamburger Bürgermeister, spätere Interims-Parteivorsitzende sowie Vizekanzler Olaf Scholz eine »schonungslose Betrachtung der Lage«. Es ist leicht ersichtlich, warum Politiker diese Floskel so lieben: »Schonungslos«, damit kann man mit größtmöglicher verbaler Verve den Eindruck vermitteln, dass man alle Tabus und Denkverbote, die im politischen Geschäft eine Rolle spielen können, beiseitezuwischen bereit ist. Das Thema ist zu wichtig für parteipolitische oder persönliche Befindlichkeiten, deshalb stelle ich diese jetzt selbstlos hintan.

Auch im politischen Nahkampf hat »schonungslos« rhetorisch viele Vorteile: Wer vom politischen Gegner »schonungslose Aufklärung« verlangt, der zeigt seinen Wählern, dass er nicht eher ruhen wird, bis der Schuft von der anderen Partei endlich die Hosen heruntergelassen und seine Verfehlungen bis hinters letzte Komma zugegeben hat. »Schonungslos« hat also viel mit der Illusion von Rücksichtslosigkeit zu tun: rücksichtslos gegenüber dem politischen Gegner und im Zweifel sogar gegenüber den eigenen Karriereplänen. Dabei ist der Begriff sprachlich durchaus entlarvend, weil Politiker mit ihm unbewusst auf einen Mangel hinweisen: Wer »schonungslos aufklären« will, impliziert damit im Umkehrschluss, dass der politische Gegner oder man selbst in der Regel bei der Suche nach dem Schuldigen oder der Aufklärung eines Missstands offenbar geschont wird. So ist es oft bei Phrasen: Indem sie Selbstverständliches über Gebühr betonen, verweisen sie auf das Gegenteil und werden dadurch umso inhaltsleerer. Das gilt auch für Horst Seehofer.

Nach dem Bekanntwerden des Skandals bei der Bremer Außenstelle des Bundesamts für Flüchtlinge und Migration (Bamf) im Frühjahr 2018, wo zwischen 2013 und 2016 mindestens 1200 Menschen ohne Anspruch Asyl gewährt wurde, versprach der damalige Innenminister in fast jedem Interview eine »schonungslose Aufklärung« der Affäre. Seehofer stand zu diesem Zeitpunkt selbst unter immensem Druck, weil öffentlich die Frage im Raum stand, was er wann von den Vorgängen in Bremen gewusst hatte. Seehofer musste sich als Macher präsentieren, der mit unnachgiebiger Härte alle Missstände aufdecken wird – und sich zugleich maximal von den Geschehnissen in Bremen distanzieren. Eine Quadratur des Kreises, auch rhetorisch – aber auch dafür lieben Politiker das Wort »schonungslos«, das so trefflich nach Beharrlichkeit und Unbeirrbarkeit im Dienste der Wahrheit klingt: Es suggeriert selbst da objektive Distanz, wo es keine gibt.

In der Praxis haben Politiker und Politikerinnen diese Illusion schon so oft mutwillig selbst zerstört, dass »schonungslose Aufklärung« zu einer leeren Phrase verkommen ist. Sie wird zwar längst auch von den Medien und im allgemeinen Sprachgebrauch als Standardfloskel verwendet, doch mittlerweile dürften viele darunter eher das Gegenteil verstehen: Wo etwas »schonungslos« getan werden soll, sind oft gerade nicht größtmögliche Ehrlichkeit und erbarmungslose Selbstkritik zu erwarten, sondern: nichts. Selbst dann nicht, wenn es durch eine herbe Wahlniederlage offensichtlich ist, dass in der Vergangenheit einiges schiefgelaufen ist, das es nun zu korrigieren gilt. Auch Angela Merkel ist eine große Meisterin in der Kunst, mit gebeugtem Haupt größtmögliche Ehrlichkeit bei der Suche nach den Fehlern der Vergangenheit zu versprechen, das Ganze danach aber mit nicht minder großer Nonchalance im Sand verlaufen zu lassen. Gerade bei ihr hat das eine lange Geschichte, was seit dem Beginn ihrer Karriere als CDU-Parteivorsitzende bei vielen in der Union für einen immer bohrenderen Unmut gesorgt hat, der sich danach mit jeder Wahlschlappe noch gesteigert hat. Schon als Merkel bei der Bundestagswahl 2005 trotz eines lange Zeit großen Vorsprungs im Wahlkampf zur großen Überraschung nur hauchdünn gegen Amtsinhaber Gerhard Schröder (SPD) gewann, war das Maulen in der CDU über die neue Parteivorsitzende groß, die sich erst wenige Jahre zuvor kaltschnäuzig von Helmut Kohl, dem langjährigen Übervater der Partei, emanzipiert hatte. Also versprach Merkel ihrer Partei, noch sichtlich angeschlagen von Schröders Aufholjagd, eine eingehende Analyse der Niederlage und spielte ansonsten auf Zeit. Mit Erfolg: Kurz darauf musste Schröder einsehen, dass seine vollmundige Ankündigung in der »Elefantenrunde« am Wahlabend, er werde Bundeskanzler bleiben, nicht mehr umzusetzen war. Merkel schloss eine Große Koalition ohne Schröder (was eine Bedingung der Union gewesen war), wurde die erste deutsche Bundeskanzlerin – und über eine Aufarbeitung der Wahlniederlage sprach plötzlich kein Mensch mehr. Auch die zahlreichen Merkel-Kritiker in der Union, die damals noch bezweifelten, dass eine Pfarrerstochter aus der Uckermark das Format und den Machtinstinkt für Kanzlerschaft und Parteivorsitz haben könne, schluckten ihren Ärger angesichts des Erfolgs der neuen Kanzlerin vorerst hinunter.

Auch bei vielen späteren schlechten Wahlergebnissen folgte Merkel diesem bewährten Muster: Vage andeuten, dass womöglich etwas schiefgelaufen ist (aber nur, wenn es sich wirklich nicht mehr vermeiden lässt), notfalls eine »ehrliche« oder gar »schonungslose« Debatte ankündigen und dann auf die Vergesslichkeit der Öffentlichkeit zählen – und auf das Machtkalkül ihrer Partei. Denn das ist schließlich der Hauptgrund dafür, warum Politiker mit großen Phrasen und kleinen Folgen so oft »durchkommen«: Vom Wahlvolk (und mitunter auch der eigenen Partei) müssen sie in der Regel so lange keine Konsequenzen erwarten, wie sie ein Garant für Wahlsiege und also, um mit Merkel zu sprechen, »alternativlos« sind. Man kann es vielleicht ein bisschen mit der Erziehung eines Kindes vergleichen: Wenn keine direkte Konsequenz folgt (wie im Fall Merkels 2005 etwa eine parteiinterne »Revolte«, die die Parteivorsitzende zu einer wirklich »schonungslosen« Aufarbeitung der Niederlage gezwungen hätte), muss sich ein Politiker seine folgenlosen Phrasen nicht abgewöhnen. In der Folge verpuffen sie und werden mit jedem Mal noch ein wenig hohler. Dem politischen Diskurs erweisen die Volksvertreter mit diesem immer stumpferen Vokabular aber einen Bärendienst, weil sie ihn inhaltlich immer mehr entkernen.

Dieses Phänomen lässt sich auch an einer weiteren Phrase verdeutlichen, die Politiker und Politikerinnen mindestens ebenso lieben wie »schonungslos«, wenn es um das Thema Ehrlichkeit geht: die »Hausaufgaben«. Kaum ein Volksvertreter, der, angesprochen auf eine Wahlniederlage, eine Krise in seiner Partei oder ein dringend zu klärendes Sachthema, nicht schon reumütig in ein Mikrofon gesagt hätte, man müsse und werde jetzt dringend seine »Hausaufgaben machen«. Die Botschaft hinter der Phrase, die sich im Deutschen vom Fußballer bis zum Vorstandsvorsitzenden generell immer größerer Beliebtheit erfreut, ist klar: Wir haben verstanden, da ist etwas liegen geblieben, aber jetzt kümmern wir uns darum. Wie »schonungslos« ist auch der Begriff »Hausaufgaben machen« äußerst praktisch für Politiker: Er suggeriert nicht nur Ehrlichkeit in der Analyse eigener Versäumnisse, sondern auch Tatkraft, ist aber zugleich schwammig genug, dass man kaum dafür zur Rechenschaft gezogen werden kann. Zudem erweckt er den Eindruck, es gehe gerade nicht um grundlegende Probleme wie die Zukunft der Partei oder gar des Landes, sondern lediglich um eine lästige, aber unvermeidliche Pflichterfüllung in der Schule. Durch diese Verniedlichung machen sich die Politiker mit ihren Wählern gemein: Haben die meisten von uns die Hausaufgaben nicht selbst schon einmal geschwänzt? Wer selbst im Glashaus sitzt, der soll bitte schön auch bei seinen Volksvertretern Nachsicht walten lassen – und wenn die ihre »Hausaufgaben« doch mal wieder vergessen, dann wird die Welt – wie in der Schule – deshalb schon nicht gleich untergehen.

Wieder ist es die Kanzlerin, die Großmeisterin der »alternativlosen« Worthülse, die eindrucksvoll die gewinnbringende Umsetzung der Floskel in die Praxis belegt. Nach der Bundestagswahl 2017, bei der die CDU mit 32,9 Prozent das schlechteste Ergebnis ihrer Geschichte erzielt hatte, wurde die Kritik an Merkel in der Union immer vehementer. Viele nicht nur in der CSU lasteten das historisch schlechte Ergebnis ausschließlich Merkel und ihrer Flüchtlingspolitik an. Aus München, wo die CSU mit 38,8 Prozent der Stimmen ebenfalls ihr bislang schlechtestes Ergebnis erreicht hatte, wurden abermals Forderungen laut, die Wahlniederlage jetzt »schonungslos« (!) aufzuarbeiten. Und was tat Merkel? Am Tag nach der Wahl verkündete sie im Konrad-Adenauer-Haus in Berlin, die CDU habe ihre »strategischen Ziele erreicht«. Im Übrigen könne sie, Merkel, »nicht erkennen, was wir hätten anders machen müssen«. War da was? Erst auf Nachfrage schob die Kanzlerin, sichtlich genervt, hinterher, ja, sie übernehme die Verantwortung für die Niederlage, »in Gottes Namen«. Trotzdem rieben sich die Hauptstadtjournalisten ungläubig die Augen – und die Presse für Merkel war verheerend.

»Realitätsverlust«, »Paralleluniversum«, »unbelehrbar« – eine Kanzlerin verliere im Spätherbst ihrer Karriere den Kontakt zum Boden, schrieben viele. Merkel musste reagieren. Zwei Tage später, bei einer Wahlveranstaltung vor der anstehenden Landtagswahl in Niedersachsen in Hildesheim, gestand sie öffentlich ein, es sei »klar, dass wir eine ganze Reihe von Hausaufgaben haben«. Da war sie wieder, die Phrase: Mit ihrer Hilfe konnte Merkel mit größtmöglicher Vagheit einen Hauch von Zweifel andeuten – und die Lesart in der Berichterstattung der Medien war gesetzt: »Merkel gesteht Versäumnisse ein«, schrieb etwa *Welt Online*.

Doch das Fatale daran ist, dass Politikerinnen und Politiker mit solchen allgemeinen Phrasen nur den Ritualen der Berliner Blase aus Politik und Medien genügen. Der Eindruck, den sie damit bei den Wählern hinterlassen, ist aber verheerend. Denn denen ist längst klar, dass Begriffe wie »schonungslos« oder »seine Hausaufgaben machen« kaum noch mehr als leere, folgenlose Beschwichtigungsformeln sind. Viele Medien tragen an diesem fatalen Kreislauf eine gehörige Mitschuld. Trotz der offenkundigen floskelhaften Entleerung der Begriffe verbreiten sie diese in der Berichterstattung nicht nur weiter, sondern deuten sie allzu oft auch noch im Sinne der Politiker. Hatte Merkel wirklich »Versäumnisse eingestanden«, als sie davon sprach, man müsse jetzt seine »Hausaufgaben« machen? War das tatsächlich der Beginn einer konkreten Aufarbeitung der Gründe für ein desaströses Wahlergebnis, das die Bezeichnung »ehrlich« verdient hätte? Nein, natürlich nicht. Trotzdem setzten viele Medien mit ihren Schlagzeilen den Ton im Sinne der Kanzlerin.

Kann man das den Medien vorwerfen? Ja – und nein. Zur DNA der öffentlichen Inszenierung von Politik gehört es schließlich von jeher, dass Politiker und Politikerinnen nach einer Niederlage »in aller Deutlichkeit« davon reden, »schonungslos«

aufklären und »ihre Hausaufgaben machen« zu wollen. Sie tun es, weil sie sich aus der Affäre ziehen wollen, das haben wir gelernt, aber nicht nur: Sie tun es auch, weil sie zu Recht davon überzeugt sind, dass es von ihnen erwartet wird und die Öffentlichkeit es ihnen als abgehobene Chuzpe auslegen würde, wenn sie sich in der ersten Stellungnahme nach einer Wahlschlappe nicht zerknirscht und maximal schuldbewusst geben. Doch damit kommt ein fataler Mechanismus in Gang: Die Politiker kündigen Aufarbeitung an, woraus viele Medien, auf der ständigen Suche nach neuen aufmerksamkeitsträchtigen Konflikten im immer hektischeren Nachrichtengeschäft, Schlagzeilen mit Begriffen wie »Fehler eingestanden« oder »Konsequenzen angekündigt« generieren. Weil die damit geweckten Erwartungen von den Politikern aber oft nicht eingelöst werden, die das vielleicht gar nicht im Sinn hatten, sondern mit ihren Äußerungen nur das beschriebene Ritual bedient haben, machen die Wählerinnen und Wähler eine weitere Enttäuschungserfahrung. Diese entfremdet sie wieder ein Stückchen mehr von der Politik oder treibt sie gar in die Arme der Populisten, die vorgeben, alles anders als die »etablierten« Parteien machen zu wollen. Doch es gibt kein Entkommen. Politiker, Journalisten und auch wir, die Wähler, sind, durch lange Jahre im Phrasendschungel längst auf den Austausch leerer Floskeln konditioniert, in der »Ritualspirale« gefangen. Beim nächsten Mal bemühen die Politiker wieder dieselben Floskeln, von denen sie glauben, dass ihre Wähler sie hören wollen, über die die Medien berichten und die wieder weitgehend folgenlos bleiben – und die Entfremdung zwischen den Politikern und ihren Wählern setzt sich fort. Für die Glaubwürdigkeit von Politikern ist das fatal: Sie verspielen bei ihren Wählern damit ebenjenen Eindruck, den zu erzeugen für sie doch mit am wichtigsten ist: den der Ehrlichkeit.

Wie ambivalent das Verhältnis von Politikern und Politikerinnen zum Begriff »Ehrlichkeit« schon immer war und weiterhin ist, hat keiner – wenngleich unfreiwillig – schöner auf den Punkt gebracht als Franz Müntefering, der langjährige SPD-Partei- und Fraktionsvorsitzende und spätere Arbeitsminister und Vizekanzler in der ersten Großen Koalition unter Angela Merkel. Müntefering wird die Prägung des Begriffs »sich ehrlich machen« zugeschrieben, den er schon auf dem SPD-Parteitag in Hamburg 2004 mit Blick auf die Notwendigkeit des Agenda-Kurses des damaligen Kanzlers Gerhard Schröder verwendete. 2009 sprach sich Müntefering in der *Rheinischen Post* für den »ehrlichsten Wahlkampf in der Geschichte der Republik« aus und kritisierte Forderungen nach Steuersenkungen scharf. »Frau Merkel muss klipp und klar sagen, dass eine große Steuersenkungsreform nicht geht. Sie sollte sich ehrlich machen, und zwar bald«, sagte Müntefering.[1] Seither taucht der Begriff als politische Floskel im Parlament und in den Medien immer wieder auf. In seiner Rede zum Tag der Deutschen Einheit verwendete Bundespräsident Frank-Walter Steinmeier den Begriff 2017 fast ein Dutzend Mal, als er über die Flüchtlingspolitik und die Zuwanderung nach Deutschland sprach. Auch andere politische Vertreter fordern seit Müntefering mit schöner Regelmäßigkeit, dass man sich jetzt, jetzt aber nun wirklich, »ehrlich machen« müsse.

Rhetorisch wie politisch ist auch dieser Begriff hochinteressant. Mit ihm möchten Politiker verdeutlichen, dass nun endlich ein »Ruck« durch das Land gehen muss, um mit dem früheren Bundespräsidenten Roman Herzog zu sprechen. Dass es – ähnlich wie bei »schonungslos« und »Hausaufgaben machen« – Zeit für eine auch unangenehme Neubewertung der Lage ist und sie selbstverständlich dazu bereit sind, die Dinge »schonungslos« beim Namen zu nennen, auch wenn dafür große Hürden zu überwinden sind. Wenn Politiker und Politikerinnen ankündigen, sich »ehrlich zu machen«, hat das also nicht nur viel mit der Inszenierung von Verständnis zu tun, sondern auch mit der von Mut, der für sie ebenfalls ein elementarer Wert ist und auf den wir an anderer Stelle noch zu sprechen kommen werden. Gemeint ist vor allem der Mut, auch harte, unbequeme Wahrheiten auszusprechen oder, wenn man nicht selbst betroffen ist, alles dafür zu tun, dass der politische Gegner es endlich macht, was er in der Vergangenheit – dieser Subtext schwingt immer mit – offenkundig nicht deutlich genug getan hat. Aber: Warum sagen Politikerinnen und Politiker dann nicht einfach »wir müssen ehrlich sein«, wie Malte Lehming nach der Steinmeier-Rede zum 3. Oktober im *Tagesspiegel* fragte?[2] In der Tat wäre das viel klarer – und sprachlich angemessener – als »ehrlich machen«, aber es würde eben bedeuten, dass sie zugeben, vorher gelogen zu haben, wie Lehming folgerichtig schloss. Die »gekünstelte« Formel »Wir müssen uns ehrlich machen« erlaube die »Suggestion, eine Gesellschaft könne sich nachträglich in einen ehrenhaften Zustand versetzen, ohne über den vorherigen unehrenhaften Zustand sprechen zu müssen«. Ehrlichkeit sei in dieser Lesart »keine Tugend oder innere Haltung, sondern ein Prozess«, so Lehming. Wenn man so will, versuchen sich Politiker mit Phrasen wie dieser also wieder an der rhetorischen Quadratur des Kreises: Fehler zuzugeben, ohne Fehler zuzugeben.

Nun könnte man sagen: Wozu die Aufregung? Genau das verlangen wir doch immer von unseren Politikern, dass sie lernbereit sind und Fehlentwicklungen, wenn nötig, auch öffentlich korrigieren. Das Problematische daran ist aber, dass auch »ehrlich machen« binnen kurzer Zeit zu einer so inflationären Floskel geworden ist, eben weil sie so mutig klingt und trotzdem so wenig Zugeständnis und Selbstoffenbarung erfordert, dass ihr gut gemeinter Impetus sich ins Gegenteil verkehrt. Und zumindest bei jenen, die ohnehin immer größere Vorbehalte gegenüber den Repräsentanten der »etablierten« Parteien haben, sind solche politischen Rechtschaffenheits-Floskeln dazu angetan, das Vertrauen in die tatsächliche Ehrlichkeit von Politikern noch mehr zu erschüttern. Angesichts der rechtspopulistischen AfD, die als größte Oppositionspartei im Bundestag sitzt und mit ihrer Forderung nach vermeintlichem »Klartext« in der politischen Debatte den etablierten Parteien zusetzt, müssten Politiker deshalb bestrebt sein, so klar und eindeutig zu kommunizieren wie nie zuvor, um das Argument der Populisten, sie wollten verschleiern, täuschen und vernebeln, zu entkräften. Sie dürften keine Scheu vor Zuspitzungen haben, ohne populistisch zu werden, sie müssten Missstände klarer denn je benennen und auch eigene Irrtümer ohne Angst vor dem nächsten »Shitstorm« offenlegen. Im Falle Steinmeiers hätte das bedeutet, in seiner Rede zumindest unmissverständlich zu sagen: Ja, wir haben manches an der Flüchtlingskrise unterschätzt, und deshalb ist es jetzt höchste Zeit, ehrlich zu *sein*. Wir haben die Flüchtlingskrise unterschätzt und den Menschen nicht genügend erklärt, was die Chancen, aber auch die Risiken sind. Vor allem haben wir nicht offen genug kommuniziert und die AfD damit erst mit stark gemacht. Das wäre »Klartext« im besten Wortsinn gewesen, ohne in populistische Reflexe zu verfallen.

Stattdessen flüchtete auch Steinmeier sich mit »ehrlich machen« in die Floskelwolke. »Steinmeier ist der Typ Politiker, der sich gerne reden hört, aber so, dass niemand daran Anstoß nimmt«, ätzte Jan Fleischhauer nach der Rede in seiner Kolumne auf *Spiegel Online*.[3] In seiner Rede entdecke man »an jeder Ecke den Beraterstab, der zur Vorsicht rät, wenn etwas zu deutlich geraten« sei. »Die andere Seite hat eine Sprache«, schrieb

Fleischhauer. »Sie mag einem nicht gefallen, weil man sie zu rüde und hetzerisch findet. Aber solange die Antwort Sprachlosigkeit ist, wird sich an dem Zustand, den man beklagt, nichts ändern. Man kann sich in der Auseinandersetzung mit dem politischen Gegner der Polemik bedienen, des Spotts oder der kühlen Zurechtweisung – Floskeln sind das Letzte, auf das man vertrauen sollte.« Ob mit »schonungsloser« Aufklärung, der Erledigung dringender »Hausaufgaben« oder der Ankündigung, sich jetzt »ehrlich« zu machen: Es ist in der Tat ein Selbstmord aus Angst vor dem Tod, den Politikerinnen und Politiker mit der Verwendung von Floskeln ausgerechnet an jenen zentralen Stellen des politischen Diskurses begehen, an denen sie eigentlich authentisch und unmissverständlich sein müssten. Und es hat sich nicht erst in den Zeiten der fortgesetzten großen Koalitionen eine immer fatalere Risikoverweigerung und Scheu vor der Kontroverse eingeschlichen; vor deutlichen, manchmal auch provokanten und unbequemen Äußerungen, wie man nicht nur am Beispiel Steinmeiers sieht.

Franz Josef Strauß und Helmut Schmidt hatten diese Scheu nicht. Wenn sie einander früher im Bundestag oder im Fernsehen Zigaretten qualmend beharkten, dann ging es oft deftig zu, ehrabschneidend und beißend polemisch. Das war vielleicht nicht immer die feinste englische Art, machte die politische Auseinandersetzung aber unterhaltsamer und auch viel klarer als heute, weil die programmatischen Unterschiede zwischen den Parteien den Zuschauern und Wählern in aller Schärfe vor Augen geführt wurden. Wenn Strauß 1978 über den damaligen FDP-Außenminister Hans-Dietrich Genscher sagte, dieser sei »eine armenische Mischung aus marokkanischem Teppichhändler, türkischem Rosinenhändler, griechischem Schiffsmakler und jüdischem Geldverleiher und ein Sachse«, dann war das auch nach damaligen Maßstäben schon antisemitisch, unsachlich und politisch höchst unkorrekt. Aber es zeigt eben, dass der Mut, öffentlich (zu) scharf zu formulieren und dafür womöglich auch herbe Kritik einzustecken, bei Politikern damals deutlich ausgeprägter war als heute. Auch Redner wie der langjährige SPD-Fraktionsvorsitzende Herbert Wehner sind wegen ihrer rücksichtslosen Schärfe in der politischen Debatte legendär. Wehner beschimpfte politische Gegner im Bundestag regelmäßig auf das Unflätigste (1970 etwa den damaligen CDU-Abgeordneten und Berliner JU-Chef Jürgen Wohlrabe als »Übelkrähe«) und sprach von »Strolchen«, »Schleimern« und »einstudierten Pharisäern«. Als sich der CSU-Abgeordnete Richard Jaeger, ein Befürworter der Todesstrafe, in einer Bundestagsdebatte dafür aussprach, Sexualverbrecher zwangsweise zu sterilisieren, ätzte der SPD-Mann: »Sie sollten nicht Kopf-ab-Jaeger heißen, sondern Schwanz-ab-Jaeger.«

In den Jahrzehnten nach Wehner war es neben dem früheren SPD-Vorsitzenden und späteren Linkspartei-Chef Oskar Lafontaine höchstens noch der Grüne Joschka Fischer, der vergleichsweise wenig auf Floskeln gab, dafür aber umso saftiger formulierte. Legendär ist Fischers Zwischenruf vom 18. Oktober 1984, als er dem Bundestagsvizepräsidenten Richard Stücklen zurief: »Mit Verlaub, Herr Präsident, Sie sind ein Arschloch.« 1985 sagte Fischer über das Kabinett: »Es gibt doch eine ganze Latte politischer Halbleichen bis Leichen, die hier auf Kabinettsposten herummodern.« Auch nach seiner Sponti-Zeit in den grünen Anfangsjahren, als er schon Grünen-Fraktionsvorsitzender war, behielt Fischer diese rhetorische Deftigkeit bei und nahm in Kauf, dafür in der Öffentlichkeit immer wieder scharf kritisiert zu werden. »Sie sind Geschichte, im guten und im schlechten Sinne«, ätzte er 1995 in einer Plenardebatte gegenüber Helmut

Kohl. »Aber in Zukunft werden Sie nicht mehr sein – drei Zentner fleischgewordene Vergangenheit.«

Natürlich wäre es falsch, eine authentische, ehrlichere politische Sprache mit ehrabschneidenden Beleidigungen wie bei Strauß, Wehner und Fischer gleichzusetzen. Doch Polemik gehörte damals eben noch viel mehr zum politischen Geschäft als heute, und diese Überzeichnung hat der politischen Auseinandersetzung – und nicht zuletzt der politischen Willensbildung – womöglich besser gedient als die einlullenden heutigen Floskelwolken. Manche Politiker redeten nicht mehr »Klartext«, sondern seien nur noch darauf bedacht, nicht anzuecken, klagte auch Franz Müntefering im Juli 2018 in einem Interview mit dem *Deutschlandfunk*. »Das ist ein defensives Sprechen, was dann dabei rauskommt.«[4] Joschka Fischer jedenfalls hielt von solchem »defensiven Sprechen« nichts. Wie sein Koalitionspartner und Kanzler Gerhard Schröder polarisierte er als Politiker sowohl durch seine Rhetorik als auch durch seine generelle Lust an der Konfrontation, sein teils rotziges Auftreten, seine oft unwirsche Mimik und seine launenhaften Attitüden, hinter denen mitunter derart deutlich die Freude an der Macht durchschien, dass beide bis heute mit dem Begriff »Generation Basta« verbunden werden. Mit Schröder und Fischer sei der »Patriarch« Helmut Kohl von zwei »Machos« abgelöst worden, die »mit Mut, Lust und Verve Konflikte suchten und sie durchfochten«, schrieb Holger Schmale 2014 in der *Frankfurter Rundschau*.[5] Man könnte auch sagen, Schröder und Fischer hätten etwas verkörpert, das nicht jedem gefallen muss, heute aber leider nur noch selten so deutlich zur Schau gestellt wird: Sie waren auch als Spitzenpolitiker Menschen mit all ihren Widersprüchen. Es ist bezeichnend, dass am Ende der Ära Schröder/Fischer viele Politiker und Journalisten geradezu sehnsüchtig auf ein Gegenmodell zu so viel Machismo warteten und durchaus froh waren, als mit Merkel ein Anti-Basta-Modell in die deutsche Politik einzog. Nach fast 14 Jahren »neuer Sachlichkeit« schlägt das Pendel aber längst wieder in die andere Richtung aus.

Nun muss man zugestehen, dass die Lebendigkeit und Offenheit der politischen Debatten im Bundestag wieder zugenommen haben, seit mit der AfD eine Partei die stärkste Oppositionspartei ist, die im Plenum immer wieder mit populistischen Entgleisungen für kalkulierte Provokationen sorgt. »Es sitzen Rassisten im Bundestag«, sagte der Grünen-Politiker Cem Özdemir im Mai 2018 im Plenum, als die AfD-Fraktionsvorsitzende Alice Weidel in der Haushaltsdebatte die Flüchtlingspolitik Merkels kritisiert und von »Burkas, Kopftuchmädels, alimentierten Messermännern und sonstigen Taugenichtsen« gesprochen hatte, die »unseren Wohlstand, das Wirtschaftswachstum und vor allem den Sozialstaat nicht sichern« würden. Nach Weidels Rede gab es im Bundestag – vielleicht zum ersten Mal seit Jahren – Buhrufe; Bundestagspräsident Wolfgang Schäuble (CDU) rief Weidel daraufhin formal zur Ordnung. Auch CDU-Fraktionschef Volker Kauder wählte so klare Worte wie selten, als er Weidel antwortete, ihre Äußerungen hätten »null« mit einem christlichen Menschenbild zu tun. »Was Sie heute gemacht haben, ist das glatte Gegenteil davon. Dafür sollten Sie sich schämen.«[6]

Es ist, als schärfe die Bedrohung von rechts außen nach langem Dösen in der sprachlichen Beliebigkeit wieder die rhetorischen Reflexe der anderen Parteien, die die Angriffe der AfD mit immer größerem Selbstbewusstsein parieren. Auf dem Weg zu mehr »Ehrlichkeit« und einer tatsächlich »schonungsloseren« Aufklärung von Sachverhalten ist das für die Politiker und Politikerinnen vielleicht ein Anfang, ihre rhetorischen »Hausaufgaben« zu machen und mehr »Klartext« zu reden. Das

Problem ist nur, dass die Verschärfung des Diskurses durch die AfD auch eine große Gefahr birgt: Dass die anderen Parteien jene klarere Sprache, die von ihnen seit Langem gefordert wird, ebenfalls mit populistischen Parolen verwechseln und damit das Geschäft für die AfD erledigen. Dass sie selbst zu Populisten werden, statt »Klartext« zu reden. Mit diesem Dilemma werden wir uns in diesem Buch noch an einigen Stellen befassen.

3 Klare Kante

Im letzten Kapitel haben wir uns mit Politikern beschäftigt, die zu wenig Mut haben und aus Angst vor der Kontroverse keinen Klartext reden. Wem das zu viel klassisches »Politiker-Bashing« war, der kann beruhigt sein: In diesem Kapitel soll es darum gehen, warum es zu einfach wäre, den Politikern allein die Schuld für ihren Hang zu Phrasen zu geben – und wieso es auch an den Medien und uns allen, den Wählern, liegt, dass unsere politischen Vertreter so oft so mutlos sind. Diese These lässt sich an diversen Beispielen belegen – vielleicht sind aber nur wenige so anschaulich wie Peer Steinbrück. Sie erinnern sich: Auch das war schon mal ein SPD-Kanzlerkandidat, der von den Sozialdemokraten mit großem Jubel empfangen wurde und am Ende nach einer hohen Wahlniederlage schneller vergessen wurde, als er »Willy-Brandt-Haus« sagen konnte.

Als Steinbrück 2013, nach einem quälend langen Herumgedruckse des damaligen SPD-Vorsitzenden Sigmar Gabriel, zum Kanzlerkandidaten für die Bundestagswahl ausgerufen wurde, war die Erleichterung bei vielen Mitgliedern der Partei groß. Steinbrück galt als eigenständiger Kopf und als »authentisch«; als Mann also, der kein Blatt vor den Mund nimmt und zuspitzen kann. »Klartext-Peer gegen Schwurbel-Angela«, schrieb Daniel Sturm in der *Welt*[1] und drückte damit aus, was viele in der SPD hofften: Dass Steinbrück auch rhetorisch gegen die Amtsinhaberin Merkel würde punkten können, deren Schwäche für nebulöse Floskeln und Worthülsen schon damals legendär war. »Er kann es«, hatte auch Alt-Bundeskanzler Helmut Schmidt der SPD schon Ende Oktober 2011 in einem *Spiegel*-Interview in den Block diktiert[2], selber ein Mann mit einer Vorliebe für klare Diktion, der zeit seines Lebens nur wenig Rücksicht auf rhetorische Kollateralschäden genommen hatte. Damit verbürgte sich Schmidt nicht nur für Steinbrücks politische Eignung für das Kanzleramt, die angesichts seiner langjährigen Erfahrung als Abgeordneter, Ministerpräsident und Finanzminister auch der politische Gegner nicht bestritt, sondern gab der SPD gleichsam auch ein Versprechen: dass mit Steinbrück ein Mann ins Kanzleramt einziehen könnte, der mit den Worthülsen und rhetorischen Ängstlichkeiten bricht und Tacheles redet. Sicher, Steinbrück war in der SPD wegen seiner Neigung zur Arroganz und seines mitunter schulmeisterlichen Auftretens durchaus umstritten. Der SPD-Mann machte selten einen Hehl daraus, dass er sich selbst für ziemlich herausragend, viele andere hingegen für intellektuelle Kretins hielt. Trotzdem überwog bei vielen Genossen die Hoffnung, dass der streitbare Hanseat als Gegenmodell zum blassen Frank-Walter Steinmeier, der bei der Wahl 2009 als SPD-Kanzlerkandidat so krachend gegen Angela Merkel gescheitert war, für die SPD dieses Mal erfolgreicher sein werde.

In der politischen Phrasenlehre gibt es viele Begriffe für das, was Steinbrück zu sein versprach, und je enger die Parteien in den letzten Jahren programmatisch zusammenrückten, desto öfter wurden diese Begriffe auch im allgemeinen politischen Diskurs bemüht. Politikerinnen und Politiker fordern (und versprechen), in einer Sache endlich »klare Kante« zu zeigen, wenn nicht einmal sie selbst mehr wissen, worin noch der Unterschied zwischen ihrer und der anderen Partei besteht. Sie wollen »Klartext« reden und sprechen dann oft doch nicht die mitunter hässliche Wahrheit aus, sondern wiederholen nur die bekannten Wortformeln, das aber mit umso mehr Nachdruck. Der Gipfel der politischen Seinswerdung aber ist der Begriff der »Authentizität«, der längst inflationär gebraucht wird. Viele Volksvertreter sprechen gerne und ausgiebig darüber, dass sie »authentisch« sein wollen, und meinen damit, dass sie die Sprache der Wähler verstehen. Damit erzeugen sie bei diesen zumindest rhetorisch die Illusion, ein Stück weit außerhalb jenes Politikbetriebs zu stehen, dessen Teil sie meist schon seit vielen Jahren sind. Wer für sich beansprucht, für »klare Kante« zu stehen und »authentisch« zu sein, der fällt damit zugleich ein Urteil über die anderen, von denen er sich vorgeblich unterscheidet: Die »anderen«, das sind in diesem rhetorischen Dualismus, den auch (Rechts-)Populisten von Donald Trump bis Alice Weidel mit Vorliebe bemühen, die »herkömmlichen«, »stromlinienförmigen« Politikerinnen und Politiker. Das sind die bürokratischen »Ja-Sager«, denen die Karriere im Zweifel über das eigene Rückgrat geht und die sich längst von der Lebenswirklichkeit ihrer Wähler entfremdet haben.

Wenn man so will, ist die Verheißung von Authentizität also die Reaktion auf den Vorwurf, die Politiker hätten sich vom Alltag und den Nöten ihrer Wähler längst entkoppelt und sprächen nur noch in Formeln und Floskeln. Und wie schon bei der »schonungslosen« Aufklärung geht es auch bei »Authentizität«, »Klartext« oder »klarer Kante« um den Eindruck, man scheue sich nicht davor, auch unbequeme Wahrheiten auszusprechen, wenn es denn sein muss – und sich in einer Menge zunehmend ununterscheidbarer Vertreter der politischen Klasse zugleich eine persönliche Note zu bewahren. Dass Begriffe wie »klare Kante« bei Politikern, den Medien und auch bei uns Wählern so in Mode gekommen sind, belegt also einen offenkundigen Mangel, weil es zeigt, als wie angepasst und entschärft der politische Diskurs längst wahrgenommen wird. Und wie groß bei vielen die Sehnsucht danach ist, dass »kantige« und »authentische« Politiker und Politikerinnen den bis zum Einschlafen ritualisierten Betrieb »aufmischen«. Schon das Bild »Kante« belegt das, weil es – rhetorisch überspitzt – eine trennscharfe Abgrenzung zwischen Argumenten oder politischen Haltungen suggeriert, die sich heute offenbar immer schwerer finden lässt. Das Problem ist aber: Wir sind in dieser verständlichen Sehnsucht nicht konsequent – und verstärken gerade dadurch paradoxerweise noch die Tendenz, dass unsere politischen Repräsentanten in Phrasen und leeren Formeln reden. Das lässt sich am Beispiel Steinbrück zeigen: Er steht geradezu paradigmatisch dafür, wie doppelzüngig und sogar pharisäerhaft unser Blick auf die Politiker mitunter ist.

Es ist der Sommer 2013, Peer Steinbrück hat als SPD-Kanzlerkandidat äußerst durchwachsene erste Wahlkampfmonate hinter sich. Berichte über teure Vortragsreden für die Industrie, Bemerkungen über billigen Wein, den er nie im Leben trinken würde – damit hat Steinbrück den Eindruck seiner Kritiker, er sei eher ein arroganter »Genosse der Bosse« denn ein Mann des (Arbeiter-)Volkes, nur noch verstärkt. In den Umfragen liegt der SPD-Mann weit abgeschlagen hinter Angela Merkel. Steinbrück ist wütend und gekränkt, auch weil die »Beinfreiheit« für den Kandidaten, die er nach seiner Nominierung von seinen Genossen gefordert hatte, ihm zu wenig gewährt wird, wie er findet. Die Medien reduzieren ihn auf einige Sätze, glaubt Steinbrück – und spinnen daraus das Bild vom »Pannen-Peer«, das in diesen Wochen in aller Munde ist. Dann fragt das *SZ-Magazin* Steinbrück für seine Foto-Serie »Sagen Sie jetzt nichts« an. Die Reihe ist äußerst beliebt: Prominente bekommen Fragen gestellt, dürfen darauf aber nichts sagen, sondern sollen mit Körpersprache und Mimik reagieren. Dabei geht es selten bierernst zu; die Serie soll die Porträtierten aus der Reserve locken – gerade das ist ihr Anspruch. »Pannen-Peer, Problem-Peer, Peerlusconi – um nette Spitznamen müssen Sie sich keine Sorgen machen, oder?«, lautet also eine Frage der Journalisten an Steinbrück, auf die er in der ihm eigenen Art reagiert: Er zeigt einen Stinkefinger.[3] Unmissverständlicher Subtext: Ihr könnt mich alle mal, ihr Kritiker, ihr Medien. Ihr Kleingeister.

Das Motiv wird Wellen schlagen, das ist der Redaktion in München sofort klar. Also druckt sie es auf dem Titelcover des *SZ-Magazins* ab. Wie das Magazin später berichtet, will Steinbrücks Sprecher Rolf Kleine das Motiv zwar erst nicht freigeben. Steinbrück selbst habe dann aber widersprochen und gesagt: »Nein, das ist okay so.«[4] Also kommt es, wie es kommen muss: Das Magazin erscheint – und ein Sturm der Entrüstung bricht los, nicht nur beim politischen Gegner. Schnell werden Vergleiche zum früheren Fußballnationalspieler Stefan Effenberg laut, der bei der Weltmeisterschaft 1994 in Amerika den Fans den Mittelfinger zeigte, weil die die deutsche Elf auspfiffen. Ein Kanzlerkandidat mit derselben Geste – ein Skandal, finden viele. »Das kann doch wohl nicht der Stil eines Bundeskanzlers sein«, kommentiert der damalige FDP-Gesundheitsminister Daniel Bahr. Vizekanzler und FDP-Chef Philipp Rösler erklärt, Steinbrücks Geste verbiete sich als Kanzlerkandidat. »So etwas geht nicht.«[5] Auch der damalige CDU-Abgeordnete Jens Spahn, selbst der Provokation nicht eben abgeneigt, zürnt, Steinbrück verwechsle »das Kanzleramt mit dem Kasperletheater. Peinlich, peinlich, peinlich.«[6] Selbst der damalige Wunsch-Koalitionspartner der SPD, die Grünen, geht auf Distanz zu Steinbrück. Die Geste sei wohl dessen nonverbale Art, Klartext zu sprechen, sagt die Spitzenkandidatin Katrin Göring-Eckardt dem Sender

MDRinfo. »Meine Form wäre das nicht.«[7] Auch bei den Wählern sind die Reaktionen in weiten Teilen verheerend. Im Netz bricht ein »Shitstorm« über Steinbrück herein; unter dem Hashtag #stinkefinger machen Tausende ihrem Ärger über die Geste Luft. Tenor: So etwas tut ein Kanzlerkandidat nicht. »Dass ein Mann seiner Intelligenz, der Bundeskanzler werden will, dumm genug ist, eben dieses Foto eine Woche vor der Bundestagswahl zur Drucklegung und Hunderttausendfachen Vervielfältigung in einem Magazin freizugeben, ist schlicht unbegreiflich. So ein Foto wird ein Spitzenpolitiker in seinem Leben nicht mehr los«, schreibt die Journalistin Eva Quadbeck in jenen Tagen in der *Rheinischen Post*.[8] Und Lorenz Maroldt fragt im *Tagesspiegel*, ob Steinbrück mit seinem Stinkefinger wirklich authentische Emotionen gezeigt oder sie nur gespielt habe. »So wird der Finger zum Fragezeichen, der Kandidat zum Rätsel, macht sich der Kanzler unmöglich.«[9] War das wirklich so? Hatte Steinbrück, der erfahrene Polit-Profi, schlicht falsch eingeschätzt, wie sein Mittelfinger bei den meisten ankommen würde? Die Geste erschien im Kontext einer Foto-Reihe, die ungewöhnliche Mimik und lächerliche Posen geradezu herausforderte – sie war also erkennbar ironisch gemeint. Hatte er einfach nicht damit gerechnet, dass die Deutschen, die bekanntermaßen ohnehin ein gespanntes Verhältnis zur Ironie haben, diese Brechung nicht nur nicht verstehen, sondern auch als unangemessen für einen Politiker bewerten würden, der sich für das wichtigste Amt des Staates bewirbt? Oder hatte Steinbrück sehr wohl mit alldem gerechnet und also auf eine Provokation mit Kalkül gesetzt, mit der er auf den letzten Metern vor der Wahl Boden bei jenen gutzumachen hoffte, die auf seine »Authentizität« gesetzt hatten und angeödet vom glattgeschliffenen Politikbetrieb waren? Immerhin gibt es in jenen Tagen auch (allerdings wenige) Stimmen, die Steinbrück genau dafür loben: dass er unbequem und auch provokativ bleibt. »Mutig – wenigstens traut er sich was im Wahlkampf« – bei einer Leserumfrage auf *Spiegel Online* stimmen knapp 46 Prozent der Leser dieser Aussage zu. Nur 37 Prozent geben an, Steinbrücks Geste sei »völlig daneben«.[10]

Man kann trefflich über die Angemessenheit von Steinbrücks Mittelfinger streiten und über das Gebot diplomatischer Zurückhaltung in der Spitzenpolitik. Man kann darüber reden, ob Steinbrücks Geste wirklich ein Ausweis von Authentizität war oder schlicht geschmacklos. Man kann daran zweifeln, ob Steinbrück damit wirklich »klare Kante« bewiesen oder lediglich versucht hat, sie mit der Brechstange zu inszenieren. Oder man kann darüber nachsinnen, wie viel Humor die Republik eigentlich hat, wie es die *Zeit* in jenen Tagen tat. Die eigentliche Frage ist aber eine andere: Wie sollen Politiker »authentischer« und echter werden, wenn ihnen schon bei erkennbar ironischen Gesten Empörung entgegenschlägt, weil man menschliche Regungen in der Politik nicht mehr für statthaft hält? Wie wollen die Wähler ihre Volksvertreter dazu erziehen, mehr »klare Kante« zu zeigen und dabei vielleicht auch manches Mal zu überziehen, wenn sie von ihnen mehr Authentizität und Mut einfordern, dann aber völlig entrüstet sind, dass die Politiker auch liefern? Hatten nicht viele derjenigen, die sich jetzt so entsetzt über Steinbrücks Stinkefinger zeigten, sich Wochen zuvor noch ausdrücklich darüber gefreut, dass nun endlich ein Mann der klaren Kante und der noch klareren Worte als Kanzlerkandidat antrat? Und hatte Steinbrück sein Versprechen, auch als Kandidat seine »Beinfreiheit« einzusetzen, zu provozieren und dabei vielleicht auch hin und wieder über das Ziel hinauszuschießen, nicht gerade eingelöst – und wurde dafür nun öffentlich in Bausch und Bogen verdammt? Steinbrücks Mittelfinger mag manchem für schlechtes Geschmacksempfinden stehen und für dünnhäutige, unangemessene Rotzigkeit. Trotzdem ist die übertriebene öffentliche Aufregung über die Geste auch symptomatisch für die Debattenkultur in einem Land, das an vielen Stellen eine pharisäerhafte Hypermoral an die Stelle von ehrlicher Auseinandersetzung und sachlicher Argumentation gesetzt hat.

»Steinbrück hat sich mit diesem Bild [dem Mittelfinger, O. G.] befreit«, kommentierte nach Steinbrücks Geste die *taz*. Mit einer »guten Portion Ironie, die sicher nicht jeder verstehen wird oder will«, entwerfe Steinbrück einen »Gegenentwurf zu Merkels Raute. Aggression und Authentizität statt Zurückhaltung.« Der »Stinkefinger« sei die »bildliche Umsetzung«, die »logische Konsequenz« von Steinbrücks Strategie, sich nicht zu verbiegen und »Klartext« zu sprechen, hieß es in der *taz* weiter. Und: »Wer das als Unprofessionalität und unwürdig verteufelt, soll sich nie wieder über knöcherne, unnahbare und künstliche Politiker beschweren.«[11] Selbst der Journalist Robin Alexander, der Steinbrücks »vulgäre Geste« in der *Welt* eigentlich in aller Schärfe kritisierte, schloss seinen Kommentar mit den Sätzen: »Der Mensch hat sich der Maschine widersetzt. Und ist damit gescheitert. Schade eigentlich.« Mit der »Maschine« meinte Alexander Angela Merkel, bei der alle Aussagen »penibelst« unter dem »fast paranoiden Verdacht« gescannt würden, was »unter ungünstigen Umständen mit schlechtesten Intentionen aus dem Zusammenhang gerissen irgendwie später gegen Merkel verwendet« werden könnte.[12] Merkel, das ist in diesem Bild die ständige und totale Selbstkontrolle, eine Politikermaschine ohne Fehlertoleranz. Steinbrück hingegen hatte mit seinem Mittelfinger für einen Moment den Kontrollverlust nicht nur in Kauf genommen, sondern ihn vielleicht sogar bewusst forciert. Und musste danach erleben, dass viele von jenen, die seine regelmäßigen

»Kontrollverluste« vor der Wahl noch als Ausweis einer raubeinigen Authentizität gefeiert hatten, ihn nun genau dafür verdammten.

Für den politischen Diskurs in Deutschland hatte die Affäre durchaus langfristige Folgen. Andere Politiker dürften aus »Mittelfinger-Gate« nämlich den Schluss gezogen haben, dass es sehr wohl gefährlich sein kann, sich nahbar oder auch mal ironisch zu geben – also authentisch. Und dass man mit einem Auftreten, das trocken und vorhersehbar, dafür aber ungefährlich ist, im Zweifel besser fährt. Diese Einschätzung wurde sicher noch durch die Tatsache befördert, dass Steinbrück sich ein Jahr später für seine Geste entschuldigte und sie als »Fehler« bezeichnete. Er habe in jenen Wochen »ziemlich unter Dampf« gestanden und sich durch die Vorwürfe gegen ihn in seiner Integrität getroffen gefühlt, erklärte er. »Und das war meine Reaktion auf diese Art des Journalismus.« Zu so einer Geste dürfe man sich als Politiker aber »nicht hinreißen lassen«.[13] Wirklich nicht? Mit seiner Entschuldigung zementierte Steinbrück gleichsam jenes Dilemma, in dem Politiker wie er stecken und das die Deutsche Presseagentur im September 2012 in einem Porträt über ihn einmal so benannte: Steinbrück stehe für »Klare Kante und loses Mundwerk«.[14] Besser hätte man die Diskrepanz zwischen Anspruch und Wirklichkeit vieler Wähler, die Politikern und Politikerinnen in Deutschland so oft zu schaffen macht, kaum ausdrücken können.

Neben Steinbrück gibt es noch ein zweites prominentes Beispiel für dieses schwierige Verhältnis, das die Lust von Politikern auf zu viel »klare Kante« deutlich dämpft – und jene auf Floskeln eher verstärkt. Genau, die Rede ist von Sigmar Gabriel. Der langjährige SPD-Vorsitzende, Vizekanzler und Bundesminister gilt als politisches Ausnahmetalent und als brillanter Redner – das war (und ist) auch beim politischen Gegner unbestritten. Umstritten war hingegen nicht nur Gabriels Hang zu abrupten politischen Richtungswechseln, die ihm in der SPD schon früh den Ruf eines Wendehalses einbrachten, sondern auch sein Hang zu provokanter Rhetorik und mitunter markigen Zuspitzungen. Bei Gabriel war es wie bei Steinbrück: Sie liebten ihn, weil er aus der Rolle fiel und deutlicher als andere wurde – und hassten ihn zugleich dafür. Wenn Gabriel auf einem SPD-Parteitag in Bonn, auf einem Marktplatz in Goslar oder als Wirtschaftsminister in einer Wüste in Dubai sprach, dann war das oft unterhaltsam, weil der SPD-Mann selten ein Blatt vor den Mund nahm. Doch zugleich verursachten seine Äußerungen mitunter auch in seiner eigenen Partei eine Bugwelle der Empörung, die Zweifel schürte, ob es für Politiker hierzulande wirklich erstrebenswert ist, »klare Kante« und ganz generell menschliche Regungen zu zeigen.

Es gab viele Momente in Gabriels Politikerlaufbahn, in denen er scharf für seine unerschrockene Rhetorik kritisiert wurde, die Wähler und Medien ansonsten gern von den politischen Vertretern einfordern. Oder auch dafür, dass er überhaupt redete, wie im Januar 2015, als er zum Entsetzen vieler Genossen an einer Diskussionsveranstaltung mit der islamfeindlichen Pegida-Bewegung in Dresden teilnahm, mit deren Anhängern auch nur zu sprechen viele Politiker sich verbeten hatten. Eines der prägnantesten Beispiele aber ist der Fall Heidenau im August 2015. Es ist der Sommer vor jenem Herbst, in dem Angela Merkel Tausende Flüchtlinge aus Ungarn nach Deutschland einreisen lässt, und schon jetzt fliehen jede Woche mehr Menschen aus Afrika und dem Nahen Osten über das Mittelmeer nach Europa und riskieren dabei ihr Leben. In jenem August wird in Heidenau in der Sächsischen Schweiz eine Flüchtlingsunterkunft neu eröffnet, in der viele Menschen Zuflucht finden sollen. Am 21. August,

einem Freitag, kommt es vor der Unterkunft zu fremdenfeind-
lichen Protesten; als nach Mitternacht mit mehreren Stunden
Verspätung der erste Bus mit Flüchtlingen eintrifft, muss die Po-
lizei diese ins Gebäude eskortieren. Von den insgesamt 250 können zunächst nur 93 die Unterkunft beziehen. Auch am Samstag-
abend kommt es wieder zu einem rechten Aufmarsch, als etwa
150 Neonazis vor der Einrichtung zusammenkommen. Dutzende
Polizeibeamte werden verletzt. Den Heidenauer Bürgermeister
Jürgen Opitz (CDU), der sich seit Wochen für die Flüchtlingsunterkunft in seiner Gemeinde einsetzt, beschimpfen die rechten Demonstranten als »Volksverräter«.[15] Die verstörenden Bilder aus
Heidenau verbreiten sich schnell – und sie schockieren die Republik.

Sigmar Gabriel ist zu dieser Zeit Wirtschaftsminister in der
Großen Koalition, eigentlich will er in jenen Tagen seine traditio-
nelle Sommerreise durchs Land beginnen und Unternehmen in
Sachsen besuchen. Als er von den Ausschreitungen in Heidenau hört, plant Gabriel um: Er will klare Stellung beziehen gegen den Fremdenhass, will zeigen, dass die Politik sich kümmert.
Die Kanzlerin hat die Geschehnisse in Heidenau zwar klar verurteilt und als »abstoßend« und »beschämend« bezeichnet, aber
erst am Montag, fast drei Tage nach den ersten Ausschreitungen.
Vor allem plant sie vorerst offenbar keinen Besuch vor Ort. Für
Gabriel, der wie kaum ein anderer ein Gespür für die Stimmun-
gen im Volk hat, ist das auch ein politisches Geschenk: In Heidenau zu sein, noch vor der Kanzlerin, und sich als Kümmerer inszenieren zu können, das ist gleichsam wie ein Elfmeter ohne
Torwart.

Am 24. August, drei Tage nach den ersten Ausschreitungen,
kommt Gabriel als erster Berliner Spitzenpolitiker nach Heidenau, spricht mit den Flüchtlingen, Lokalpolitikern, besorgten

Bürgern. Und dann findet er jene klaren Worte, für die er bei den einen berühmt und bei den anderen berüchtigt ist: »Das ist Pack«, sagt Gabriel über die rassistischen Randalierer, und: »Keinen Millimeter diesem rechtsradikalen Mob. [...] Das sind Leute, die mit Deutschland nichts zu tun haben.« Gabriel lässt keinen Zweifel an seiner Haltung zu den Randalierern, denen man klarmachen müsse: »Ihr gehört nicht zu uns, wir wollen Euch nicht – und wo wir Euch kriegen, werden wir Euch bestrafen.«[16] Jedes fremdenfeindliche Ressentiment verbiete sich, schiebt Gabriel dann hinterher – in dieser Frage müsse die SPD glasklar sein. Doch auch sonst spricht er in Heidenau aus, was mancher zu diesem Zeitpunkt nicht nur in der SPD (noch) nicht hören will: dass die Flüchtlinge in Deutschland eine »doppelte Integrationsherausforderung« seien, weil man nicht nur neue Wohnungen und Hilfsangebote für sie schaffen dürfe, sondern das auch für hilfsbedürftige Deutsche tun müsse. Schon in den Wochen davor hat Gabriel, anders als Angela Merkel, immer wieder deutlich für mehr Geld für Gemeinden und Kommunen geworben, damit diese die Integration der Flüchtlinge bewältigen können. »Das sind gewaltige Herausforderungen – aber wer außer uns soll das schaffen?«, sagt Gabriel in Heidenau – und hat damit zu einem Zeitpunkt, bis zu dem die Kanzlerin zwar viel über die Chancen der Flüchtlingskrise, aber noch wenig über deren Schwierigkeiten gesprochen hat, seinem Ruf als »Klartext«-Politiker alle Ehre gemacht.

Gabriels Besuch zeigt Wirkung – auch bei der zögerlichen Kanzlerin, die nun, da ihr Vizekanzler schon vor Ort war, erst recht in Erklärungsnot gerät. Zwei Tage nach Gabriel, am 26. August, kommt deshalb auch Angela Merkel nach Heidenau, besucht zum ersten Mal ein Flüchtlingsheim und verurteilt die rechten Ausschreitungen in ihrem bekannten, deutlich verklausulierteren Duktus als Gabriel: »Es gibt keine Toleranz gegenüber denen, die die Würde Anderer in Frage stellen«, sagt sie[17] – und bleibt damit »politisch korrekt«, wie es der *Tagesspiegel* danach nennt[18]. Trotzdem wird sie in Heidenau von rechten Demonstranten als »Volksverräterin« beschimpft. Auch in den sozialen Medien und von den politischen Gegnern muss die Kanzlerin danach teils heftige Kritik einstecken: Warum ist sie erst so spät nach Heidenau gekommen? Und hätte sie die Ausschreitungen nicht schon deutlich früher verurteilen müssen? Die Münchner *Abendzeitung* druckt kurz nach Heidenau unter der Überschrift »Und das sagt die Bundeskanzlerin« eine freie Fläche – als Zeichen ihrer Sprachlosigkeit.[19] Die Kanzlerin zaudert, ihr Vizekanzler spricht Klartext – auf dem Papier also ein »Punktsieg« für Gabriel, dessen Wut-Auftritt in Heidenau scheinbar auch nach Berlin das Signal sendet: Wer klare Worte und »Klartext« spricht, ist auch bei den Wählern klar im Vorteil.

Doch auch an Gabriels Besuch wird die Kritik in den Tagen danach immer lauter – vor allem die Kritik an seiner deutlichen Sprache. »Pack« hatte der SPD-Mann den rechtsradikalen »Mob« genannt und damit bewusst die Sprache vieler fassungsloser Deutscher gesprochen – eine »populistische« Äußerung im Wortsinn, wenn man so will. Aber: Steht das einem hochrangigen Politiker, dem Vizekanzler noch dazu, an? Hatte Gabriel, indem er sich auf das Niveau der rechten Demonstranten herabließ, wie mancher danach kritisiert, der Spaltung der Gesellschaft nicht noch Vorschub geleistet und die Rechten regelrecht angestachelt? Beim Besuch von Merkel hatten die Demonstranten in Heidenau »Wir sind das Pack« gerufen; das Willy-Brandt-Haus musste wegen einer Bombendrohung geräumt werden, auf weitere Flüchtlingsunterkünfte wie im brandenburgischen Nauen wurden danach Brandanschläge verübt. War das auch Gabriels

Schuld? »Sigmar Gabriel beschädigt die politische Kultur des Landes«, schrieb nach seinem Auftritt Stefan Berg im *Spiegel*. Gabriel habe »auf Menschen, die sich unzivilisiert verhalten, unzivilisiert reagiert. Er wählte den Weg der verbalen Aufrüstung.« Und: »Wer für die Würde des Menschen eintritt, darf selbst den Anstand nicht verlieren. [...] Welcher Lehrer soll noch auf dem Schulhof zu Sitte und Anstand mahnen, wenn ein Vizekanzler und Parteivorsitzender schon nicht mehr die Form wahrt?«[20] Auch im *Deutschlandfunk* sah der Historiker Eberhard Straub Gabriels »Pack« als Zeichen einer immer brutaleren Sprache. »Diese moralisch hochgerüstete Radikalität nimmt bedenkenlos eine erstaunliche Verrohung der Sprache in Kauf«, kommentierte Straub. Kein Bürger gehöre zum »Mob, Pöbel oder Pack«. Das seien »willkürliche Diskriminierungen, die üblicherweise mit Lynchjustiz und der spontanen Rache des gesunden Volksempfindens verbunden« würden. Straub schloss mit den Worten: »Verbaler Radikalismus drückt Hilflosigkeit aus.«[21]Aber ist das wirklich so? Darf ein Spitzenpolitiker eine Gruppe rechter Fremdenfeinde, Neonazis und offenkundig gewaltbereiter »besorgter Bürger«, die einen Bus mit Flüchtlingen bedrängt und unmissverständlich klarmacht, wie sie es selbst mit Toleranz und der Menschenwürde hält, wirklich nicht mit so polemischen, klaren Worten begegnen? Erweist es dem politischen Diskurs, der ohnehin von einer immer größeren Diskrepanz zwischen der Sprache der Bürger und der ihrer politischen Repräsentanten geprägt ist, wirklich einen Dienst, wenn offensichtliche Tatsachen wie die rechte, menschenfeindliche Gesinnung xenophober Demonstranten in Heidenau in denselben phrasenhaften Begriffen thematisiert werden wie eine Beschlussvorlage für die nächste Rentennovelle? Rechte Pöbler wie in Heidenau verließen »den Konsens der Demokraten«, erklärte der damalige Bundesinnenminister

Thomas de Maizière (CDU) kurze Zeit später in gewohnt technokratischem Deutsch, das das Entsetzen vieler Deutscher über längst überwunden geglaubte fremdenfeindliche Szenen nicht einmal annähernd wiedergab.[22] »Aufklärerische Politik kann in der Tradition Luthers auch mal derb reden. Wie Gabriel«, schrieb Peter von Becker nach Heidenau im *Tagesspiegel*.[23] Und in der *Stuttgarter Zeitung* kommentierten Matthias Schiermeyer und Bärbel Krauß, mit seiner Äußerung habe Gabriel die Mitläufer und »Pegida«-Sympathisanten herausgefordert, für oder gegen das »Pack« Stellung zu beziehen. »Politik sollte den Sprachverfall nicht übernehmen. Sie verliert aber nicht gleich ihre Würde, wenn sich ein Minister auch mal verbal auf Stammtischniveau begibt.«[24] Mit dieser Meinung standen von Becker sowie Schiermeyer und Krauß allerdings vergleichsweise alleine da.

Leider. Denn auch das Beispiel Gabriel in Heidenau zeigt, wenn auch auf andere Art wie bei Peer Steinbrück, die absurde Diskrepanz, die im Umgang mit Politikern häufig zwischen Anspruch und Wirklichkeit klafft. Gabriel wurde von vielen doch gerade dafür geschätzt, dass er »Klartext« redete und sich damit ein Stück weit von Politikerinnen und Politikern des kleinsten kalkulierbaren Risikos wie Angela Merkel unterschied. Und als er die Forderung, »klare Kante« zu zeigen, dann wie in Heidenau mit allerdings größtmöglicher Provokationswirkung einlöste, war es auch wieder nicht recht. Es ist dieser Dualismus, der von den Medien, in den sozialen Netzwerken, aber auch von uns allen, den Bürgerinnen und Bürgern, befeuert wird und der Politiker oft so sprachlos macht: Wir wollen klare Worte und lieben die große Show, aber bitte nur theoretisch und solange es nicht wehtut. Es gebe mit Blick auf politische Autoritäten eine Art »Schizophrenie des Publikums«, so hat es der Medienwissenschaftler Bernhard Pörksen im vergangenen Februar in einem Interview mit der *Neuen Zürcher Zeitung* genannt. »Wir wollen verehren, und wir wollen entzaubern, beides gleichzeitig.«[25] Das Problem dabei ist: Politiker lernen daraus, wie aus dem Fall Gabriel in Heidenau, dass klare Worte gefährlich sein können, weil die Wähler sie in Wirklichkeit doch nicht so schätzen wie behauptet. Wer kann es Politikern da verübeln, dass sie im Zweifel – oder wenn sie nicht auch über ein so robustes Ego wie Sigmar Gabriel verfügen – lieber den sicheren Weg durch die Welt der Phrasen wählen?

Nun zeigt der Fall Sigmar Gabriel noch ein weiteres Phänomen, das wir hier den »Inszenierungsvorbehalt« nennen wollen. Der politische Diskurs ist inzwischen mitunter so entkernt und zu einem Austausch von Phrasen in einem engen rhetorischen Korridor erstarrt, dass klare(re) Worte als gewohnt schnell als vorsätzliche Inszenierung gewertet werden; als reines funktionales Mittel zum Zweck und nicht als echte Haltung. Wer ungewohnt scharfe Worte nutzt wie Gabriel in Heidenau oder polemisiert, der kann das eigentlich nicht ernst meinen, sondern ist nur auf billigem Stimmenfang beim Volk und damit moralisch diskreditiert. Stichwort: »billiger Populismus« (gibt es eigentlich auch einen »teuren«, also gleichsam legitimeren Populismus?). Gerade Sigmar Gabriel ist dieser Vorwurf in seiner Karriere dutzendfach gemacht worden; er hat neben seiner unzweifelhaften programmatischen Biegsamkeit mit dazu beigetragen, dass er nicht nur in seiner Partei vielen als »Wendehals« ohne echte Haltung erschien. Aber könnte es nicht auch sein, dass wir alle schlicht verlernt haben zu streiten? Zur politischen Auseinandersetzung gehören von jeher Polemik und gezielte verbale Eskalation, Rede und Gegenrede, die scheinbare Annahme der Argumente des anderen, um sie danach zu entkräften, die Nutzung von Sprache je nach Empfänger, mal rhetorisch fein ziseliert, mal derb und plump. Wer Ciceros Auftritte vor dem Senat nachliest, bekommt eine Ahnung davon, wie lebendig, beißend scharf und mitunter rücksichtslos der politische Diskurs früher war – und wie schematisch er heute in Teilen geworden ist. Das Problem ist nicht, dass Gabriel sich in Heidenau im Ton vergriffen hatte, wie viele danach kritisierten. Das Problem ist, dass uns der Kompass dafür abhandengekommen ist, dass Sprache ein lebendiges Instrument. für den Austausch von Meinungen ist – und dass es Gelegenheiten gibt, bei denen es nicht nur legitim ist, sondern im Gegenteil der Klarheit der politischen Positionen nützen kann, wenn Ereignisse wie in Heidenau nicht diplomatisch verbrämt, sondern drastisch, scharf und auch polemisch benannt werden.

Es gibt noch ein weiteres prägnantes Beispiel dafür, wie sehr eine falsch verstandene Zurückhaltung dem Diskurs mittlerweile eher schadet als hilft. Und auch dieses Beispiel hat wieder mit dem Umgang mit der neuen Herausforderung von rechts außen zu tun. Im Herbst 2018 erschütterten die Geschehnisse von Chemnitz die Republik, bei denen ein Deutscher nach einem Streit mit zwei Männern am Rande des Stadtfestes starb und daraufhin rechte, teils neonazistische Gruppen bei Demonstrationen Jagd auf ausländisch aussehende Menschen machten. Als der AfD-Fraktionsvorsitzende Alexander Gauland als Oppositionsführer kurz darauf die Generaldebatte des Bundestags eröffnete, kein Wort über den Haushalt verlor, aber Straftaten von Asylbewerbern aufzählte und Kanzlerin Merkel vorwarf, mit ihrer Flüchtlingspolitik die Sicherheit und den inneren Frieden im Land zu gefährden, platzte dem früheren SPD-Kanzlerkandidaten Martin Schulz der Kragen. In einem wütenden Zwischenruf griff er Gauland scharf an und warf ihm vor, sich in seinen Reden der »tradierten Stilmittel des Faschismus« zu bedienen. Die Reduzierung auf ein einziges Thema sei ein bekanntes Stilmittel, wetterte Schulz. »Die Migranten sind an allem schuld. Eine ähnliche Diktion hat es in diesem Hause schon einmal gegeben«, kritisierte er mit Blick auf die Zeit des Nationalsozialismus. Und dann nahm er sich Gaulands skandalträchtige Aussage aus dem Frühjahr vor, die Zeit des Nationalsozialismus sei im Verlauf der langen deutschen Geschichte nur ein »Vogelschiss«[26]: »Herr Gauland, die Menge von Vogelschiss ist ein Misthaufen. Und auf den gehören Sie in der deutschen Geschichte.«[27]

Die kurze Rede, deren Wucht bemerkenswert war und bei manchem in der SPD eine alte Sehnsucht neu befeuerte, verbreitete sich danach schnell, als so außergewöhnlich impulsiv und offen wurde sie von vielen empfunden. Und mancher mochte sich an den Wahlabend im Herbst 2017 erinnert haben, an dem der Wahlverlierer Schulz nach Monaten des Abwägens in der »Elefantenrunde« plötzlich zu jener Angriffslust gefunden hatte, die viele im Wahlkampf bei ihm vermisst hatten. Auch jetzt wurde Schulz an der SPD-Basis und in den sozialen Netzwerken für seinen engagierten Angriff auf die AfD gefeiert. »Mensch, Herr Schulz! Das haben Sie gut gemacht. Mehr davon!«, schrieb ein Leser auf Twitter. Ein anderer kommentierte: »Manchmal, ganz selten, in so Momenten, in denen Martin Schulz solche Sachen sagt, blitzt die gute alte SPD wieder auf. Die hätte ich gerne öfter.« Doch in Berlin waren bei Weitem nicht alle einverstanden mit den klaren Worten von Schulz. Seine Parteifreundin, Familienministerin Franziska Giffey (SPD), in ihrem vorherigen Amt als Neuköllner Bezirksbürgermeisterin ebenfalls nicht um klare Worte verlegen, sagte, sie teile Schulz' Kritik an Gauland zwar inhaltlich. Doch »egal wie verroht und niveaulos sich andere ausdrücken, wir müssen auf unsere Sprache achten. Menschen gehören nicht auf den Misthaufen«, befand sie. Und: »Je niveauloser andere werden, desto mehr Niveau müssen wir beweisen.«[28] Auch

Linksfraktionschef Dietmar Bartsch kritisierte, dass Schulz die AfD in der Haushaltsdebatte in die Nähe des Faschismus gerückt hatte. »Der Einwurf von Martin Schulz war in der Sache richtig, aber politisch nicht klug«, sagte er. Das »laute Poltern« führe schnell zu einem »Überbietungswettbewerb« der politischen Parteien, fand Bartsch und riet: »Lieber weniger Lautstärke, mehr Besonnenheit.«[29] Schulz verteidigte hingegen seinen Ausbruch. Er glaube, dass die rassistische Rhetorik der AfD »mit zum Übelsten gehört, was es in der deutschen Geschichte gegeben hat«, sagte er später. »Auf einen groben Klotz muss man auch mal einen groben Keil setzen.«[30]

Grober Keil oder ostentative Zurückhaltung? Das ist die Gretchenfrage im Umgang mit der AfD – und in der Tat birgt es Risiken, auf die Schärfe ihrer Rhetorik ebenso scharf zu reagieren. Dann könne die Partei sich erst recht zum Märtyrer stilisieren, fürchten viele, und zudem erst recht an ihrem Narrativ weiterspinnen, die »Systemparteien« wollten sie mit unlauteren Mitteln bekämpfen. Aber das ist so pauschal und kurz gedacht wie bei Sigmar Gabriel und Heidenau: Differenzierung ist das Gebot der Stunde, auch wenn es um die Rhetorik geht. Es ist ein Unterschied, ob man alle AfD-Abgeordneten (und damit indirekt auch alle AfD-Wähler) pauschal als Rechtsextreme brandmarkt und beleidigend davon spricht, Hass mache hässlich, wie es der SPD-Abgeordnete Johannes Kahrs in derselben Haushaltsdebatte tat.[31] Diese Aussage erweist dem Kampf gegen den Rechtspopulismus eher einen Bärendienst, weil selbst die schärfsten AfD-Kritiker der These, alle Anhänger der Partei seien Rechtsextreme, nicht zustimmen würden. Oder ob man wie Schulz eine offenkundig relativistische Entgleisung wie Gaulands »Vogelschiss« zum Anlass nimmt, Gauland – und nur ihn und nicht seine Wähler – mit seinem eigenen Vokabular zu entlarven. »Wir machen oft einen Fehler im Umgang mit der AfD: Wir greifen ihre Wähler zu viel an und schonen ihre Funktionäre. Es muss umgekehrt sein«, hat der frühere Grünen-Vorsitzende und heutige Bundestagsabgeordnete Cem Özdemir einmal der *F.A.Z.* gesagt.[32] Wenn man so will, hat er damit klar eine wichtige Grenze gezogen: Kahrs hat pauschal die Wähler der AfD attackiert, Schulz lediglich ihren wichtigsten Funktionär – und Sigmar Gabriel nicht alle Deutschen mit provokanten Worten bedacht, die wegen der Flüchtlinge in Sorge waren, sondern eine bestimmte gewaltbereite und fremdenfeindliche Gruppe in Heidenau.

Ist das also ein Plädoyer für mehr Rücksichtslosigkeit in der Politik? Sollen Politikerinnen und Politiker künftig auf Phrasen verzichten und wie Steinbrück ihren Mittelfinger zeigen? Sollen sie die Sprache der AfD übernehmen und ihre Gegner so derb und unflätig beschimpfen, wie es die Vertreter der Rechtspopulisten mitunter tun, nur damit deren moralische Defizite endlich klar zutage treten? Nein, natürlich nicht. Denn es geht nicht um mehr Niveaulosigkeit, sondern um eine ehrlichere und offenere politische Kommunikation, die weniger Scheu vor Konflikt und weniger Angst vor Zuspitzung und Provokation hat, aber dennoch verantwortungsbewusst bleibt. Und um mehr Gelassenheit und Ehrlichkeit auch in der Öffentlichkeit, weil ein Politiker mit einer einzigen polarisierenden Geste wie Steinbrück nicht gleich die Grundfeste der Demokratie beschädigt, sondern vielleicht nur sein eigenes Ansehen. Oder weil er sich vielleicht einfach nur für einen kurzen Moment menschlich gezeigt hat wie Sigmar Gabriel, der rechten Pöblern, die ihn 2016 bei einem Besuch in Salzgitter als »Volksverräter« beschimpften, ebenfalls den Mittelfinger zeigte, diese Geste im Gegensatz zu Steinbrück aber nicht bereute. Auch sie sorgte danach bei vielen für Entrüstung – nur die Vorgeschichte wurde kaum bedacht. »Mensch, dein Vater hat sein Land geliebt. Und was machst du? Du zerstörst es«, hatte einer der Rechten gebrüllt – ein Affront sondergleichen für einen Mann wie Gabriel, dessen Vater ein strammer Nazi gewesen ist und der sich seit vielen Jahren immer wieder klar gegen rechts positioniert. Ist es wirklich so skandalös, wenn ein Spitzenpolitiker angesichts eines so persönlichen Angriffs kurz die Contenance verliert und den Rechten mit seinem Mittelfinger unmissverständlich zeigt, was er von ihnen hält? Oder wenn Andrea Nahles nach ihrer Wahl zur SPD-Fraktionsvorsitzenden Ende September 2017 auf die Frage eines Journalisten, wie sie sich nach der letzten Kabinettssitzung mit den Unionskollegen fühle, der Satz herausrutscht, »ein bisschen wehmütig – und ab morgen kriegen sie auf die Fresse!«? Rechtfertigt ein solch ironischer Satz wirklich einen öffentlichen Aufschrei, selbst wenn er in seiner Wortwahl fragwürdig war? Wir wollen Politiker, die authentisch sind und auch mal spontan, und »keine überkontrollierten Roboter [...], denen alles Menschliche fremd ist«, wie Ulrich Schulte über Gabriels Mittelfinger in der *taz* schrieb.[33] Und trotzdem sind wir regelrecht schockiert, wenn ihnen eine spontane Geste oder ein unüberlegter Satz herausrutscht – oder wenn ihre Argumente mal schärfer sind als gewohnt. Ziemlich unehrlich, oder?

Vielleicht ist es Zeit, an dieser Stelle auch einmal Jens Spahn zu loben. »Lasst uns besser streiten«, forderte der CDU-Gesundheitsminister im August 2018 in einem bemerkenswerten Gastbeitrag für die *taz*, in dem er sich eingehend mit dem derzeitigen öffentlichen Diskurs auseinandersetzte.[34] Seine Diagnose: Politik, Medien und Bürger hätten das Streiten verlernt; statt sich mit den Argumenten des anderen auseinanderzusetzen, würden Meinungsäußerungen schnell in ein Gut-Böse-Schema gepresst, je nachdem, ob einem die Meinung gefalle oder nicht. Als Beispiel nannte Spahn die Debatte über den türkischstämmigen Fußballspieler Mesut Özil, der vor der WM 2018 für einen Eklat gesorgt hatte, weil er sich mit dem türkischen Präsidenten, »seinem« Präsidenten, Recep Tayyip Erdoğan fotografieren ließ. Statt Özil »zu Recht« dafür zu kritisieren, dass ein deutscher Nationalspieler einen Autokraten hofiert, der Minderheiten unterdrückt und von Demokratie nichts hält, sei in der öffentlichen Debatte schnell alles undifferenziert vermischt worden: Özils sportliche Leistungen, seine Loyalität zu Deutschland, seine emotionale Bindung an das Land seiner Väter. »Statt diese Argumentationsstränge auseinanderzuhalten, werden sogleich die größten Kaliber aufgefahren: ›Rassismus‹, ›Islamfeindschaft‹ oder ›Gescheiterte Integration in Deutschland‹.« Mit der deutschen Streitkultur stimme etwas gehörig nicht, schrieb Spahn dann. »Ich finde, sie ist zu emotionsgetrieben, zu kalkulierend, zu mutlos, zu vorverurteilend und manchmal einfach zu unehrlich.« Deutschland müsse wieder sachlicher und differenzierter argumentieren, ohne gleich zu moralisieren – und zugleich auch »robuster«, schloss der CDU-Politiker.

Spahn hatte recht. Denn tatsächlich beobachten wir immer mehr moralisierende Generaldebatten, die durch die immer aufgeregtere Berichterstattung der Medien binnen Minuten losbrechen können und in denen kaum noch differenziert wird. Das hat unter anderem damit zu tun, dass die Gleichzeitigkeit der Argumentationsstränge, der Aktionen, Reaktionen und widerstreitenden Thesen uns überfordert – und wir alle deshalb zu schnellen Gut-Böse-Rastern neigen, um das Informationschaos überhaupt noch beherrschbar zu machen. Das zeigt nicht nur das Beispiel Özil. Fatalerweise wird so aber auch der Mut vieler Politiker gedämpft, mit prägnanten, auch kontroversen Äußerungen an Debatten teilzunehmen, weil die Gefahr, dass aus einem vergleichsweise differenzierten Argument schnell eine große Abrechnung mit »der Integration«, »den Türken« oder »dem Fußball« wird wie bei Özil, größer ist denn je. »Ich wünsche mir, dass wir nicht immer sofort Gesinnungsnoten verteilen«, schrieb Spahn in seinem Gastbeitrag. »Dass wir erst einmal davon ausgehen, dass der oder die andere nicht alle Grundlagen von Humanität und Moral untergraben will, selbst wenn ihm oder ihr mal der Kragen platzt.« Vor allem dieser Satz klang wie eine Gebrauchsanleitung nicht nur für Jens Spahn, der ebenfalls um Macht und Risiko der Provokation weiß und sie unerschrockener nutzt als viele andere, sondern auch für Sigmar Gabriel, Peer Steinbrück oder Martin Schulz. Oder, wie es der Journalist Harald Martenstein im Herbst 2018 in einem Interview mit dem *F.A.Z. Magazin* formuliert hat: »Wenn man nichts mehr sagen kann aus Angst, den Gegenüber zu verletzen, dann ist keine Kommunikation mehr möglich.«[35] Schlimmer noch: Dann besteht die Gefahr, »dass die Demokratie leer läuft wie die Sprache. Dass die imposanten Leerformeln, mit denen die Menschen traktiert werden, immer mehr Langeweile, Überdruss und schließlich Abneigung und Abwehr hervorrufen. Dass die Unfähigkeit dazu, das Notwendige auch nur zu formulieren, geschweige denn zu tun, dass die Gewohnheit, abstrakt und bedeutend um die Dinge herumzureden, immer mehr Menschen resignieren und rebellieren lässt.« So hat es der SPD-Politiker Erhard Eppler 1992 in seinem Buch *Kavalleriepferde beim Hornsignal. Die Krise der Politik im Spiegel der Sprache* formuliert – und dieser Diagnose ist nichts hinzuzufügen. Diese leere Sprache könne sich auswirken in Wahlenthaltung, Protestparteien und Rechtsradikalismus, schrieb Eppler weiter. »Dadurch könnte sich etwas aufschaukeln: Je mehr die politische Sprache den Bedürfnissen eitler Selbstdarsteller entgegenkommt, umso mehr werden sie von der Politik angezogen.

Und je aufdringlicher dieser Typus die Politik beherrscht, desto schablonenhafter wird die Sprache.« Dies könne schließlich dazu führen, schloss Eppler, dass, »wer auch immer aus dem Gefängnis des politischen Jargons geschickt und gekonnt ausbräche, politisch die Erde erbeben ließe«.

Der Aufstieg der AfD und ihre Tabubrüche sind Beleg genug für diese These. Und man kann nicht über sie sprechen, ohne auch über einen anderen Begriff zu reden: über falsch verstandene »political correctness«, die mit dazu beiträgt, die Sprache von Politikern so entleert und phrasenhaft zu machen. Der Begriff »politisch korrekt«, wie er in der deutschen Übersetzung heißt, wurde ursprünglich in amerikanischen Universitäten der 1980er-Jahre geboren, als die Neue Linke dafür kämpfte, auch sprachlich eine Diskriminierung von Menschen »aufgrund ihres Geschlechts, ihrer sexuellen Orientierung, ihrer ethnischen, nationalen oder religiösen Zugehörigkeit, ihrer sozialen Stellung, ihres Alters oder aufgrund einer Behinderung« zu verhindern.[36] In Amerika wurde die Formel seit den 1990er-Jahren zu einem Kampfbegriff der politischen Rechten, und auch in Deutschland ist sie seitdem zunehmend zu einem abwertenden Schlagwort (rechts-)konservativer Gruppen geworden, die den Linken beispielsweise vorwerfen, mit ihrer »politisch korrekten Sprache« eine »Verharmlosung gesellschaftlicher Missstände« und »sozialer Ungerechtigkeiten« zu betreiben.[37] Rechtspopulisten wie von der AfD und ihre Klientel haben den Begriff noch weiter umgedeutet und suggerieren mit ihm Zensur, das Verschweigen missliebiger Meinungen (vor allem in Bezug auf die Flüchtlingspolitik) oder gar eine »Gesinnungs- oder Meinungsdiktatur« des »Establishments«, das unter dem Deckmantel der »politischen Korrektheit« notwendige Debatten bewusst unterdrücke.

Das ist natürlich völliger Unsinn – es gibt in Deutschland

weder Zensur noch eine »Meinungsdiktatur«. Was es aber durchaus gibt, ist eine politische Debattenkultur, die sich im Bemühen, niemanden zu verletzen und keine unbequemen Themen anzuschneiden, in den letzten Jahren immer mehr selbst die Luft abgeschnürt hat. Und eine seit Jahren zunehmende Tendenz zur Gleichförmigkeit in der Berichterstattung, die bei manchen den Eindruck erwecken mag, gewisse Themen würden bewusst gehypt, über andere hingegen weniger oder gar nicht berichtet. Das hat mit der Beschleunigung des Medienbetriebs und der gewachsenen Konkurrenz der Medien untereinander durch das Internet zu tun. Einzelne Themen verbreiten sich viel schneller als früher bei allen Medien, weil die Journalisten ständig die Konkurrenz beobachten können und deren Nachrichten im Zweifel ebenfalls auf die Agenda setzen, um bei ihren Lesern nicht den Eindruck zu erwecken, man habe ein Thema verschlafen. Dadurch entsteht bei den Lesern aber womöglich der grundfalsche Eindruck, alle großen Medien würden sich in der Berichterstattung untereinander absprechen oder, eine beliebte Verschwörungstheorie der Pegida-Fraktion, erhielten jeden Morgen ihren Ukas aus dem Kanzleramt. Dass die meisten Medien auf dieselben Nachrichtenagenturen zurückgreifen und der Takt der täglichen Berichterstattung schon dadurch bei vielen derselbe ist, ist etlichen Lesern natürlich nicht klar. Stattdessen schließen manche fälschlicherweise aus diesem ihnen verborgenen Mechanismus, gewisse Themen würden bewusst verstärkt und andere »unter den Teppich gekehrt« – und glauben jenen, die in Deutschland eine »Meinungsdiktatur« am Werk sehen. Das ist aber nur ein Teil der Wahrheit, wenn es um die »political correctness« geht. Der andere ist die Lebenswirklichkeit vieler Journalisten, von denen viele unbestreitbar aus einem liberalen, tendenziell eher linken Milieu stammen und die schon qua Status in dieselbe Falle zu laufen drohen wie mancher Politiker in Berlin: den Bezug zur Lebenswirklichkeit eines Teils der Menschen zu verlieren.

Eine Studie der Otto-Brenner-Stiftung, die nach dem Höhepunkt der Flüchtlingskrise analysierte, wie überregionale Medien 2015 und 2016 über Flüchtlinge berichtet hatten, kam zu dem Schluss, dass diese zu unkritisch gewesen sei. Demnach seien in den untersuchten nachrichtlichen Inhalten und »meinungsbetonten Beiträgen [...] zu zwei Dritteln relevante Akteure und Sprecher der institutionellen Politik zu Wort gekommen – Helfergruppen, Einrichtungen, freie Träger und andere, die sich in erster Linie um Flüchtlinge gekümmert hätten, hingegen nur zu rund 3,5 Prozent«.[38] Auch unter politischen Akteuren seien Regierungsvertreter »viel öfter zitiert worden als Oppositionsvertreter, dabei die Grünen mehr als doppelt so häufig wie die Linke und die AfD fast gar nicht«. In »rund der Hälfte der Berichterstattungen« sei der »journalistische Qualitätsgrundsatz«, aus neutraler Sicht sachlich zu berichten, »nicht durchgehalten worden«, schloss die Studie. »Bis zum Spätherbst 2015 greift kaum ein Kommentar die Sorgen, Ängste und auch Widerstände eines wachsenden Teils der Bevölkerung auf. Wenn doch, dann in belehrendem oder (gegenüber ostdeutschen Regionen) auch verächtlichem Ton«, kritisierte der Studienleiter Michael Haller.[39] Das heißt: Denselben Mangel an offener, ehrlicher Kommunikation, den man Angela Merkel zu Recht vorhalten kann, müssen sich durchaus auch manche Medien ankreiden. Und es lässt sich nicht leugnen, dass durch diese offenkundige Einseitigkeit in der Berichterstattung zu lange der Eindruck erzeugt wurde, »die Medien« wollten die Probleme und Schwierigkeiten, die die Flüchtlinge und ihre Integration vielleicht auch mit sich bringen würden, bewusst ausblenden, um den Eindruck eines offenen, liberalen Deutschlands nicht zu gefährden. Mit »Denkverboten« oder einer »Meinungsdiktatur«, wie die AfD es weismachen will, hat das aber nichts zu tun. Viel eher mit einem fehlenden Mut in der Politik wie in vielen Medien, in einer so grundsätzlichen Debatte wie der Migrations- und Integrationspolitik auch unbequeme Fragen und Antworten auszusprechen. Es war Sigmar Gabriel, der in einem Gastbeitrag für den *Tagesspiegel* den französischen Philosophen Alain Finkielkraut zitierte, der »politische Korrektheit« so definiert hat: »Nicht sehen wollen, was zu sehen ist.« »Political correctness«, so Gabriel, sei folglich »weder ein zivilisierter Sprachgebrauch noch ist die Kritik an ihr gleichzusetzen mit der Missachtung gesellschaftlicher Normen und Wertvorstellungen. Sondern es geht um Wirklichkeitsverweigerung. Um das Schließen der Augen vor unbequemen Realitäten aus Sorge, falsch verstanden zu werden, aus Mutlosigkeit oder Rücksichtnahme und leider oft auch aus Gleichgültigkeit«.[40] In diesem Sinn, meinte Gabriel, sei er froh, dass wir »hoffentlich gerade das Ende der Zeit der ›politischen Korrektheit‹ [erleben]«. Und weiter: »Schlimm genug, dass uns die Rechtspopulisten zwingen, über Teile der Wirklichkeit zu reden, die wir bislang gern im liberalen Diskurs ausgeblendet haben oder von denen wir dachten, wir könnten sie im Stillen bewältigen. Wir sind diesen Teilen der deutschen (und europäischen) Wirklichkeit zu lange ausgewichen. Nicht zuletzt, weil der größere Teil der politischen, wirtschaftlichen und medialen Eliten dieser Wirklichkeit im eigenen Lebensalltag nicht begegnet.« Damit führte Gabriel in die Gegenwart fort, was schon Erhard Eppler 1992 geschrieben hat: Wenn Politik sich scheut, »das Notwendige auch nur zu benennen«[41], und leere Phrasen an die Stelle ehrlicher Analysen setzt, dann macht sie die Rechtspopulisten nur noch stärker.

Es ist deshalb an der Zeit, auch den Begriff der »politischen Korrektheit« wieder differenzierter zu betrachten. Wo er Mutlosigkeit und falsch verstandene Rücksichtnahme bedeutet, sollten wir ihn über Bord werfen und durch eine mutigere, auch robustere politische Debattenkultur ersetzen, die sich nicht scheut, Missstände offen anzusprechen. Die ursprüngliche Bedeutung des Begriffs aber, eine verantwortungsvolle, nicht diffamierende oder menschenverachtende Sprache, sollten und müssen wir beibehalten. Das würde auch den Unterschied klarmachen, der zwischen verantwortungsvollem »Klartext« und jenem vermeintlichen der Rechtspopulisten besteht: Man kann sehr wohl offen, unerschrocken und aufrichtig kommunizieren, ohne zu diskriminieren. Das gilt nicht zuletzt für einen Begriff wie »Heimat«, der in der Integrationsdebatte so in Verruf geraten ist. Man muss üm den Begriff Heimat und seine Definition hart ringen können, ohne Angst haben zu müssen, schon durch die Nennung des Begriffs nationale Schwärmereien zu bedienen. Alles andere wäre eine falsch verstandene politische Korrektheit. Aber man muss Heimat deshalb noch lange nicht als Abschottung nach außen begreifen, die man mit Ressentiments und rechten Stereotypen begründet wie die AfD. Sondern als positive, integrative Idee dessen definieren, was uns verbindet. Egal, wo wir herkommen.

4 Nah bei die Leut'

Geht es nach Spitzenpolitikern, dann können Menschen gar nicht winzig genug sein. Schließlich betonen sie bei jeder Gelegenheit, sie wollten »Politik für den kleinen Mann« machen. Das soll natürlich Volksnähe suggerieren und den in den letzten Kapiteln schon beschriebenen Eindruck erwecken, die große Politik in Berlin kreise mitnichten immer nur abgehoben um sich selbst, sondern kümmere sich sehr wohl um die Nöte und Bedürfnisse der »ganz normalen Bürger« fernab der Hauptstadt. Es ist überlebenswichtig für Politikerinnen und Politiker, diesen Eindruck zu erwecken, schließlich haben ihre Wähler ihnen auch dafür ihre Stimme gegeben: dass ihnen die Sorgen der Menschen in ihrem Wahlkreis mindestens so wichtig sind wie die große Weltpolitik – und im Zweifel sogar noch wichtiger.

»Wir bilden jetzt eine Große Koalition (...) für die kleinen Leute«, verkündete der CSU-Vorsitzende und spätere Innenminister Horst Seehofer am 12. März 2018 in Berlin bei der Vorstellung des Koalitionsvertrags zwischen Union und SPD. »Das ist übrigens die breite Mitte unserer Gesellschaft«, schob der Bayer dann hinterher. Also sei die künftige Große Koalition eine Koalition »für die ganz große Mehrheit der Gesellschaft«.[1] Es war auffällig, wie oft Seehofer diesen Punkt wiederholte, so als wollte er wirklich jeden Zweifel an dieser Tatsache ausräumen. Dabei verkündete der CSU-Chef doch eigentlich nur eine Selbstverständlichkeit, wie man meinen sollte: Dass Politiker Politik für ihre Wähler machen. Für wen denn sonst?

Auch für viele andere politische Repräsentanten ist der »kleine Mann« mit Abstand die beliebteste Metapher, wenn es um die rhetorische Demonstration von Volksnähe und Empathie geht. Bereits 2013, als Union und SPD schon einmal eine Große Koalition vereinbart hatten, lobte der damalige SPD-Vorsitzende und spätere Vizekanzler Sigmar Gabriel den Koalitionsvertrag mit den Worten, man habe einen »Vertrag für die kleinen Leute« gemacht.[2] Und Edmund Stoiber, CSU-Kanzlerkandidat gegen Gerhard Schröder im Jahr 2002, wetterte unter dem CSU-Wahlspruch »näher am Menschen« gegen die grassierende Arbeitslosigkeit, für die die Zeche am Ende »der kleine Mann« zahle.[3]

Nicht erst seit Hans Falladas Roman *Kleiner Mann – was nun?*, auf den der Begriff wohl zurückgeht, sind die »kleinen Leute« auch in den Medien zur Standardfloskel geworden, wenn es um die Lebenswirklichkeit des Durchschnittswählers geht. Und um das ambivalente Verhältnis der politischen Klasse zum gemeinen Wahlvolk, von dessen Alltagsnöten sie sich in der Blase des Politikbetriebs zwangsläufig entfernt haben. Ein Begriffspaar wie die »kleinen Leute« und die »Manager« in Deutschland, das den Gerechtigkeitsanspruch der Politik für alle gesellschaftlichen Schichten betonen soll, gibt es im politischen Diskurs auch in vielen anderen Ländern. In Amerika sprechen Politiker von »Main Street« und »Wall Street«, wenn sie zeigen wollen, dass sie sich sowohl um die Reichen und Mächtigen als auch um die »normalen« Leute an einer x-beliebigen Hauptstraße im amerikanischen Kernland kümmern.

Für Politiker und Politikerinnen ist ein Begriff wie »kleine Leute« ungemein praktisch, weil er schwammig und klar zugleich ist. Schwammig, weil nicht trennscharf, wen er eigentlich genau meint: nur Arbeiter und Arbeitslose oder auch Mitglieder der Mittelschicht, die sich selbst noch nicht als wohlhabend bezeichnen würden? Zugleich aber auch klar, weil sich trotzdem alle diejenigen angesprochen fühlen können, die das Gefühl haben, in irgendeiner Weise zu kurz zu kommen und von der Politik nicht ausreichend gesehen und vertreten zu werden. Die Kategorie des »kleinen Mannes« gebe es soziologisch nicht, sagte der Mainzer Politikwissenschaftler Kai Arzheimer im November 2016 der *F.A.Z.* Sie sei eine »rhetorische Figur der Volksparteien, um sich zu vergewissern, dass die Anhängerschaft nicht nur aus Akademikern besteht«.[4] Doch diese Figur hat für Politiker auch etliche Haken. Denn zum einen ist es ja frappierend, dass Politiker mit ihrer Verwendung eigentlich so freimütig wie selten ein Versäumnis eingestehen. Wer verspricht, jetzt »Politik für die kleinen Leute« zu machen, der gibt implizit zu, dass es in dieser Hinsicht offenkundig ein Defizit gibt: dass er in der Regel eher Politik für die »großen Leute« gemacht und darüber die kleinen vielleicht vernachlässigt hat.

Zum anderen steckt natürlich auch ein gehöriges Maß an Arroganz und Bevormundung darin, wenn politische Repräsentanten über ihre Wähler als »kleine Leute« sprechen. Man könnte ketzerisch sagen: Wer »kleine Leute« sagt, der schafft gerade nicht mehr Volksnähe, sondern betont noch den Unterschied zwischen »denen da unten« und »denen da oben«. Und damit zementiert er noch den Graben, der zwischen der Politik und dem Alltagsleben der Menschen vielerorts entstanden ist. Gerade die großen Volksparteien, die längst einen immer kleineren Anteil des Volkes vertreten, haben sich in den letzten Jahren mehr und mehr vom »kleinen Mann« entfremdet – man muss nicht auf die schrumpfenden Mitgliederzahlen von Union und SPD blicken, um das für gegeben hinzunehmen. Die klassischen Milieus haben sich aufgelöst, die Mittelschicht aus Polizisten, Krankenschwestern, Handwerkern, Arbeitern ist zunehmend marginalisiert worden, die Globalisierung hat alte Bezugsräume hinweggefegt und neue Abstiegsängste produziert – und seien es nur gefühlte –, die die Rechtspopulisten weidlich ausnutzen. Trotzdem reden die Volksvertreter oft weiter in einer so floskelhaften, von vielen »kleinen Leuten« als so abgehoben empfundenen Sprache, dass der Graben zwischen der großen Politik und den »kleinen Wählern« immer noch größer wird.

Es gibt eine weitere Phrase, die Politikerinnen und Politiker umso öfter bemühen, je größer die Kritik der Bürger an ihnen wird: Sie wollen »die Sorgen der Menschen ernst nehmen«. Auch in diesem Satz steckt eine gehörige Portion Paternalismus, weil er sozusagen suggeriert, die Politik sei eine Arztpraxis, in die Patienten mit ihren oft nur eingebildeten Wehwehchen kommen. Und selten tritt die Binsenhaftigkeit einer Phrase so zutage wie bei dieser. Denn was sonst sollen Politiker bitte tun, als die Anliegen und Sorgen der Menschen »ernst« zu nehmen? Gleichzeitig ist der Begriff wie jede Phrase so unkonkret, dass man darunter alles und nichts verstehen kann – eine absolute Leerformel, die Zuwendung suggerieren soll und dabei doch umso größere Entfremdung ausdrückt. Die Floskel sei ein Beispiel für ein »therapeutisches Sprechen« und eine paternalistische Sprache, die kaum noch zeitgemäß sei, befand Adam Soboczynski 2017 in der *Zeit*: »Es ist die Sprache von Sorgeberechtigten, die mit ratloser Nachsicht über die unreifen Launen ihrer Kinder staunen.«[5] Das Bild ist passend, denn so ist es zwischen der großen Politik und den »kleinen Leuten« ja wirklich: Sie fühlen sich einander zwar noch irgendwie verpflichtet, haben sich oft aber nicht mehr viel zu sagen.

Kaum eine Szene aus der letzten Zeit ist zu einem solchen Symbol für diese – nicht nur verbale – Entfremdung geworden wie der Auftritt der Gewerkschafterin Susanne Neumann in der Talksendung *Anne Will*. Das Thema der Sendung im April 2016 ist die wachsende Ungleichheit in Deutschland, »Heute kleiner Lohn, morgen Altersarmut – versagt der Sozialstaat?« der kontroverse Titel. Die damals 56 Jahre alte Neumann, mittlere Reife, abgebrochene Lehre als Dekorateurin, langjährige Reinigungsfachkraft in Gelsenkirchen, Vorsitzende im Bezirksverband Emscher-Lippe-Aa der IG Bauen-Agrar-Umwelt und an Krebs erkrankt, ist schon zuvor bei Anne Will aufgetreten, weil sie knackig und prägnant formulieren kann und die Nöte der sogenannten »kleinen Leute« so prototypisch zu repräsentieren scheint. Medien lieben solche einprägsamen Stellvertreter-Figuren, weil sie so plakativ sind. Neben Neumann, dem *F.A.S.*-Wirtschaftsjournalisten Rainer Hank, dem Vorsitzenden des Verbandes »Die Jungen Unternehmer«, Hubertus Porschen, und dem Wirtschaftswissenschaftler Marcel Fratzscher ist auch die damalige nordrhein-westfälische Ministerpräsidentin Hannelore Kraft (SPD) zu Anne Will eingeladen. Die Sendung wird zu einem Offenbarungseid für die deutsche Sozialdemokratie. Neumann erzählt mit klaren, eindringlichen Worten vom alltäglichen (Über-)Lebenskampf; berichtet, warum ihr Gehalt schon jetzt kaum zum Leben reicht und ihre spätere Rente erst recht nicht. »Ich kann von meiner Rente nicht leben«, klagt sie. »Meine Mädels landen alle in der Altersarmut. Man muss 45 Jahre lang 11,50 Euro verdienen, um nicht in die Grundsicherung zu müssen«, sagt sie dann – und erhofft sich von Hannelore Kraft emotionale Unterstützung.[6] Doch die SPD-Frau reagiert abweisend und überheblich, lobt die Politik ihrer Landesregierung – und verlegt sich ausgerechnet zur besten Sendezeit, in der sie für die

SPD alte, enttäuschte Wählerinnen und Wähler zurückgewinnen könnte, auf die bekannten Phrasen und Allgemeinplätze. Sie wolle ein »Gesamtkonzept« und das Problem »möglichst genau betrachten«, sagt Kraft über die auch zu dieser Zeit heftig diskutierte Rentenreform, ohne konkret auf Neumann einzugehen. Die private Säule in der Riester-Versicherung, über die Neumann geklagt hat, dass Normalsterbliche sich eine private Vorsorge kaum leisten könnten, will Kraft »richtig positionieren« und beim Problem der niedrigen Einkommen ansonsten »nachsteuern«. »Positionieren«, »nachsteuern«, »Gesamtkonzept«, »genau betrachten«: Die SPD-Politikerin hat zwar viel geredet, aber kaum etwas gesagt – allen fast verzweifelten Zwischenrufen Neumanns zum Trotz, jetzt bitte endlich auf den Punkt zu kommen. Damit hat Kraft die – nicht nur rhetorische – Kluft zwischen den »kleinen Leuten« und der großen Politik wieder ein Stückchen größer gemacht. Und auch für ihre SPD könnte die Entfremdung der einstigen Arbeiterpartei von ihrer früheren Stammklientel nicht augenfälliger werden als an diesem Abend. Hinter der Bühne wird Kraft wohl klar, welch schlechtes Bild sie mit ihrem schroffen Auftritt für ihre Partei abgegeben hat. Sie spricht noch einmal mit Neumann, versucht sie zum Parteieintritt in die SPD zu bewegen – und verkündet in einer eilfertig aufgenommenen gemeinsamen Videobotschaft mit ihr, Neumann sei gerade SPD-Mitglied geworden. »Schau mer mal«, sagt diese und grinst[7] – aus dem Offenbarungseid ist plötzlich eine Win-win-Situation für beide geworden. Zumindest unter Marketing-Gesichtspunkten.

Auch im Berliner Willy-Brandt-Haus dürften die Parteistrategen noch an jenem Sonntagabend die Brisanz der Causa Neumann erkannt haben – vor allem aber die Chancen, die sie bietet. Wenn es wirklich gelänge, Neumann für die SPD zu gewinnen und das öffentlich zu zelebrieren, wie Kraft es in ihrem Video schon versucht hat, dann wäre das Signal aus zweierlei Hinsicht perfekt: Die SPD könnte sich schuldbewusst geben und zeigen, dass sie die Botschaft verstanden hat und sich nun endlich wirklich mehr um die Sorgen ihrer einstigen Stammwähler kümmern will. Und sie könnte Neumann zur Galionsfigur ausbauen – zum personifizierten Symbol der Rückbesinnung der SPD auf ihre alten Werte.

Knapp einen Monat nach Neumanns Auftritt bei *Anne Will* lädt die Partei sie, die mittlerweile tatsächlich SPD-Genossin und zu einem medialen Shootingstar geworden ist, zur »Wertekonferenz Gerechtigkeit« ein, einer Parteiveranstaltung im Berliner Willy-Brandt-Haus (dass Neumann im Dezember 2018, kurz vor ihrem Tod, enttäuscht wieder aus der Partei austreten wird, ahnt man in der SPD damals noch nicht). Der SPD-Vorsitzende Sigmar Gabriel führt mit ihr ein öffentliches Gespräch über soziale Gerechtigkeit, ein Mitschnitt des Gesprächs wird kurz darauf veröffentlicht und zu einem großen Erfolg im Netz. Neumann redet über Niedriglohn und befristete Arbeit, karge Renten und große Ängste, die Agenda 2010 und die Mitschuld der SPD an all dem. Gabriel spricht über die Zwänge seiner Partei in der Großen Koalition, über hehre Ziele und schale Kompromisse mit dem politischen Partner. »Was soll ich denn machen? Rausgehen und alles so beschissen lassen, wie es ist? In der Hoffnung, dann wählen alle die SPD?«, fragt er rhetorisch, als Neumann ihn wegen der Zustände bei der Leiharbeit angreift und ihr Unverständnis darüber äußert, dass die SPD trotzdem noch in der Koalition bleibe. Warum die SPD denn nichts gegen die sachgrundlose Befristung von Arbeitsverträgen unternehme, will Neumann dann wissen. Weil das mit den »Schwatten« von der CDU nicht zu machen sei, antwortet Gabriel. »Und warum bleibt ihr dann bei den Schwatten?«, fragt Neumann zurück.[8] Schweigen bei Gabriel – und großer Jubel im Saal: Mit einem einzigen Satz hat eine Putzfrau aus Gelsenkirchen den Kern der Entfremdung zwischen Politik und den »kleinen Leuten« aufgedeckt – und wie durch ein Brennglas entlarvt, was viele Wähler und Wählerinnen schon längst nicht mehr an ihren politischen Vertretern verstehen. Vor allem aber haben beide – Neumann und auch Gabriel – eine Viertelstunde lang eine Ahnung davon vermittelt, was »Klartext« heißen kann: Die Dinge ohne Worthülsen beim Namen zu nennen, ohne populistisch zu werden. Ratlosigkeit und Widersprüche zuzulassen, ohne sie mit Beschwichtigungsfloskeln zu übertünchen. So klar und authentisch über Politik zu kommunizieren, wie viele Wähler es bei ihren Politikern schon lange vermissen.

Das Gespräch von Gabriel und Neumann war inszeniert, sicher, und es war auch das geschickte politische Marketing eines Parteivorsitzenden, von dessen Gespür für die Gunst der Stunde in den vorangegangenen Kapiteln schon die Rede war. Aber die Begegnung war eben auch das: ein seltener Moment relativer Authentizität in einer politischen Debattenkultur, die vor lauter Phrasen, Relativierungen und technokratischer Harmlosigkeit in weiten Teilen zu einem vorhersehbaren Ritual verkommen ist. »Die Begegnung von Gabriel und der Putzfrau auf dem Podium der Wertekonferenz ist etwas ganz Besonderes«, schrieb Kathrin Spoerr nach dem Gespräch in der *Welt*. »[Die Putzfrau] nimmt alles, was sich im Haus der SPD angesammelt hat, die ganzen Kompromisse, die sie eingegangen ist, die ganzen verquasten Worthülsen, die aus der einstigen Arbeiterpartei eine Partei wie jede andere gemacht haben. All den umständlichen, verlogenen, verquasten Politikrestmüll nimmt die Putzfrau und schmeißt ihn in den Müll.« Gabriel und Neumann hätten demonstriert, dass »in der Einfachheit und in der Ordnung eine tiefe Wahrheit liegen« könne, jubelte Spoerr weiter. »In diesem Fall vielleicht sogar die Rettung der SPD.«[9] Und der Showmaster Markus Lanz, der Neumann kurz darauf in seine Talkshow einlud, sagte in seiner Sendung, Neumann habe es geschafft, »große Politik auf ein paar wenige Sätze zu reduzieren«.[10]

Der Beifall, den danach auch Sigmar Gabriel für seinen ungewöhnlich offenen Auftritt erhielt, scheint auf den ersten Blick dem zu widersprechen, worum es im vorherigen Kapitel ging: dass »Klartext« und provokative Aussagen in der Öffentlichkeit oft nicht goutiert werden, woraus viele Politiker folgern, dass es ungefährlicher ist, rhetorisch lieber im Ungefähren zu bleiben. Doch in diesem Fall kam Gabriels Offenheit so gut an, weil er sich menschlich gezeigt hatte: Er hatte keinen Hehl aus seiner Ratlosigkeit gemacht und klar wie selten die Diskrepanz zwischen den politischen »Sachzwängen« von Berufspolitikern und den Alltagssorgen vieler Wähler offenbart. Aber Politiker und Politikerinnen, die sich »entblößen« – ist das nicht trotzdem etwas anderes als eine provokative Geste wie bei Steinbrück oder ein klares Wort über Rechtsradikale wie in Heidenau, das die Öffentlichkeit polarisiert? Nein, es sind lediglich zwei Seiten derselben Medaille, was wir uns in der Debatte über politische Sprache aber oft nicht genügend bewusst machen. Zu einer klaren politischen Kommunikation bereit zu sein heißt beides: die Chance zu haben, wegen seiner Authentizität und Offenheit gefeiert zu werden wie Gabriel bei Neumann (denn auch für ihn war die Begegnung politstrategisch keine Niederlage, sondern ein Gewinn!), aber eben auch das Risiko einzugehen, zu polarisieren, Widerspruch zu ernten und sich damit potenziell angreifbar zu machen wie in Heidenau.

Das Problem ist, dass viele Politiker auf dem einen Auge blind geworden sind: Sie sind nur dann bereit, mit einer offenen Kommunikation ein Risiko einzugehen, wenn sie sich sicher sind, dass die Folgen für sie ausschließlich positiv sein werden. Das aber führt dazu, dass die Öffentlichkeit ihnen umso schneller – und mit Recht! – vorwerfen kann, sie würden ihren »Klartext« nur inszenieren. Denn dann entsteht der Eindruck, dass ihre Offenheit nicht von einer Haltung gestützt wird, die im Zweifel auch ein Scheitern in Kauf nimmt, sondern lediglich Kalkül ist. Umgekehrt gilt das Wort von den zwei Seiten der Medaille aber auch für die Medien und für uns alle, die Wähler: Wenn wir Politiker am einen Tag dafür feiern, dass sie bei einem uns angenehmen Thema »Klartext« sprechen, und sie am nächsten Tag bei einem unangenehmeren Thema dafür in Bausch und Bogen verdammen, müssen wir uns nicht wundern, wenn kleine Knospen der rhetorischen Offenheit schnell wieder vertrocknen. »Es ist«, wie Jens Spahn im Sommer 2018 in einem Gastkommentar für die *taz* schrieb, »weder demokratisch noch zielführend, jede Meinungsäußerung mit ›gut‹ oder ›böse‹ zu bewerten – je nachdem, ob sie einem passt oder nicht [...].«[11]

Doch der Weg zu einer offenen Debattenkultur ist noch weit – auch bei der SPD, wo nach den Neumann-Auftritten die Hoffnungen vieler Genossen auf mehr Volksnähe und Authentizität in der politischen Kommunikation schnell wieder zerstoben. Denn die alten strukturellen Defizite waren durch ein paar offene Worte ja nicht plötzlich getilgt worden. Bis heute beruht das Selbstverständnis der SPD auf der Vertretung der Arbeiterklasse – doch dieses Milieu, das sie einst stark machte und um das sie noch immer fast trotzig wirbt wie bei Neumann, gibt es in dieser Form längst nicht mehr. Die alten Klassen haben sich verschoben oder ganz aufgelöst – und längst nicht alle, die sich heute von der Politik abgehängt fühlen, sind so redegewandt wie Neumann. Die SPD vertraut ihrem Wähler nicht mehr, weil sie nicht mehr weiß, wer er ist – es liegt sicher auch daran, dass der Moment der Nähe bei Neumann eine Ausnahme geblieben ist. Stattdessen kehrte die Parteispitze nicht erst bei den Personaldebatten nach der Bundestagswahl 2017 schnell wieder in die alten Muster von Phrasen, Beschwichtigungen und Vernebelungstaktik zurück, wie wir im ersten Kapitel über »Vertrauen« gesehen haben.

Im Übrigen zeigt der Fall Gabriel/Neumann eindrücklich, dass es immer auch eine Frage der Politikerpersönlichkeit ist, ob ein (rhetorischer) Draht zum »kleinen Mann« entstehen kann. Als Olaf Scholz, der Interims-SPD-Vorsitzende, jetzige Vizekanzler und Finanzminister, nach der ersten Regierungsklausur der Großen Koalition im April 2018 im vollen Ernst sagte, alle Regierungsmitglieder seien sich einig, »dass sie an ihren Taten gemessen werden«, hätte seine Rhetorik nicht weiter von jenem Klartext entfernt sein können, den Gabriel zwei Jahre zuvor gesprochen hatte.[12] Nicht erst da dürfte mancher sich mit Unbehagen an einen Satz erinnert haben, den Philipp Krohn im November 2016, ein halbes Jahr nach dem Auftritt der Putzfrau, in der *F.A.Z.* über die »kleinen Leute« geschrieben hatte: »Früher richteten sich die Volksparteien nach ihnen aus. Heute lassen sie sie eine Viertelstunde hochleben, um sie dann wieder aus den Augen zu verlieren.«[13]

Seit Neumanns Auftritt hat das Thema »nah bei die Leut' sein«, wie der volksnahe frühere Ministerpräsident von Rheinland-Pfalz, Kurt Beck, es immer genannt hat, in der politischen Kommunikation aber auch aus anderen Gründen eine neue Brisanz bekommen – und das hat mit dem Erstarken der Rechtspopulisten von der AfD zu tun. Schon seit der Flüchtlingskrise von 2015 erhält die Partei wegen ihrer aggressiv-populistischen Antimigrationspolitik immer mehr Zulauf; nach der Bundestagswahl 2017 wurde sie mit 12,6 Prozent der Stimmen drittstärkste

Kraft nach der Union und der SPD. Seither sitzen die Rechtspopulisten als Oppositionsführer im Deutschen Bundestag – und das hat den Ton der politischen Debatte nicht nur im Hohen Haus in Berlin gehörig verändert. In den Reden, die AfD-Vertreter wie die Fraktionsvorsitzenden Alice Weidel und Alexander Gauland im Plenum halten, sind populistische Provokationen, ausländerfeindliche Parolen und kalkulierte Tabubrüche an der Tagesordnung – nicht nur wie im April 2018 bei den schon angesprochenen »Kopftuchmädchen«.[14] Im Februar 2018 sorgte der AfD-Abgeordnete Gottfried Curio für Empörung, als er in einer Debatte über die doppelte Staatsbürgerschaft die Integrationsbeauftragte der Bundesregierung Aydan Özoğuz (SPD) als »Musterbeispiel misslungener Integration« bezeichnete.[15] Über Özoğuz hatte Alexander Gauland bereits 2017 gesagt, diese müsse »in Anatolien entsorgt« werden.[16]

Mit gezielten Aussagen wie diesen geriert sich die AfD als »Klartext-Partei«; sie gibt vor, die einzige Partei zu sein, die sich traut, die Sprache der »kleinen Leute« zu sprechen und deren Sorgen zu artikulieren. Unter dem Motto »Sozial ohne rot zu werden« hatten die Rechtspopulisten sich schon im Bundestagswahlkampf als vorgebliche »Kümmerer-Partei« inszeniert.[17] Für die anderen Parteien ist das ein großes Problem – gerade auch in der politischen Kommunikation. Denn auch wenn die verbalen Ausfälle der AfD zumindest im Bundestag dazu geführt haben, dass die demokratischen Parteien wieder deutlich klarer gegen rassistische und menschenverachtende Positionen Stellung beziehen und der AfD rhetorisch entschiedener entgegentreten als noch vor einer Weile, hat sich der politische Diskurs gleichwohl nach rechts verschoben. In einer Studie aus dem Juli 2017 analysierte die Otto-Brenner-Stiftung, wie die AfD die Grenzen des Sagbaren durch ihre gezielten Tabubrüche immer mehr verschiebt, und kam zu dem Schluss: »Gerade die Unionsparteien haben ihre Rhetorik und Forderungen vor allem in der Asyl- und Migrationspolitik deutlich verschärft.« Es gebe einen deutlich merkbaren »AfD-Effekt«, hieß es in der Studie.[18] Auch die *Süddeutsche Zeitung* hat im Frühsommer 2018 in einer umfangreichen Analyse der Bundestagsdebatten seit der Wahl 2017 festgestellt, dass sich das politische Vokabular im Bundestag merklich verschärft hat, seit die AfD im Plenum sitzt. »Schuldkult«, »Bevölkerungsaustausch«, »völkisch«, »entartet« – selbst Begriffe, die früher als Vokabular des Nationalsozialismus ein Tabu waren, würden seit dem Erscheinen der AfD plötzlich wieder in den Mund genommen.[19] Hat das mit unserem Thema zu tun, mit der entleerten politischen Floskelsprache und mit dem »kleinen Mann«? Ja, es ist sogar direkt damit verbunden. Denn wie sehr in der Asyl- und Migrationspolitik vor allem manche CSU-Vertrauten den Duktus der AfD aufgegriffen haben, zeigt, wie schmal der Grat zwischen einer klaren, authentischen Sprache und der verantwortungslosen Sprache des (Rechts-)Populismus ist – und wie groß die Versuchung für die unter Druck geratenen Volksparteien, den Wunsch nach mehr »Klartext« in der Politik völlig falsch zu deuten.

Um diesen Zusammenhang zu verstehen, ist ein Blick auf den Sommer 2018 unerlässlich, als in der Union der Asylstreit zwischen dem CSU-Vorsitzenden Horst Seehofer und der Kanzlerin so zu eskalieren drohte, dass für ein paar Tage selbst das Ende der Ära Merkel nicht mehr ausgeschlossen schien. Es ging um nicht bleibeberechtigte Asylsuchende – Innenminister Seehofer, in Bayern unter Druck vor der anstehenden Landtagswahl im Herbst, wollte sie notfalls mit einem Alleingang schon an der deutschen Grenze abweisen, Merkel dagegen blieb bei ihrer Weigerung und setzte weiter auf bilaterale Abkommen. Je länger der erbitterte Streit dauerte, desto schärfer wurde die Rhetorik aus München. Ministerpräsident Markus Söder (CSU) sprach von »Asyltourismus«, »Asylgehalt« und »Belehrungsdemokratie«[20], CSU-Landesgruppenchef Alexander Dobrindt von einer »Anti-Abschiebe-Industrie«[21]. Nicht nur politische Gegner werteten diese Verschärfung des Tons als leicht durchschaubaren Versuch, der AfD bei deren vorgeblichem Bemühen, »Klartext« zu sprechen und Ressentiments gegen Flüchtlinge und Asylbewerber zu schüren, sprachlich das Wasser abzugraben. Die AfD lobte die CSU denn auch für ihre Äußerungen – bei den meisten anderen waren die Reaktionen hingegen verheerend. Durch den Begriff »Asyltourismus« werde suggeriert, dass die Asylsuchenden nur zum Spaß nach Deutschland kämen, kritisierte etwa der Sprachwissenschaftler Anatol Stefanowitsch im *Deutschlandfunk*.[22] Auch Bundespräsident Frank-Walter Steinmeier, sonst nicht unbedingt ein Mann der ungeschönten Worte, kritisierte das neue Vokabular der CSU in selten deutlicher Weise. »Wir müssen zurück zur Vernunft«, sagte er Anfang Juli in einem Interview mit dem ZDF und forderte, gerade Regierungsparteien müssten »auch auf Sprache achten«. Er halte nichts von übertriebener politischer Korrektheit, fügte Steinmeier hinzu. Aber man müsse verantwortungsvoll streiten. »Das verlangt auch eine gewisse Disziplin der Sprache.« Der Weg zu einer gemeinsamen Migrationspolitik in Europa sei schon mühsam genug. »Deswegen, glaube ich, sollten wir auch keine Sprache pflegen, die noch spalterisch wirken kann.«[23]

Selbst hochrangige CSU-Vertreter zeigten sich empört angesichts des neuen Sounds in ihrer Partei, der nur auf den ersten Blick an die mitunter ebenfalls saftige Wortwahl des früheren CSU-Vorsitzenden Franz Josef Strauß erinnerte. »Bayern ist unsere Heimat, Deutschland unser Vaterland, Europa unsere Zukunft«, hatte Strauß einmal gesagt.[24] Wie die CSU-Verantwortlichen in der Debatte den Nationalstaat betonten, erinnere ihn hingegen an den amerikanischen Präsidenten Donald Trump, schrieb der langjährige bayerische Fraktionsvorsitzende Alois Glück in einem Brandbrief an den CSU-Vorstand, ohne Ministerpräsident Söder explizit zu nennen.[25]

Die Debatte ist aus mehreren Gründen aufschlussreich. Sollten Seehofer und Söder nämlich darauf gesetzt haben, mit der Verschärfung des Tons die Chancen auf die Verteidigung der absoluten Mehrheit in Bayern zu steigern, so ging das gründlich schief. In den Umfragen verlor die CSU in den Wochen danach stetig an Boden; Söder, der seine Wortwahl zunächst noch verteidigt hatte, ruderte schließlich kleinlaut zurück und entschuldigte sich für die Benutzung des Wortes »Asyltourismus«. Selbst wenn auch persönliche Gründe für den Absturz der CSU in den Umfragen vorgelegen haben dürften, weil Söder vielen als zu verkrampfter Karrierist galt, zeigt das: »Klartext«, also eine authentischere, klarere und präzisere Sprache mit weniger Floskeln, wie sie die Wählerinnen und Wähler zu Recht von ihren Politikern erwarten, bedeutet nicht gleich (Rechts-)Populismus – und der Unterschied zwischen beidem wird von den allermeisten sehr wohl erkannt.

An dieser Stelle ist es hilfreich, sich einmal kurz mit dem Begriff Populismus zu befassen. Denn so häufig das Wort in der öffentlichen Debatte auftaucht, so unscharf ist seine Bedeutung. Es gibt linke und rechte Populisten, »Ökopopulisten« und »Nationalpopulisten«, und ähnlich wie bei der »political correctness« hat sich der Begriff längst zu einem Kampfbegriff entwickelt, mit dem politischen Gegnern Manipulation, eine opportunistische Politik oder die Instrumentalisierung eines vagen »Bevölkerungswillens« für ihre Zwecke vorgeworfen werden. Hier soll aber eine Definition herangezogen werden, die der Siegener Politikwissenschaftler Tim Spier 2014 in einem Beitrag für die Bundeszentrale für politische Bildung skizziert hat: Danach ist Populismus eine Politik, die explizit einen Antagonismus zwischen einem einheitlichen, romantisch überhöhten »Volk« als identitätsstiftender Einheit und einer ökonomischen, kulturellen oder politischen »Elite« herstellt, die abgehoben, selbstsüchtig und nur am eigenen Machterhalt interessiert ist. Auch die aggressive Abgrenzung von »sozialen, kulturellen, religiösen oder sprachlichen Minderheiten«, die »als Sündenböcke für alle möglichen sozialen und anderen Missstände verantwortlich gemacht werden«, ist nach Spier Kennzeichen einer populistischen Politik, in diesem Fall einer von rechts.[26]

Das heißt also: Wenn Markus Söder pauschal von »Asyltourismus« und Alice Weidel verächtlich von »Kopftuchmädchen« spricht, dann ist das kein Beitrag zu einer ehrlichen Debatte, die auf Differenzierung und die nüchterne Abwägung von Argumenten setzt, sondern die rücksichtslose, diffamierende Sprache der Rechtspopulisten. Sie will Komplexität reduzieren, wo Differenzierung gefordert, und aufhetzen, wo menschenwürdige Objektivität nötig ist. Für Politikerinnen und Politiker, die aus dem Asylstreit in der Union für die Zukunft lernen wollen, heißt das: Auch wenn die Versuchung groß sein mag, unter »Klarheit« in der Kommunikation schlicht populistische Schärfe und fortgesetzte Tabubrüche zu verstehen, macht am Ende das sogenannte Framing die Musik. Das Konzept bedeutet in der Kognitionswissenschaft, vereinfacht gesagt, dass alles, was wir sagen, in einen »gedanklichen Deutungsrahmen« eingebettet ist, wie die Sprachwissenschaftlerin Elisabeth Wehling es nennt. Wie sehr diese »Rahmen« oder »Frames« unser aller Denken, die Rezeption von Sprache und auch unser Entscheidungsverhalten bestimmen, hat Wehling in ihrem verdienstvollen Buch *Politisches Framing. Wie eine Nation sich ihr Denken einredet – und daraus Politik macht* beschrieben.[27] Wenn wir etwa das Wort »Steuerlast« hören, so Wehling, dann haben wir die Interpretation des Gesagten binnen Sekundenbruchteilen im Kopf. Wir verbinden automatisch etwas Unangenehmes und Bedrückendes damit: »Wir haben eben eine ›Last‹ zu tragen – welche, bestimmen die Gesetze.«

Mithilfe von Frames können wir Informationen schneller verarbeiten und vor allem schneller bewerten – mit ihnen wird Sprache effektiver, erklärt Wehling. Auch in der politischen Kommunikation ist Framing in vielen Metaphern omnipräsent – allerdings manchmal mit gefährlichen Folgen. Ein schönes Beispiel dafür ist der Begriff »soziale Hängematte«, eine Metapher, die nicht nur Politiker, sondern wir alle in der Debatte über Renten, Arbeitslosengeld und Hartz IV so gern verwenden, weil sie vermeintlich so schön griffig ist. »Die Hängematte ist der Inbegriff des Faulenzens«, schreibt Wehling. Der Begriff suggeriere also, dass Menschen, die das soziale Sicherungssystem in Anspruch nehmen, es sich bequem machten und ein »durch und durch entspanntes Dasein« führten. Dabei werde aber völlig ausgeblendet, dass die Leistungen nur ein »menschenwürdiges Existenzminimum« gewährleisteten und viele Leistungsberechtigte ihr Leben nicht etwa genössen, sondern »nicht nur in materieller Hinsicht« darunter litten.[28] Doch diese Differenzierungen macht die Formulierung »soziale Hängematte« nicht. Und das Framing ist damit automatisch gesetzt, auch wenn wir darüber in der Regel kaum noch nachdenken: unangemessene Faulheit, wenig Eigeninitiative, durchweg negativ.

Warum ist das Wissen um Framing bei der Suche nach mehr Klartext in der politischen Sprache so wichtig? Ist nicht gerade das bei der Forderung nach mehr Klarheit und auch Mut zu provokativer Zuspitzung gemeint, von der schon die

Rede war? Eben nicht. Ein Wort wie von »Asyltourismus« hat nichts mit »Klartext« im positiven Sinne zu tun, nichts mit mehr Offenheit in der politischen Kommunikation und erst recht nichts mit dem Mut, endlich auch Tabus offen zu benennen (ein Argument, das vor allem Rechtspopulisten wie von der AfD allseits bemühen). Sondern mit einem bewusst gesetzten Framing, das den Kontext unangemessen verzerrt und gerade das Gegenteil von Klarheit und Offenheit erreichen will, weil es gezielt den Eindruck erweckt, alle Asylsuchenden hätten sich nur aus Jux und Dollerei auf den gefährlichen Weg nach Deutschland gemacht.

Es gibt eben eine Grenze zwischen einer »konstruktiven« und einer »destruktiven Polemik«, wie es der Erfurter Kommunikationswissenschaftler Kai Hafez vor einer Weile im Magazin *Stern* genannt hat.[29] Anders, aber nicht minder klar hat es der Grünen-Vorsitzende Robert Habeck in seinem Buch *Wer wir sein könnten* benannt: Die Sprache der Rechtspopulisten wie Björn Höcke von der AfD unterscheide sich von der des demokratischen Streits, weil sie »Glauben und Folgsamkeit an die Stelle von Vernunft und Argumentation« setze, schreibt Habeck. »Diese Sprache will den Streit nicht als Zustand einer vielfältigen, miteinander ringenden Gesellschaft. Vielmehr setzt sie zum Kampf gegen diese Gesellschaft an.« Dieser Unterschied sei ein schmaler Grat, so Habeck, aber einer, der »aufs Ganze« gehe. Und die Frage sei, ob man in der Sprache der Politik erkennen könne, welch Geistes Kind sie sei.[30] Man kann nicht nur, man muss sogar.

5 Empörung

Die Empörung bei Politikern und Politikerinnen kennt oft keine Grenzen. Sie »verurteilen« eine Entgleisung des Gegners »auf das Schärfste«, warnen vor »ernsten Konsequenzen«, können »nur noch den Kopf schütteln«, wenn der Koalitionspartner sich nicht an Absprachen hält, oder »zeigen sich äußerst besorgt«, weil eine Entwicklung im Gang ist, die schwierig werden könnte. Die meisten von uns, die solche Aussagen lesen, nehmen sie wahrscheinlich schon gar nicht mehr wahr, so inflationär werden sie gebraucht. Dabei belegt eine Formulierung wie »auf das Schärfste verurteilen« doch nur einmal mehr die seltsame Schleife, in der unsere politischen Vertreter gefangen sind: Je ritualisierter und zahnloser der politische Diskurs wird, desto lauter betonen sie rhetorisch die »Schärfe«. Und umso entleerter wird wiederum der Diskurs, weil einem selbst die schärfste Schärfe keine Tränen mehr in die Augen treibt, wenn man ihr am Tag 232-mal begegnet. Auch darin ist Angela Merkel eine Meisterin, wie der Kabarettist Mathias Richling einmal in einem *Deutschlandfunk*-Interview feststellte: »Egal, was Herr Erdogan anstellt oder Herr Trump, sagt sie immer: ›Es handelt sich um einen ernsten Vorgang.‹«[1]

Aber warum rattern Politikerinnen und Politiker dann trotzdem so oft die immer gleichen Empörungsfloskeln herunter, wenn ohnehin niemand mehr hinhört? Wieso sagen sie nicht einfach mal: »Ehrlich gesagt, ich kann mich darüber nicht aufregen. Wir machen es doch genauso«, wenn der Koalitionspartner aus Profilierungsgründen gerade ein Projekt der anderen Partei als das seine verkauft? Warum gestehen sie nicht ein, dass es sinnlos ist, gegenüber dem Koalitionspartner mit »ernsten Konsequenzen« zu drohen, wenn die politische Arithmetik leider gerade kein anderes Bündnis hergibt und man außerdem Neuwahlen so scheut wie der Teufel das Weihwasser?

Die Antwort liegt auf der Hand: Weil es für Politiker so konstitutiv wie überlebenswichtig ist, sich von den anderen Parteien – oft mit großem Getöse – abzusetzen (zumindest rhetorisch), damit der Wähler merkt, wo die Unterschiede liegen. Die – oft gespielte – Empörung über alle anderen Parteien gehört folglich zum politischen Einmaleins wie das Bierzelt zur CSU. Und dabei bedienen sich die Politiker eben jener Berufssprache, die viele von ihnen seit den Anfängen ihrer politischen Laufbahn wie die Muttermilch eingesogen haben. So wie die Medizinersprache von lateinischen Fachbegriffen wimmelt und die Juristensprache von Fachtermini, die der Laie kaum versteht, so hat auch die Politik ihre ganz eigene, oft hermetische Sprache. »[Politiker] benennen nicht, sie verbrämen; sie verklausulieren die Wahrheit im Wortschwall einer Insidersprache«, schrieb der frühere Erste Hamburger Bürgermeister Ole von Beust (CDU) 2012 in seinem schon erwähnten Gastbeitrag über politische Sprache für die *Süddeutsche Zeitung*.[2] Dabei würden die Phrasen meist gar nicht in böser Absicht der »Verkleisterung und Vertuschung« verwendet, glaubt von Beust, sie seien eben »Ausdruck der Sozialisation in der Politik«.

In der Tat sind heute nur die wenigsten Spitzenpolitiker Quereinsteiger, sondern haben sich über Jahrzehnte über die Jugendorganisationen ihrer Parteien, Kommunal-, Kreis- und Landtage bis in die Spitzenpolitik hochgedient. Kann es da wundern, dass sie bei ihrem langen, mühsamen Aufstieg schon bald die Sprache ihrer Vorgänger übernommen haben, um zu zeigen, dass sie dazugehören und das gängige Vokabular beherrschen? »Der eine fängt mit einer Floskel an und plötzlich benutzen sie alle«, gesteht ein enger Mitarbeiter eines Landespolitikers, der seinem Chef eigens eine lange Liste mit Phrasen angelegt hat, auf die er tunlichst verzichten soll. Aber das sei leichter gesagt als getan – weil man sich als Politikerin oder Politiker mit Phrasen eben auf relativ sicherem Terrain bewege. »Mit einer Phrase macht man erst mal nichts falsch«, glaubt der Berater – und das nicht nur, wenn es um Empörungsfloskeln wie die »schärfste Verurteilung« oder die »ernsten Konsequenzen« gehe.

Doch auch, wenn es um das Thema Empörung geht, wäre es zu kurz gegriffen, Politikern ausschließlich Nachlässigkeit oder Bequemlichkeit im Umgang mit ihrer Sprache vorzuwerfen. Denn auch wir, die Wähler und die Medien, sind ein wichtiger Faktor in jener ritualisierten Empörung, die wir gern so schnell verdammen. Wenn die Kanzlerin etwa nach einem neuerlichen Nukleartest Nordkoreas erklären lässt, Deutschland verurteile den Test »auf das Schärfste« wie Ende November 2017, dann entspricht das zum Teil genau diesem Ritual.[3] Denn Merkels Botschaft ist in diesem Fall natürlich nicht nur an den nordkoreanischen Diktator Kim Jong-un gerichtet, dem die Aufregung in Deutschland im Zweifel herzlich egal sein dürfte, sondern auch an die deutsche und die Welt-Öffentlichkeit: Seht her, wir sagen klar unsere Meinung. Eine Grenze ist überschritten, das lassen wir nicht einfach so mit uns machen. Dass die scharfe Botschaft, die einer fein nuancierten Eskalationsrhetorik der internationalen Diplomatie folgt und Kennern der Materie zwar durchaus überraschende außenpolitische Nuancen anzeigen kann, primär aber eine symbolische Wirkung hat und mit großer Wahrscheinlichkeit nichts an Kims Atompolitik ändert, spielt in diesem Ritual kaum eine Rolle. Zumindest im öffentlichen deutschen Diskurs kann sich die Kanzlerin jetzt nicht mehr nachsagen lassen, sie habe ihre Entrüstung über die nordkoreanische Eskalationspolitik nicht mit der nötigen Deutlichkeit zum Ausdruck gebracht.

Politische Vertreter stehen gleichsam in einer rhetorischen Bringschuld – die richtigen Signalwörter werden von der Öffentlichkeit zum richtigen Zeitpunkt erwartet, damit der gesetzte Rahmen (Grenze erreicht, Gegenwehr, Aktivität) stimmt. Auch das macht die politische Empörung oft so schablonenhaft: Ob es »große Empörung«, eine Verurteilung »auf das Schärfste« oder die »große Sorge« ist, die geäußert wird, Hauptsache, die Reaktion vermittelt der Öffentlichkeit den Eindruck, dass man bereit ist, sich gegen etwas mit großer Bestimmtheit zur Wehr zu setzen. Und die Medien? Sie verbreiten die immer gleichen Empörungsfloskeln bereitwillig weiter – und übernehmen noch dazu häufig die gewünschte Interpretation. Wenn es in einer Überschrift heißt, »Politiker X rechnet mit Politiker Y ab«, obwohl derjenige eigentlich nur in einer nichtssagenden Äußerung pflichtschuldig seinen Unmut ausgedrückt hat, dann hat die hohle Phrase ihr Ziel voll erfüllt. Damit zementieren die Medien ausgerechnet jene nichtssagende Sprache, die sie Politikern so gern vorwerfen.

Diesen Prozess der unwillkürlichen Konsolidierung von Phrasen durch die Medien gibt es schon, seit Journalisten über Politik berichten – und doch hat sich in der politischen »Empörungsspirale« in den letzten Jahren etwas drastisch verändert. Durch die Echtzeit-Berichterstattung über Politik in den Onlinemedien wird die Zeit zum Nachdenken für Politiker immer geringer. Nach einem politischen Ereignis oder einem politischen Eklat erwarten viele Medien heute ganz selbstverständlich binnen kürzester Zeit eine Stellungnahme, die sie von Politikern verbreiten können. »Developing Story« – dieser Terminus, den amerikanische Nachrichtensender geprägt haben, ist längst auch bei uns im Alltag des (Online-)Journalismus angekommen. Zwischen einem Ereignis und den ersten – oft pflichtschuldig empörten – Reaktionen von Politikern vergehen mitunter kaum noch fünf Minuten.

Aus Sicht der Journalisten ist das nur allzu verständlich. Die Konkurrenzsituation der Medien untereinander ist durch das Internet noch viel größer geworden – wenn man selbst nicht schnell ein Statement liefern kann, tun es die anderen. Also ist es in den Redaktionen, die früher bis zum Redaktionsschluss einen Arbeitstag lang Zeit hatten, von Politikern Stellungnahmen zu erbitten, schon zum Alltag geworden, nach einem Ereignis schnell erste Reaktionen einzuholen und sie online zu veröffentlichen. Doch selbst dieser Mechanismus ist mittlerweile fast überholt – die eigentlichen Nachrichtentreiber sind in vielen Fällen längst die sozialen Medien wie Facebook oder Twitter.

Vor allem Twitter hat sich in den letzten Jahren zum Kommunikationsmedium Nummer eins für Politiker und Journalisten entwickelt, wenn es darum geht, zu einem Ereignis in Echtzeit eine kurze Stellungnahme abzugeben, den politischen Gegner anzugreifen oder eine Debatte mit immer schärferen Thesen zu befeuern. Die klassischen Medien, die früher der erste und einzige Veröffentlichungskanal mit großer Reichweite bei öffentlichen Debatten waren, können auf solche ungesteuerten Schwarm-Diskussionen, die mitunter binnen Minuten zum »Trending Topic« werden, in der Regel nur noch reagieren. Nicht umsonst ist Twitter mittlerweile als journalistische Quelle de facto anerkannt – allem Wissen um mögliche Fake-Accounts zum Trotz. »Schrieb Politiker XY auf Twitter« – ein Satz wie dieser ist heutzutage in vielen journalistischen Texten gang und gäbe.

Auch die Politiker haben sich auf diese Entwicklung längst eingestellt und begleiten die Nachrichtenlage und die sozialen Netzwerke in ihren Presseabteilungen kontinuierlich mit, um im Zweifel schnell selbst ein Statement veröffentlichen zu können. Viele Minister wie etwa Bundesverkehrsminister Andreas Scheuer haben mittlerweile sogar eigene Newsrooms mit professionellen Presseleuten in ihren Ministerien eingerichtet, in denen die Geschehnisse wie in einer herkömmlichen Redaktion in Echtzeit bewertet und blitzschnell mögliche Konsequenzen für die politische Kommunikation des Ministeriums erörtert werden können. Im »Neuigkeiten-Zimmer«, wie der Newsroom im Verkehrsministerium in typisch selbstironischem Journalisten-Jargon genannt wird, sitzen die Sprecher des Ministeriums denn auch unmittelbar neben den Social-Media-Kollegen, wie der frühere *Bild*-Journalist Wolfgang Ainetter im Gespräch mit dem Branchendienst *turi2* stolz erklärte.[4] Ainetter hat die Kommunikationspolitik des Ministeriums von Grund auf neu aufgebaut. Es könnte nicht offensichtlicher werden, wie sehr die sozialen Netzwerke und die klassische politische Kommunikation längst miteinander verschränkt sind und sich gegenseitig befruchten. Die Menschen hätten »diesen Polit-Sprech« satt, glaubt Ainetter. »Die Leute wollen keine Phrasen mehr hören, sondern Geschichten, die wirklich Geschichten sind, und Botschaften, die wirklich Botschaften sind.« Eine gelungene politische Kommunikation, so ließe sich das übersetzen, muss heute plastischer sein denn je. Sie muss unterhalten und das Interesse des Wählers mit immer neuen, spannenden Geschichten wecken.

Diese zunehmende Erregungs- oder auch »Empörungsdemokratie«[5] kann, vereinfacht gesagt, zwei Konsequenzen haben. Sie verführt unsere Politikvertreter noch mehr als früher zum Phrasendreschen, weil diese immer schneller auf Ereignisse reagieren müssen, für deren profunde Analyse immer weniger Zeit bleibt. Auch das erklärt, warum es in vielen Statements, die vor hastig hingehaltenen Kameras ebenso hastig dahingesagt werden, von »schonungslosen« Forderungen, »umfassender Aufklärung« oder »schärfsten Verurteilungen« nur so wimmelt: Wer schnell reagieren muss, greift gern auf die bekannten Floskeln der Politikersprache zurück, weil das bequem ist und kaum Zeit kostet. Angenehmer Nebeneffekt: Man macht sich nicht so angreifbar, wenn man möglichst vage bleibt. Die andere Konsequenz, die Politikerinnen und Politiker aus der immer schnelleren Erregungsspirale ziehen können, ist das genaue Gegenteil: Die Verlockung wächst, die tiefliegende Phrasendecke mit immer schärferen, immer populistischeren Formulierungen zu durchstoßen, um im längst zur Kakofonie angeschwollenen Bocksgesang überhaupt noch aus der Masse herauszustechen. Mit Blick auf die politischen Empörungsfloskeln, die in diesem Kapitel das Thema sind, stehen Politiker also vor der Wahl: Entweder sie sind empört. Oder sie sorgen selbst für Empörung.

Durch die sozialen Netzwerke, über die Politiker Debatten in Echtzeit ohne den Filter der klassischen Medien beeinflussen können, hat sich dieser Trend noch einmal deutlich verstärkt. Nicht ohne Grund liebt der amerikanische Präsident Donald Trump Twitter, weil er die Erfahrung gemacht hat, dass alles, was er dort absetzt, direkt »Breaking News« ist, wie er im Januar 2017 einem Interview mit der *Bild-Zeitung* sagte.[6] Trump hätte kaum prägnanter formulieren können, wie die Erregungsdemokratie die politische Kommunikation in den letzten Jahren verändert hat. Mit den sozialen Netzwerken, in denen jeder ohne Ansehen von Stand oder Relevanz zu jeder Zeit und überall seine Meinung verbreiten kann und in denen selbst regionale Nichtigkeiten zu landesweiten Skandalen werden können, wenn nur die richtigen

Multiplikatoren auf sie aufmerksam werden, ist der Stammtisch aus dem Hinterzimmer ins Scheinwerferlicht auf die große Bühne geholt worden. Der Empfänger, um mit Brecht zu sprechen, ist zugleich zum allgegenwärtigen Sender geworden. Auch dadurch ist die seltsame Situation entstanden, dass der politische Diskurs zugleich schematischer und überdrehter geworden ist. Schematischer, weil viele Politiker und Politikerinnen sich angesichts der immer unüberschaubareren Nachrichtenflut und Trending-Twitter-Topics mehr denn je in Phrasen retten. Aber auch überdrehter, denn mittlerweile können selbst Marginalien, die früher kaum eine Meldung in einer Zeitung gewesen wären, potenziell eine erhitzte Debatte auslösen, nur weil ein Politiker mit einem übereilten oder bewusst provokanten Tweet für Aufsehen gesorgt hat.

Es ist, als befänden wir uns in einem permanenten Zustand der Übererregung, weil wir die vielen Reize, die uns über immer mehr Medienkanäle simultan »wichtig, noch wichtiger, Skandal!« zurufen, kaum noch bewältigen, geschweige denn nüchtern kategorisieren können. In der Folge neigen auch die Medien dazu, die vermeintliche Relevanz von Ereignissen mit immer schrilleren Zuschreibungen zu überhöhen, um in der Simultanität der globalen Echtzeit-Berichterstattung überhaupt noch für Aufmerksamkeit zu sorgen. Dass eine Meldung oder eine Äußerung eines Politikers inhaltlich bemerkenswert ist, reicht mitunter schon gar nicht mehr aus, damit sie gehört wird. Was aber mit schrillem Empörungspathos vorgetragen wird, kann sich rasant in den Social Feeds von Twitter und Facebook verbreiten. Einschlägigen Studien zufolge haben diese Nachrichtenaggregatoren die klassischen Medien bei vielen unter 30-Jährigen längst als Informationsquelle Nummer eins abgelöst. Nach der »Mediengewichtsstudie« 2018 der Bayerischen Landeszentrale für neue

Medien sind soziale Netzwerke und Suchmaschinen für die Deutschen »immer häufiger Agendasetter«: Bei den 14- bis 29-Jährigen sind Internetangebote demnach schon jetzt mit Abstand die am meisten genutzte Informationsquelle – mit 66 Prozent informierender Tagesreichweite liegt das Netz in dieser Altersgruppe mit großem Abstand vor allen anderen Mediengattungen.[7] An einem Durchschnittstag informieren sich unter den 14- bis 29-Jährigen demzufolge 29 Prozent über Facebook und 43 Prozent über Google. Selbst die Videoplattform YouTube wird in dieser Altersgruppe von 17 Prozent dazu genutzt, sich »über das Zeitgeschehen in Politik, Wirtschaft und Kultur zu informieren«, die Plattform Instagram von jedem Zehnten dieser Gruppe. Das heißt, soziale Netzwerke wie Twitter, Instagram oder Facebook sind längst ein alltäglicher Teil der Meinungsbildung – und damit jener beständig wachsenden Echokammern, in denen abweichende Meinungen schnell marginalisiert und übereinstimmende umso rasanter verstärkt werden. Erst recht, wenn sie mit Empörung zu tun haben.

Wir befänden uns mitten in einem »kommunikativen Klimawandel«, im Übergang von einer »Mediendemokratie zur Empörungsdemokratie«, erklärte im Frühjahr 2018 der Medienwissenschaftler Bernhard Pörksen in seinem lesenswerten Buch *Die große Gereiztheit. Wege aus der kollektiven Erregung*.[8] Seine Diagnose: Die Öffentlichkeit, wie wir sie von früher kannten, gibt es nicht mehr, auch weil die »zivilisierenden Diskursfilter«, die früher vom klassischen Sender-Empfänger-Verhältnis zwischen den Medien und ihren Rezipienten geprägt waren, nicht mehr existieren. Nach Pörksen befinden wir uns ständig in einem maximalen Reizzustand, weil wir durch das Internet beständig »der Gesamtgeistesverfassung der Menschheit« ausgesetzt sind – ohne Filter, 24 Stunden am Tag.[9] In einem Interview mit dem

Deutschlandfunk erklärte Pörksen den Begriff der »Empörungskybernetik«, von dem er in seinem Buch spricht: An die Stelle der alten Leitmedien, die früher bestimmten, worüber die Republik sprach, sei ein »Wirkungsnetz« aus alten und neuen Medien und den sozialen Netzwerken getreten, die im Verbund in Erscheinung träten. Die kollektive Erregung über ein Thema werde immer dann besonders mächtig, so Pörksen, wenn dieses Zusammenspiel in einem Wirkungsnetz zustande komme.[10] Was heißt das konkret?

Nehmen wir an, an einem Strand der Insel Elba sichten Urlauber einen seltsamen Fisch. Einer filmt das Tier mit seinem Handy, auf dem verwackelten Video ist eine Flosse zu sehen, die entfernt an einen Hai erinnert, auch wenn überhaupt nicht klar ist, ob es sich wirklich um einen handelt. Trotzdem lädt der Urlauber das Video bei YouTube hoch, es wird von seinen Bekannten schnell geteilt, irgendwann schreibt jemand »Hai-Alarm auf Elba« darüber und teilt das Video auch bei Facebook und Twitter. Binnen kurzer Zeit verbreitet sich das Video so sehr weiter, dass es bei Twitter zum »Trending Topic« wird, also einem Thema, das der Algorithmus des Dienstes derzeit als besonders wichtig erkannt hat. Nun werden auch die klassischen Medien auf das Thema aufmerksam, die mit Tracking-Tools die sozialen Netzwerke scannen, um spannende Themen für ihre Leserschaft aus dem Internet zu fischen. Ein Onlineredakteur einer Boulevardzeitung greift die Geschichte auf und schreibt einen Artikel über den vermeintlichen »Hai-Alarm« auf Elba. Darin ist von einem »angeblichen Hai« die Rede – der Verbreitung des Textes tut diese Einschränkung aber keinen Abbruch. Auch er wird nach Erscheinen schnell in den sozialen Netzwerken geteilt, die Erregungskurve wird immer steiler, auch andere Medien schreiben jetzt über das Thema, und zwar längst nicht mehr nur Boulevardmedien.

Bald findet sich die Meldung über den Hai-Alarm (das »angeblich« ist mittlerweile bei vielen verschwunden) auf etlichen Onlineseiten, die ihrerseits ständig die Themen der Konkurrenz verfolgen, um bloß kein Thema zu verpassen – ein sich selbst verstärkendes System. Am nächsten Tag steht die Meldung auch in vielen Zeitungen, weil die großen Nachrichtenagenturen – mit aller gebotenen Vorsicht – über den Verdacht berichtet haben. Spätestens jetzt ist zu erkennen, was Pörksen mit seinem »Wirkungsnetz« meint: Alte und neue Medien und die sozialen Netzwerke haben sich gegenseitig verstärkt und eine kleine, lokale Geschichte, die es früher vielleicht nie über die Kneipe am Strand hinaus geschafft hätte, zu einem Thema gemacht, das im ganzen Land diskutiert wird. Oder, wie Pörksen es im Interview mit dem *Deutschlandfunk* formulierte: »Am Ende des Tages reden im Extremfall Millionen von Menschen über einen einzigen Scherz, machen sich über einen einzigen Tweet lustig, diskutieren ein einzelnes Foto.«[11]

Damit aber noch nicht genug, denn spätestens jetzt kommt auch die Politik ins Spiel. Weil immer mehr Meldungen über den mutmaßlichen Hai-Alarm auf Elba auftauchen und die Medien das Thema längst auf die potenziellen Auswirkungen für den Tourismus »weiterdrehen«, etwa mit Interviews mit Meeresbiologen, Tourismusexperten und Wirtschaftsverbänden, steigt der Äußerungsdruck auf die Politiker enorm. Und so dauert es nicht lange, bis der erste EU-Politiker in Brüssel sich im Gespräch mit einem Journalisten über den viel zu laschen Umgang der italienischen Behörden mit der Hai-Gefahr an den Inselstränden echauffiert – und die Empörungsspirale damit noch weiter befeuert. Auf seine Äußerung, er sei »sehr besorgt« über die Meldungen von Elba, die sich schnell in den Medien und den sozialen Netzwerken verbreitet, reagieren wiederum in kurzer Zeit italienische Politiker, die der EU vorwerfen, ihr Land in dieser Krise allein zu lassen. Das wiederum ruft nun auch die deutsche Politik auf den Plan, die sich für die EU in die Bresche wirft. Und so ist im Nu die absurde Situation entstanden, dass die deutsche Spitzenpolitik in Berlin ernsthaft über die Gefahr durch Haie, die Sicherheit für deutsche Urlauber auf einer Mittelmeerinsel und die innereuropäische Solidarität diskutiert, nur weil ein einzelner Urlauber am Strand einen seltsamen Fisch gesehen hat. Der sich, was in der überhitzten Debatte von den meisten leider übersehen wird, wenig später als ungefährlicher kleiner Delfin herausstellt. Ist diese überspitzt erzählte Geschichte genau so passiert? Vielleicht (noch) nicht. Könnte sie genau so geschehen? Mit großer Wahrscheinlichkeit.

Warum ist all das für die floskelhafte Sprache von Politikern wichtig – und auch für die Empörungsphrasen, die in diesem Kapitel unser Thema sind? Es zeigt, wie sehr die immer schnellere Aufregungsspirale Politiker unter einen Äußerungszwang setzt – und warum es ihnen angesichts dieses beständigen kollektiven Ausnahmezustands verständlicherweise immer schwerer fällt, authentische, präzise Worte zu finden. Kann man es unserem fiktiven Politiker wirklich vorwerfen, dass er sich letztlich zu einer Stellungnahme gezwungen sah, als immer mehr Medien über eine angebliche Gefahr für Touristen auf Elba berichteten? Wohl kaum. Und kann man es ihm verübeln, dass er sich angesichts der unklaren Lage, in der er zeigen musste, dass er auf die Ängste der Urlauber eingeht, ohne zu große Panik zu schüren, nicht anders zu helfen wusste als schon wieder mit einer Floskel, »Ich bin sehr besorgt«, für die Politiker oft kritisiert werden? Hätte er wahrheitsgemäß erklärt, man wisse doch noch gar nicht, ob es sich wirklich um einen Hai gehandelt habe, und die ganze Aufregung sei möglicherweise übertrieben, hätte man ihm später womöglich Untertreibung und Verantwortungslosigkeit unterstellt – zumal, wenn es sich tatsächlich um einen Hai gehandelt hätte, der einen Urlauber angegriffen hätte. Hätte er hingegen mit drastischen Worten vor einer Hai-Gefahr im Mittelmeer gewarnt und die Urlauber dazu aufgerufen, vorsichtshalber die Strände von Elba zu meiden, wäre er damit sicher in die Schlagzeilen gekommen – aber dann hätte man ihm zu Recht unverantwortliche Panikmache und geschäftsschädigendes Verhalten für die Tourismusindustrie vorgeworfen, wenn der Hai-Verdacht sich nicht bestätigt hätte. Was blieb dem Politiker in dieser Situation also anderes übrig als eine Floskel aus dem Standardbaukasten? Politikern und Politikerinnen geht es am Ende oft nicht anders als anderen Menschen: Auch sie sind zunehmend überfordert von der modernen Empörungsdemokratie, in der sie viel öfter Stellung beziehen müssen als früher und zugleich immer mehr Gefahr laufen, sich mit ihren Äußerungen in die Nesseln zu setzen.

Zu welchen teils absurden Debatten das führt, kann man an vielen Ereignissen nachzeichnen. Ein Beispiel: Ende Oktober 2018 kritisiert der Grünen-Vorsitzende Robert Habeck das Verhalten der Kanzlerin in der Flüchtlingskrise 2015. Merkel habe »viel zu lange nach dem Prinzip ›Kopf in den Sand‹ agiert«, sagt Habeck der *Bild-Zeitung* – er meint damit, dass die Regierung viel zu lange die Augen davor verschlossen habe, dass schon vor dem Herbst 2015 immer mehr Menschen vor Krieg und Elend in Syrien nach Europa flohen und die Lage in den Flüchtlingslagern immer verheerender wurde. Merkel habe es auch »vergessen oder versäumt«, den Deutschen im Herbst 2015 klar zu sagen, dass die Aufnahme der Tausenden syrischen Flüchtlinge aus Ungarn ein »einmaliger« Vorgang sei, kritisiert Habeck. Merkel hat zu wenig kommuniziert – mit diesem Urteil ist Habeck weder allein (auch wir werden uns im folgenden Kapitel noch mit ihm beschäftigen), noch weicht er damit grundlegend von der Position ab, die die Grünen bis dato in Bezug auf Merkels Flüchtlingspolitik verfolgten. Doch wie verkauft die *Bild-Zeitung* das Interview – am Tag vor der hessischen Landtagswahl? »Wegen offener Grenzen: Grünen-Chef greift Merkel an.«[12] Dass Habeck mitnichten die »offenen Grenzen« an sich kritisiert hatte, die es so ja auch nicht gegeben hatte, sondern die mangelnde Kommunikation der Kanzlerin, wird in dieser zugespitzten Überschrift bewusst vertuscht – eine regelrechte Täuschung der Leser mit offenkundiger politischer Agenda. Nun kann man sagen, derlei Skandalisierung sei Teil der DNA der *Bild-Zeitung*. Das Verheerende ist aber, dass die Nachrichtenagentur AFP und danach auch *Spiegel Online*[13] oder *Zeit Online*[14] die Stoßrichtung des Boulevardblattes, Habeck habe »Merkels Flüchtlingspolitik« kritisiert, in den Überschriften ihrer Berichte übernahmen. Aus einer differenzierten, sachlichen Kritik wurde in der Berichterstattung eine vermeintliche Generalabrechnung »der Grünen« mit »Merkels Flüchtlingspolitik«, die sich schnell verbreitete, weil sie fälschlicherweise suggerierte, die Grünen würden unter Habeck plötzlich von ihrer eher wohlwollenden Haltung gegenüber Merkels Flüchtlingspolitik abweichen. Dass Habeck die *Bild-Zeitung* in einem Facebook-Post kurz darauf scharf für den Bericht kritisierte und versuchte, die Dinge wieder geradezurücken, konnte nur noch wenig am Spin der Geschichte ändern, wie er in der Welt war.[15]

Ein weiteres Beispiel: Im Oktober 2018 gab der frühere Umweltminister Norbert Röttgen (CDU) dem *Spiegel* ein Interview, in dem er Angela Merkel scharf anging. Die Kanzlerin habe keinen Mut zur politischen Veränderung, sagte der Mann, der früher einmal als Hoffnungsträger in der CDU gegolten hatte, bis Merkel ihn 2012 nach der desaströsen Landtagswahl in Nordrhein-Westfalen, bei der Röttgen als Spitzenkandidat angetreten war, unehrenhaft als Minister entließ. Röttgen sprach sich in dem Interview auch für eine Begrenzung der Amtszeit für Kanzler aus und warf Merkel vor, die »Systemkrise«, in der Deutschland stecke, werde sich noch verschärfen, wenn die CDU-Vorsitzende ihre Methode nicht ändere.[16] Röttgens Kritik an Merkel war gewiss heftig, aber dennoch politischer Alltag. Wir sind den offenen, provozierend vorgetragenen Dissens auch innerhalb von Parteien nur schon so lange nicht mehr gewohnt, dass wir dazu neigen, selbst Kritik, die früher zur normalen Härte des Politikbetriebs gezählt hat, für sensationell zu halten. Wieder spielen die Medien dabei eine entscheidende Rolle, wie die »Verkaufe« des Röttgen-Interviews belegen. Röttgen habe ein »Wut-Interview« gegeben, mit dem er sich an der Kanzlerin für seinen Rauswurf als Minister »räche« und mit Merkel »abrechne« – so lautete die fast wortgleiche Lesart bei vielen Medien, die auch durch eine entsprechend »erregt« formulierte Agenturmeldung vorgegeben worden war. Denn auch dadurch werden viele Erregungskurven erst so steil: weil viele Medien den Sprachduktus der anderen übernehmen. Journalisten lieben es, wenn sie Politik mit persönlichen Fehden »erklären« und anschaulich machen können. Ein einstiger Hoffnungsträger der Konservativen in der CDU, der von Merkel abserviert wurde und sich dann, als ihre Zeit als Kanzlerin und CDU-Vorsitzende sich unwiderruflich dem Ende neigt, »wütend« an ihr rächt – das klingt plastisch, dramatisch und damit nach viel Aufmerksamkeit. Nur dem politischen Diskurs tut auch diese Erregungshysterie nicht gut. Wenn dezidiert vorgetragene Kritik schon als »Rache« und »Wut« gedeutet wird, so dass man sich fast in einem Shakespeare'schen Drama wähnt: Wie soll da eine offene und gesunde politische Kritikkultur wachsen, in der auch weniger prominente Politiker als Röttgen sich trauen, auf ihre ungefährlichen Floskeln zu verzichten und offen zu reden?

Es gibt noch viele weitere Beispiele für die Art und Weise, wie die Erregungsmaschine, die von uns allen mit befeuert wird, die Kommunikation unserer politischen Klasse noch phrasenhafter macht. Nur wenige stehen aber so bezeichnend für die Entleerung der politischen Sprache wie die Spitzentreffen im Kanzleramt, die sogenannten »Koalitionsgipfel«. Schon zu früheren Zeiten war es ein völlig normaler Teil des politischen Alltags, dass die Spitzen der Parteien in einer Koalitionsregierung sich in regelmäßigen Abständen beim Regierungschef treffen, um anstehende Themen zu besprechen, vor allem aber schwelende Streitpunkte beizulegen. In den Medien wurde über diese Treffen natürlich berichtet, aber zumeist unaufgeregt – selbst wenn die Koalitionäre sich in manchen Fällen hinter den Kulissen heftigst beharkten und auch damals manchmal vorschnell vom Ende der Regierung die Rede war, wenn es bei einem Streitpunkt keine Einigung gab. Spätestens seit den Zeiten der fortgesetzten Großen Koalition werden Koalitionsgipfel jedoch regelmäßig wie die entscheidende Schießerei vor dem Saloon oder die Schlacht von Mordor inszeniert – von den Medien, aber auch von den Politikern selbst. Obgleich die Erfahrung lehrt, dass von vielen Gipfeln kaum mehr als dürre Statements und Absichtserklärungen zu erwarten sind, begleiten viele Medien die oft nächtlichen Sitzungen mit Reportern vor Ort, mit Liveblogs in den Online-Nachrichtenseiten und vielversprechenden Schlagzeilen wie »Entscheidungsschlacht im Kanzleramt«.

Die Republik hat schon so viele dieser Treffen erlebt, dass man mittlerweile von so ziemlich jedem »Gipfel« gehört hat: »Krisen-Gipfel«, »Diesel-Gipfel«, »Koalitions-Gipfel«, »Pflege-

Gipfel«, »Flüchtlings-Gipfel«. Alle diese Bezeichnungen suggerieren, dass es jetzt aber wirklich zur alles entscheidenden Wei-
chenstellung kommt. Auch die Mechanik der Inszenierung ist fast
immer dieselbe: Im Vorfeld wird ein Gipfel von allen Beteiligten zur Nacht der Entscheidung stilisiert, kurz vor seinem Beginn hängen die Akteure die Erwartungen dann aber doch wieder
tief (vor allem Angela Merkel ist eine Meisterin darin, in solchen
Momenten die »Euphorie zu dämpfen«). In der Nacht sorgen gezielte Durchstechereien aus dem Saal an nicht minder gezielt aus-
gewählte Journalisten dafür, dass die Spekulationen weiter am
Köcheln gehalten werden und die Öffentlichkeit den Eindruck
bekommt, dass hinter verschlossenen Türen wirklich bis aufs
letzte Hemd miteinander gerungen wird. Manchmal tritt in Ver-
handlungspausen ein Teilnehmer müde und ausgelaugt vor die
Presse und verkündet entweder, es sei alles sehr schwierig und
er sei äußerst skeptisch, oder aber, man sei endlich »auf einem
guten Weg«. Spätestens ab Mitternacht ist die Spannung der interessierten Öffentlichkeit kaum noch zu überbieten – doch was
verkünden die Gipfel-Teilnehmer dann am frühen Morgen nach
stundenlangen Verhandlungen nicht selten? Dass man sich zwar
in dem ein oder anderen Punkt geeinigt habe, in anderen aber
leider noch nicht, und dass man jetzt weiter diskutieren müsse.
Und weil es so schön war, trifft man sich ein paar Wochen später
zum nächsten Koalitionsausschuss, der dann aber wirklich der
ultimative »Entscheidungs-Gipfel« ist. Oder?

Es ist eines der augenfälligsten Symptome der Erregungs-
und Empörungsdemokratie, wie solche Gipfel inszeniert und von
den Medien begleitet werden – und zugleich eines der fatalsten,
weil auf maximalen rhetorischen Pomp inhaltlich oft nur so
wenig folgt. »Die Vernunft treibt sie wieder zusammen, und damit es jeder mitkriegt, vor die Kameras. Auf was sie sich geeinigt

haben, wird da fast egal – statt des Inhalts wird die Botschaft zur Botschaft: Hurra, wir regieren!«, schrieb Robert Birnbaum im *Tagesspiegel*, als im April 2016 die Spitzen von CDU, CSU und SPD sechs Stunden lang im Kanzleramt über die Flüchtlingspolitik verhandelt hatten.[17] Gerade zur Flüchtlingspolitik hat es seit der Öffnung der deutschen Grenze im September 2015 ein gefühltes Dutzend solcher »Krisen-Gipfel« von CDU, CSU und SPD gegeben. Und es waren etliche darunter, die im Vorfeld von den Beteiligten und den Medien zu dem alles entscheidenden erklärt wurden und auf die die Politiker »mit großer Sorge« blickten oder vor denen sie vor »ernsten Konsequenzen« bis hin zum Scheitern der Regierung warnten. Doch trotz dieser Empörungs- und Untergangsfloskeln und weiter bestehenden Differenzen blieb die Koalition auch nach den Gipfeln bestehen, weil die Angst vor Neuwahlen nicht nur bei der SPD, sondern auch in der Union groß war, wie alle wussten. Nicht nur für die Glaubwürdigkeit von Politikerinnen und Politikern, sondern auch für ihre Sprache hat dieser permanente Krisenmodus aber fatale Auswirkungen. Wenn alles gleich zur Staatskrise und zum möglichen Ende der Regierung stilisiert wird und wochenlang die landesweite Berichterstattung beherrscht, auf alle Empörung dann aber doch nicht viel folgt, dann wird das politische Bedrohungsvokabular als umso phrasenhafter entlarvt: Die Inszenierung von Dringlichkeit, wie Politiker sie mit Floskeln wie der »großen Besorgnis« oder der »schärfsten Kritik« zelebrieren, schleift sich immer mehr ab – und die Wähler müssen daraus schließen, dass alle Empörungs- und Untergangsphrasen offenkundig doch nur eines waren: eben Phrasen.

Welche absurden Blüten die mediale Erregungsspirale mittlerweile treibt, zeigt auch Jens Spahn – richtig, das ist jener CDU-Politiker, dessen Plädoyer für mehr rhetorischen Mut bei

Politikern in einem der letzten Kapitel bereits Thema war. Mitte September 2018 gab Spahn der *Augsburger Allgemeinen* ein Interview.[18] Darin ging es um den Pflegenotstand in Deutschland – eines der Lieblingsthemen des Gesundheitsministers. Spahn sprach unter anderem über seine eigenen Erfahrungen mit Pflegebedürftigen in der Familie, über die anstehende Landtagswahl in Bayern und darüber, ob die Pflege so etwas wie eine neue soziale Frage sei. Dann sagte er den Satz: »Wenn von einer Million Pflegekräften 100.000 nur drei, vier Stunden mehr pro Woche arbeiten würden, wäre schon viel gewonnen.« Die *Augsburger Allgemeine* nahm den Satz in die Überschrift, die dann lautete: »Spahn will Pflegekräfte mit besseren Bedingungen zu Mehrarbeit motivieren«. Es dauerte nicht lange, und das Zitat verbreitete sich rasant über die sozialen Netzwerke, wo es für beißende Kritik sorgte. Denn viele, vor allem Linke, denen Spahn ohnehin als neoliberales Feindbild gilt, interpretierten den Satz nur als weiteren Beleg für dessen Hartherzigkeit: Der privilegierte Herr Gesundheitsminister findet also, das deutsche Pflegepersonal solle sich nur mal ein bisschen mehr anstrengen, dann klappt's auch mit der Pflege. Skandal! »Wenn Jens Spahn nur drei bis vier Stunden weniger pro Woche nachdenken würde, blieben uns viele beschissene Ideen erspart. Wieder ein klassischer Spahn«, ätzte kurz darauf die Redaktion der ZDF-Satiresendung *heute-show* auf Facebook, die ohnehin gern mit schnellen, markigen Verurteilungen aufwartet, wenn sie in das Konzept der Sendung passen.[19] Dass Spahns Satz auf Twitter und Facebook aus dem Zusammenhang gerissen wurde und der CDU-Mann in dem Interview ein paar Sätze weiter durchaus differenziert über die Sorgen und Nöte des Pflegepersonals gesprochen hatte, wurde in den Posts nicht erwähnt. »Außerdem haben viele Beschäftigte in Heimen und ambulanten Diensten ihre Stundenzahl reduziert, sodass wir auch ein Auge auf die Arbeitsbedingungen werfen müssen«, so lautete das Originalzitat. Und dann: »Wenn von einer Million Pflegekräften 100.000 nur drei, vier Stunden mehr pro Woche arbeiten würden, wäre schon viel gewonnen.« Trotzdem wuchs der Shitstorm binnen kurzer Zeit so massiv an, dass sich Spahn wenig später zu einer persönlichen Stellungnahme genötigt sah. In einem Video, das er bei Twitter hochlud, stellte er klar: »Bitte sachlich bleiben: Ich will die Arbeitsbedingungen von Pflegekräften verbessern. Und habe nie gesagt, dass sie einfach mal ein paar Stunden mehr arbeiten sollen.«[20]

Als Anlass für den Skandal, zu dem er in den sozialen Medien von vielen gemacht wurde, taugte Spahns Satz in der Tat nicht – und erst recht nicht für einen Shitstorm. Doch er zeigte umso eindrucksvoller, dass Vorverurteilung und Pauschalisierung mitnichten ein Privileg (rechts-)populistischer Politiker sind, sondern auch in den sozialen Medien einen immer wichtigeren Faktor darstellen, der noch als Katalysator für die immer schnellere Skandalisierung von Themen wirkt. Der Fall Spahn mache deutlich, welche »enorme Wirk- und Strahlkraft einzelne Sätze vor allem bei Facebook und Twitter haben«, befand danach der Branchendienst *Meedia*, der durch seine Meta-Berichterstattung über Mediendebatten selbst oft sein Scherflein zur Erregungsspirale beiträgt.[21] »Viele Nutzer scheinen sowieso nur noch die Überschriften zu lesen und werden durch die Auswahl solcher auf den ersten Blick skandalöser Aussagen selbstverständlich zusätzlich befeuert.« Auch Spahn äußerte sich kurz darauf noch einmal zu dem »Shitstorm«, den sein vermeintliches Skandal-Zitat verursacht hatte. »Shitstorm: Zitat aus dem Zusammenhang reißen, Methode Hörensagen dazu und schon geht's rund. Immer mit viel Emotion und meist mit wenig Bezug zum Eigentlichen. Dieses Twitter ist eine Fieberkurve unserer erregten Gesellschaft.

Mit gefährlich steigender Temperatur.«[22] Noch drastischer hat es im September 2018 Bundespräsident Frank-Walter Steinmeier auf der Konferenz »Deutschland spricht« zur politischen Sprache in Hamburg formuliert. »Wir erleben eine Dauerempörung, eine sozial moralische Rage, mit der Gruppen einander die Existenz streitig machen«, sagte Steinmeier über den herrschenden Kulturkampf. »Eine Verächtlich-Machung, die ein Angriff auf die liberale Demokratie ist.«[23]

Das Beispiel Jens Spahn ist auch deshalb so spannend, weil er als Person fast paradigmatisch für das Dilemma steht, in dem Politiker und Politikerinnen angesichts der »Empörungsdemokratie« stecken: Er nutzt sie für sich, aber er leidet zugleich unter ihr. Wie das? Wie nur wenige andere zeitgenössische Politiker weiß Spahn um die Wirkung, die er mit wohldosierten Provokationen erzielen kann. Er formuliert Themen und Sätze oft in einer Zugespitztheit, wie sie Angela Merkel nie über die Lippen kommen würde. Zugleich spielt er in seinen Äußerungen mitunter virtuos mit der Vieldeutigkeit und mit der Wahrscheinlichkeit, dass sie missverständlich interpretiert werden könnten. Etwa im Sommer 2017, als er in einem Beitrag für die *Zeit* eine neue »Parallelkultur« in den deutschen Großstädten am Werk sah und mit seinem Wort von den »elitären Hipstern«, die sich als abgehobene Boheme nicht nur die deutsche Sprache in Berlin-Mitte ruinierten, eine wochenlange Debatte über die CDU, die Großstadt im Allgemeinen und das Spießertum im Besonderen auslöste.[24] Auch als er im Frühjahr 2018 erklärte, Hartz IV bedeute nicht Armut, sondern sei »die Antwort der Solidargemeinschaft auf Armut«[25], und damit einen Sturm der Entrüstung im Mitte-Links-Milieu auslöste, dürfte er sehr wohl gewusst haben, welche Wirkung der Satz haben würde. Er passte schlicht in das Bild, das viele politische Linke von Spahn haben.

Indem er solche Sätze sagt, bedient Spahn eine Erwartungshaltung bei seiner eigenen Klientel und sorgt für kalkulierte Empörung bei der gegnerischen – und also in beiden Fällen für Aufmerksamkeit. Mit dieser Taktik hat er es binnen kurzer Zeit geschafft, von den Medien, die solche polarisierenden Politiker lieben, an denen sie sich maximal abarbeiten können, als gewichtige Stimme eingestuft zu werden – und damit als potenzieller Nachfolgekandidat für das Kanzleramt. Auch jener Gastbeitrag für die *taz*, in dem Spahn für eine »robustere Streitkultur«[26] warb, kommt natürlich nicht von ungefähr, sondern ist Teil des Plans, sich als Politiker zu inszenieren, der sich im Gegensatz zu vielen anderen nicht mit empörten Phrasen zufriedengibt, sondern selbst dann laut seine Meinung sagt, wenn darauf ein Shitstorm folgt. Für einen ehrgeizigen Politiker wie Spahn ist das Spiel mit der immer hitzigeren »Fieberkurve« also ein wichtiges Mittel des Karrieremanagements. Einerseits.

Doch Spahn »leidet« auch unter der Erregungsdemokratie, weil er mit seinen Äußerungen im Bemühen um Aufmerksamkeit oft ein hohes Risiko eingehen muss. Dieselbe Erregung, die ihm auf seinem Karriereweg helfen kann, indem sie ihn bekannt und »kantig« macht, kann sich nämlich in ihr Gegenteil verkehren, wenn durch zugespitzte Zitate bei den Wählern der Eindruck eines berechnenden Provokateurs überwiegt. Spahn kennt das nur zu gut.

Als er 2018 nach der quälend langen Regierungsbildung, in der er sich immer wieder mit gezielten Absetzbewegungen von Angela Merkel zu Wort gemeldet hatte, schlussendlich zum Gesundheitsminister im schwarz-roten Kabinett ernannt wurde, empfanden viele Beobachter das als bewusste Boshaftigkeit der Kanzlerin. Wieder habe sie einen ihrer ärgsten Kritiker durch eine Umarmung kaltgestellt und durch die Kabinettsdisziplin eingehegt, so der Eindruck. Und so warteten sie gespannt darauf, wie Spahn, der sich sichtbar zu Höherem berufen fühlte als »nur« zum Gesundheitsminister, sich in seine neue Rolle fügen würde. In den ersten Wochen als Ressortchef gab Spahn daraufhin viele Interviews, aber nur in den wenigsten äußerte er sich zur Gesundheitspolitik. Stattdessen redete er über die Asylpolitik, die Flüchtlingsfrage, den europäischen Grenzschutz, die AfD – Spahn sprach nicht wie ein Gesundheitsminister, sondern wie ein Spitzenkandidat. Seine Äußerungen folgten »einer Strategie, die da laute: Ich habe so viele Themen drauf und habe so wenig Angst, mich zu allem zu äußern, dass ich mich damit als potenzieller Kanzlernachwuchs ins Gespräch bringe«, schrieb Ulrike Winkelmann von *Deutschlandradio Nova* im April 2018.[27] Spahn wisse »ziemlich genau, wie er welche Provokation platziert« und auch, wann er welches Thema setzen müsse, damit es »im Wortlaut erst einmal – jenseits des Kontextes« harmlos klinge. »Aber man weiß genau, wie er es gemeint hat. Und es ist auch genau so eingestreut, dass sich diejenigen provoziert fühlen, die provoziert werden sollen und diejenigen angesprochen fühlen, die eingenommen werden sollen«, schrieb Winkelmann weiter.

Doch Spahn übertrieb es schnell so sehr mit dem Empörungsmanagement, dass die positive Aufmerksamkeit, die er erzeugen wollte, in der Öffentlichkeit zunehmend in Genervtheit umschlug. Selbst Wohlmeinenden ging seine durchschaubare Taktik, sich auf möglichst allen Feldern mit markigen Äußerungen zu profilieren, auf die Nerven. Denn wenn die Wählerinnen und Wähler in Deutschland eines nicht schätzen, dann Politiker, deren unbedingter Karrierewille zu offenkundig zum Vorschein kommt. Diese werden schnell als »verkrampft« bezeichnet oder als Karrieristen, die ihr Ziel »zu sehr wollen«. Auch das ist ein Grund dafür, warum Spahn, wie übrigens auch Verteidigungsministerin

Ursula von der Leyen (CDU), deren kontrollierte Perfektion vielen unheimlich zu sein scheint, sowohl in seiner Partei als auch bei zahlreichen Wählern nicht als allzu sympathisch gilt. Und Unsympathen, die den Eindruck vermitteln, nur um ihrer selbst willen zu provozieren, gewinnen selbst dann keine Wahl, wenn sie in aller Munde sind.

Also verordnete sich Spahn in den Monaten darauf eine Imagekorrektur und reduzierte seine Provokationen merklich. Plötzlich trat der Gesundheitsminister verständnisvoll und mit deutlich mehr Empathie für Arme, Alte und Kranke auf, sprach in Interviews über »verloren gegangenes Vertrauen«[28] und äußerte sich, mancher mochte es kaum glauben, vor allem zur Gesundheitspolitik. »Aus dem ehrgeizigen Machttaktiker und Merkel-Kritiker soll ein Sozialpolitiker mit viel Herz werden«, schrieb der *Spiegel* Ende August 2018.[29] Die Empörungsdemokratie, könnte Spahn aus seinem Start als Minister gelernt haben, bietet Politikern und Politikerinnen viele Chancen. Aber sie kann einen auch schnell verschlingen, wenn man nicht mit ihr umgehen kann.

Spahn mag für viele seiner Kollegen, die lieber auf die einschläfernde Risikolosigkeit der bekannten Phrasen vertrauen, als so ein Risiko einzugehen wie er, ein abschreckendes Beispiel sein. Im Sinne einer lebendigeren, auch kontroverseren politischen Debattenkultur sind Politiker wie er aber von nicht zu unterschätzendem Wert, weil sie eine Abkehr vom weitgehend ritualisierten Austausch von Floskeln andeuten – und dabei ist es erst einmal unerheblich, welche persönlichen Motive dahinterstecken. Denn wenn es eines gibt, das der politischen Debatte heute vor allem fehlt, dann ist es Mut, vor allem Mut zu mehr Kontroverse. Auf diesen Punkt werden wir in einem der nächsten Kapitel noch genauer eingehen.

Mit einem einzigen Satz in einem Interview habe Spahn dafür gesorgt, das Thema Armut in Deutschland plötzlich hochkochen zu lassen und eine Welle in Bewegung zu setzen, befand der *Focus* Ende März 2018 mit Blick auf Spahns Hartz-IV-Äußerung. Auch wenn er in seinem Ressort noch keine politischen Fakten geschaffen habe, sei Spahn doch schon etwas »Fundamentales« gelungen: »Er allein hat es geschafft, Debatten in Deutschland anzustoßen, die längst überfällig waren. Themen auf die Agenda zu bringen, die vorher niemanden interessierten.«[30] Und das ist, bei aller berechtigten Kritik an Spahn und unabhängig von der Frage, ob seine Motive lauter waren oder nicht, ein Wert an sich.

6 Verantwortung

Als die Affäre um Hans-Georg Maaßen die Republik erschütterte, war die Verantwortung wieder einmal das wichtigste Wort in der deutschen Politik. Es war der Spätsommer 2018, noch immer hielt der Fall Chemnitz das Land in Atem, wo am Abend des 26. August am Rande eines Stadtfests ein junger Deutscher nach einem Streit mit mehreren Männern gestorben war. Schnell hatte sich noch an jenem Abend das Gerücht verbreitet, die mutmaßlichen Täter seien Asylbewerber, obwohl das zu dem Zeitpunkt noch völlig unklar war. Trotzdem waren in den Tagen danach Tausende Chemnitzer auf die Straße gegangen – unter ihnen viele Rechtsextreme, die regelrecht Jagd auf ausländisch aussehende Menschen machten. Der Fremdenhass explodierte geradezu in Chemnitz. Und was machte Maaßen? Im Gespräch mit der *Bild-Zeitung* zweifelte der damalige Präsident des Verfassungsschutzes die Authentizität eines Videos an, das Jagdszenen von Rechten auf Ausländer zeigte und sich im Internet rasch tausendfach verbreitet hatte. Es lägen »keine Beweise« vor, dass das im Internet kursierende Video zu diesem »angeblichen Vorfall« echt sei, sagte Maaßen – zu einem Zeitpunkt, als seine Behörde die Echtheit des Videos noch gar nicht abschließend überprüft hatte, wie er später zugeben musste.[1] Doch Maaßen ging noch weiter und verbreitete – als Präsident des Verfassungsschutzes! – Verschwörungstheorien, als er hinzufügte, es sprächen »gute

Gründe dafür, dass es sich um eine gezielte Falschinformation handelt, um möglicherweise die Öffentlichkeit von dem Mord in Chemnitz abzulenken«. Auch von einem »Mord« war bis dato keine Rede gewesen. Die Generalstaatsanwaltschaft in Dresden ermittelte gegen zwei Männer, einen Asylbewerber aus Syrien und einen aus dem Irak, explizit wegen Totschlags, was, wie ein Auszeichnungsjurist wie Maaßen wissen sollte, ein großer Unterschied ist.

Die Entrüstung über Maaßens Äußerung war auch in der CDU groß – und deren Koalitionspartner SPD, tobend vor Wut, forderte Maaßens Demission als Chef des Verfassungsschutzes. In einer Sitzung der Parteispitzen einigten sich Angela Merkel (CDU), Horst Seehofer (CSU) und Andrea Nahles (SPD) nach langem Ringen auf einen Kompromiss: Maaßen sollte als Verfassungsschutzpräsident abgelöst werden, dafür aber Staatssekretär im von Seehofer geführten Innenministerium werden. Eine Beförderung mit deutlich besserer Besoldung also – Maaßen sei »hochgefeuert« worden, spotteten daraufhin viele. In der Republik schlug das erst recht hohe Wellen. Vor allem in der SPD wurde der Druck auf Andrea Nahles so groß, dass sie den Maaßen-Deal kurz darauf neu mit Merkel und Seehofer verhandelte. Die »durchweg negativen Reaktionen aus der Bevölkerung« zeigten, »dass wir uns geirrt haben. Wir haben Vertrauen verloren, statt es wiederherzustellen«, schrieb Nahles am 21. September 2018 in einem Brief an Merkel und Seehofer.[2] Ergebnis der zweiten Runde: Maaßen sollte jetzt nicht mehr zum Staatssekretär »hochgefeuert«, sondern zum Sonderberater im Innenministerium ernannt werden – ohne Gehaltserhöhung. In seinem neuen Amt werde er unter anderem für die Aushandlung von Rückführungsabkommen für Flüchtlinge zuständig sein, sagte Seehofer nach dem zweiten Kompromiss durchaus zufrieden.

Der Fall Maaßen sagt viel aus über den Zustand des politischen Diskurses in Deutschland, über Chuzpe, falsche Rücksichtnahme und wiederum über die Entfremdung der politischen Entscheidungsträger von den Bürgern. Aber er wurde vor allem zum Paradebeispiel für eine politische Floskelsprache, wie sie entkernter kaum sein kann. »Verantwortung« – selten zuvor wurde dieser Kernbegriff der politischen Rhetorik so inflationär gebraucht wie in jenen Tagen. Eine kleine Auswahl: Maaßens Verhalten sei »der Gipfel der Verantwortungslosigkeit« (der Linken-Bundestagsabgeordnete André Hahn).[3] »Die Verantwortung für seine Formulierungen und seine Thesen hat er, bleibt natürlich bei ihm« (Innenminister Horst Seehofer über Maaßen).[4] Seehofer verhalte sich mit seinem Schutz Maaßens »verantwortungslos« (der hessische SPD-Vorsitzende Thorsten Schäfer-Gümbel).[5] Seehofer trage die »persönliche Verantwortung« für Maaßen, der jetzt unter seiner Aufsicht stehe (SPD-Generalsekretär Lars Klingbeil). »Verantwortung«, »persönliche Verantwortung«, »verantwortungslos« – es schien, als hätte sich der Berliner Politikbetrieb im Fall Maaßen zum gemeinsamen Phrasen-Bingo verabredet. Den Vogel in puncto Verantwortungsphrase schoss aber die damalige CDU-Generalsekretärin Annegret Kramp-Karrenbauer ab. Als sie die erste Entscheidung, Maaßen zum Staatssekretär zu machen, in einem Brief an die CDU-Mitglieder verteidigte, begründete sie den Kompromiss mit der drohenden Gefahr von Neuwahlen. »Die SPD«, schrieb sie, »pochte auf die Entlassung von Herrn Maaßen. Der Bundesinnenminister bestand darauf, die Expertise von Herrn Maaßen weiter zu nutzen. Damit stand die Gefahr des Auseinanderbrechens der Regierung konkret im Raum – mit allen dahinterstehenden Konsequenzen bis hin zu Neuwahlen.« Und dann fügte sie hinzu: »Dies erschien aus Verantwortung für unser Land nicht vertretbar.«[6] »Verantwortung für unser Land«, das klingt so gewichtig und hehr und ist doch eine der allgemeinsten Phrasen, die der politische Floskelbaukasten zu bieten hat. Sie suggeriert – ähnlich wie Merkels »alternativlos« –, dass es schlichtweg keine andere Option zu einer Entscheidung gibt, wenn man das Land nicht ins Chaos, in den Niedergang oder, noch schlimmer, in Neuwahlen (!) führen will. Dabei kann man trefflich darüber streiten, ob es nicht gerade verantwortungsvoll gewesen wäre, nach dem Fall Maaßen einen Schlussstrich zu ziehen und die Große Koalition zu beenden. Das Misstrauen und die Missgunst zwischen den Koalitionspartnern Union und SPD, die schon die Regierungsbildung nach der Bundestagswahl 2017 so schwierig gemacht hatten, waren schließlich spätestens jetzt so augenfällig geworden, dass es selbst nach Ansicht vieler Beteiligten – und erst recht für die Öffentlichkeit – oft nur noch ein Krampf war. Das zeigt, dass das Wort »Verantwortung« in der Politik eben nicht immer nur für eine objektive Entscheidung zugunsten des »Landes« steht, sondern auch eine subjektive Aussage sein kann, mit der Politikerinnen und Politiker die eigenen Entscheidungen argumentativ untermauern wollen. Was aber, wenn es gar nicht »verantwortungsvoll« war, Neuwahlen um jeden Preis zu vermeiden, nur weil man Angst vor einem noch schlechteren Abschneiden und einer noch stärkeren AfD hat? Was, wenn »Verantwortung« gerade das Gegenteil bedeutete: eine Koalition, deren Kitt nur noch die gemeinsame Angst vor einem noch größeren Elend ist, zu beenden, weil es offenkundig keine gemeinsame Basis mehr gibt? Weil sie nur noch mit sich selbst beschäftigt ist und kaum noch mit den Problemen, die »verantwortungsvoll« im Sinne der Wählerinnen und Wähler gelöst werden müssten? Wer also handelt politisch tatsächlich verantwortlicher: derjenige, der aus dem Erstarken der AfD folgert, die Große Koalition müsse um jeden Preis zusammenbleiben, um bei

Neuwahlen noch Schlimmeres zu verhindern? Oder derjenige, der andere, neuartige Bündnisse wie eine Minderheitsregierung oder am Ende vielleicht auch Neuwahlen riskiert, weil er zumindest eine kleine Chance sieht, so die Entfremdung zwischen der Politik und den Bürgern wieder zu verringern?

Als die Jamaika-Parteien nach der Bundestagswahl 2017 nach wochenlangen Sondierungen übereingekommen waren, in Koalitionsverhandlungen einzutreten, schrieben sie ein Sondierungspapier, in dem sie die Leitlinien für die anstehenden Gespräche formulierten. In der Präambel heißt es gleich zu Beginn: »Uns eint die Verantwortung für die Menschen und die Zukunft unseres Landes. Wir sind durch das Wahlergebnis vor die Aufgabe gestellt, eine handlungsfähige und erfolgreiche Bundesregierung zu bilden. Die Menschen erwarten von uns, gemeinsam zentrale Herausforderungen unserer Zeit anzugehen.«[7] »Handlungsfähig«, »erfolgreich«, »zentrale Herausforderungen unserer Zeit« – auch der kurze Text strotzte nur so vor Floskeln. Die »Verantwortung für die Menschen und die Zukunft unseres Landes« war den Sondierungspartnern aber offenkundig so wichtig, dass sie sie ganz an den Anfang stellten: Angesichts des schwierigen Wahlergebnisses und der schon damals großen Angst vor Neuwahlen sollte den Wählern offenkundig das Signal vermittelt werden, dass die Politiker und Politikerinnen um ihre große Aufgabe wüssten. Und dass sie nicht leichtfertig vor ihr fliehen würden.

Es dauerte kaum eine Woche, da scheiterten die Jamaika-Koalitionsverhandlungen, und der FDP-Vorsitzende Christian Lindner sprach mitten in der Nacht den legendären Satz in die Kameras: »Es ist besser, nicht zu regieren, als falsch zu regieren.«[8] Die Differenzen zwischen den Parteien seien zu groß, der Verhandlungsstil vor allem der Grünen zu chaotisch gewesen, sagte Lindner. Und: »Wir werden unsere Wählerinnen und

Wähler nicht im Stich lassen, indem wir eine Politik mittragen, von der wir im Kern nicht überzeugt sind.« Die FDP habe verantwortungsvoll gehandelt, sollte das heißen – aber wie passte das zu der erwähnten Präambel, in der »Verantwortung« noch mit dem Gegenteil verbunden gewesen war: mit dem unbedingten Willen, eine Regierung »zum Wohle des Landes« zu bilden, auch wenn es schwierig sein mochte? Gar nicht, befanden nach Lindners Auftritt viele – und die Reaktionen auf den überraschenden Abbruch der Verhandlungen durch die FDP waren entsprechend verheerend. »Politik muss Verantwortung übernehmen«, kommentierte der stellvertretende ZDF-Chefredakteur Elmar Theveßen. »Dazu hätte gehört, dass niemand mit markigen Sprüchen über das Verhalten von Verhandlungspartnern herzieht und Themen vorab für unverhandelbar erklärt.« Knapp 53 Prozent der Wähler, also rund 25 Millionen Menschen, rechnete Theveßen vor, hätten bei der Bundestagswahl gewusst, dass Jamaika bei ihren Kreuzchen herauskommen könnte und dass es dafür Kompromisse brauche. »Sie zu finden, ist heilige Pflicht in einer Demokratie.«[9] Noch deutlicher hatte es zuvor Bundespräsident Frank-Walter Steinmeier ausgedrückt, der nach dem Scheitern der Verhandlungen schnell unmissverständlich klargemacht hatte, dass er keinen Blankoscheck für schnelle Neuwahlen ausstellen werde: »Wer sich in Wahlen um politische Verantwortung bewirbt, der darf sich nicht drücken, wenn man sie in den Händen hält.«[10]

Der Streit um Jamaika und die »Verantwortung« zeigt, warum dieser Begriff der vielleicht biegbarste unter allen politischen Floskeln ist: Je nach Gusto kann man mit ihm sowohl legitimieren, dass man sich gegen noch so große Widerstände zusammenraufen muss (wie Lindner in der Jamaika-Präambel), als auch, dass es keinen Sinn ergibt, etwas um jeden Preis gegen zu große Widerstände durchzusetzen (wie Lindner in der Nacht des

Scheiterns von Jamaika). Und in beiden Fällen, das ist für Politiker das Fantastische an der Floskel, ist Rationalität die entscheidende Kategorie. Wie wir schon beschrieben haben, sind Politikerinnen und Politiker dafür gewählt worden, stets nüchtern abzuwägen und wichtige Entscheidungen nicht aus dem Bauch heraus, sondern aus rationalem Kalkül zu treffen. Zumindest wollen sie so gesehen werden. Und mit welchem Argument wollte jemand einem Politiker, der sich bei einer Entscheidung auf seine »Verantwortung« beruft, noch widersprechen als höchstens mit dem Gegenangriff, dem Wort »verantwortungslos«, das aber genauso vage und damit rhetorisch eine äußerst stumpfe Waffe ist? Genau deshalb lieben Politikerinnen und Politiker alle Floskeln schließlich so sehr, die mit der Verantwortung zu tun haben: Sie ist meist keine messbare Kategorie, sondern ein subjektives Konstrukt – und nur die Verantwortung im juristischen Sinn ist justiziabel, nicht aber die moralische oder die politische. Außerdem gibt es kaum eine schönere, weil unangreifbarere Weise, den Gegner zu attackieren, als mit dem Verweis auf dessen Verantwortung. Nicht umsonst ist auch die Floskel, man müsse Politiker X oder Minister Y jetzt »in die Verantwortung nehmen«, aus der politischen Sprache nicht mehr wegzudenken. Sie ist deshalb so wertvoll, weil sie gleich zweierlei leistet: Sie diskreditiert den Angegriffenen potenziell als verantwortungslos, wenn er trotz der Schwere der gegen ihn erhobenen Vorwürfe offenbar immer noch nicht die »Verantwortung übernimmt«. Vor allem aber überhöht sie im Rückbezug auch den Kritiker, der als aufrechter Mahner endlich dafür sorgt, dass der Gegner mit seiner Verantwortungslosigkeit nicht mehr durchkommt.

Wer in der Politik unterwegs ist, lernt also früh, dass eine Phrase mit dem Stichwort »Verantwortung« stets für etwas gut ist. Trotzdem greift hier eine fein abgestufte Floskellehre, je nachdem, ob es »nur« um eine politische Entwicklung oder auch um die weitere Karriere eines Politikers geht. Wenn ein Politiker nach einem Skandal oder einem offensichtlichen Fehlverhalten nach Wochen des immer größer werdenden Drucks erklärt, er übernehme die »politische Verantwortung«, dann reicht er mit ziemlicher Sicherheit bald den Rücktritt von seinem Amt ein, weil er eingesehen hat, dass er sich nicht mehr halten kann. Gerade in diesem Fall soll die Floskel den Eindruck »verantwortungsvollen« Handelns erwecken und den Wählerinnen und Wählern signalisieren, dass man nicht um jeden Preis an der Macht klebt, eben weil man ein »verantwortungsbewusster« Politiker ist. Synonym zur »politischen Verantwortung« wird oft die Floskel »persönliche Verantwortung« gebraucht. Sie meint dasselbe – meist den wahrscheinlichen Rückzug eines Politikers aus einem Amt, rückt aber noch stärker die Person in den Mittelpunkt. Wenn man so will, ist die »persönliche« Verantwortung das maximale Schuldbekenntnis, das in der politischen Kommunikation üblich ist – zumindest rhetorisch. Als der damalige US-Präsident George W. Bush 2003 zugeben musste, dass die angeblichen Belege für den Bau von Atombomben im Irak sich teilweise auf gefälschte Dokumente bezogen, stand er maximal unter Druck. Angesichts der immer heftigeren Kritik der amerikanischen Öffentlichkeit wegen der umstrittenen Aussagen hatte Bush lange den damaligen Chef des Geheimdienstes CIA, George Tenet, verantwortlich gemacht. Doch als es nicht mehr zu leugnen war und Bush um eine eindeutige Stellungnahme nicht mehr herumkam, erklärte er schließlich: »Ich übernehme die persönliche Verantwortung für alles, was ich sage.«[11] Also auch für jene Rede zur Lage der Nation im Januar 2003, in der er der mittlerweile gestürzten irakischen Führung vorgeworfen hatte, sich im Niger um Uran für den Bau von Atombomben bemüht zu haben. Trotzdem trat Bush nicht zurück – was angesichts der Schwere seiner offenkundigen Lüge viele für angemessen gehalten hätten. »Verantwortung« zu übernehmen, ohne die Verantwortung zu übernehmen: Auch in diesem Fall war das Missverhältnis zwischen der aufgeblasenen rhetorischen Bedeutung der Verantwortungsfloskel und den realen Konsequenzen offensichtlich.

Es gibt allerdings noch eine Variante der Verantwortung, die in puncto Gravität von jeher noch heller strahlt und die sozusagen die ultimative Waffe gegen so ziemlich jedes Argument ist: die »staatsbürgerliche Verantwortung«. »Staatsbürgerlich«, auch das soll heißen, dass das Wohl des Staates (wahlweise auch: der Demokratie, der »freiheitlich-demokratischen Grundordnung«, des Bürgers) dem Sprecher über alles, vor allem aber über die eigene Befindlichkeit und Karriereplanung geht. Wer von der »staatsbürgerlichen Verantwortung« spricht, der will damit den Eindruck erwecken, im Sinne des Elementarsten zu handeln, das Deutschland nach den Katastrophen und Abgründen seiner Geschichte hat: der Stabilität des demokratischen Systems. Wer wollte dagegen noch etwas sagen? Also ist auch diese Phrase ein Gummibegriff. Denn Staatsbürger sind wir alle, unsere staatsbürgerliche Verantwortung liegt, vereinfacht gesagt, darin, unsere Rechte und Pflichten als Bürgerinnen und Bürger dieses Landes zu kennen und in unserer Demokratie, in der das Volk der Souverän ist, wahrzunehmen. Davon, dass etwa Neuwahlen grundsätzlich abzulehnen und Große Koalitionen zu präferieren seien, ist im Konzept der staatsbürgerlichen Verantwortung hingegen nicht die Rede.

Wie beliebig auch die Phrase »staatsbürgerliche Verantwortung« längst geworden ist, zeigt die Tatsache, dass die SPD-Führung ihren radikalen Kurswechsel, nach der Bundestagswahl 2017 doch eine Große Koalition mit der Union einzugehen, schnell mit ebenjenem Begriff zu rechtfertigen suchte.[12] Die Wortwahl war exakt dieselbe wie wenige Monate zuvor nach dem Scheitern der Jamaika-Verhandlungen, als »staatsbürgerliche Verantwortung« für den damaligen SPD-Chef Martin Schulz allerdings noch bedeutete, weiterhin in die Opposition zu gehen, die SPD-Minister aber vorerst in der amtierenden Bundesregierung zu belassen. Auch im Sondierungspapier von Jamaika, bei FDP-Chef Christian Lindner, als er Jamaika platzen ließ, oder bei der damaligen CDU-Generalsekretärin Annegret Kramp-Karrenbauer, als sie im Sommer 2018 die Beförderung Hans-Georg Maaßens zum Staatssekretär mit der Vermeidung von Neuwahlen »entschuldigte«, wurde die Phrase der »staatsbürgerlichen Verantwortung« als argumentative Ultima Ratio verwendet. Was zeigt: Mit dem Verweis auf die Verantwortung kann man so ziemlich alles erklären, selbst den abruptesten Richtungswechsel. Nur an etwas gebunden fühlen muss man sich meist nicht.

Wenn es um politische Floskeln rund um Verantwortung geht, lohnt sich auch ein Blick auf die Koalitionsverträge, die die Regierungsparteien im Bemühen miteinander schließen, die Leitlinien und wichtigsten Ziele ihrer Zusammenarbeit für die kommenden vier Jahre festzulegen. Im Koalitionsvertrag der Großen Koalition 2013 wurde das Wort »Verantwortung« regelrecht inflationär erwähnt, ganze 86-mal auf 185 Seiten. Fast auf jeder zweiten Seite also, und das im Zusammenhang mit so ziemlich allem: »Deutschland stellt sich seiner internationalen Verantwortung«, »Verantwortung in der Welt«, »Verantwortung gegenüber Kindern und Enkeln«, »verantwortungsbewusste Unternehmer«, »verantwortungsvoll« in Bezug auf Risiken, »Verantwortung für unseren Kontinent«.[13] Im Koalitionsvertrag 2018 taucht der Begriff auf 175 Seiten 47-mal auf, also auf knapp jeder vierten Seite, in nahezu denselben Phrasen wie fünf Jahre zuvor: »Europapolitische Verantwortung«, »verantwortungsvoller Umgang mit Ressourcen«, »globale Verantwortung«, »Verantwortung für Frieden, Freiheit und Sicherheit in der Welt«.[14] Auch in früheren Verträgen, ob zwischen Union und FDP 2009[15], in der Großen Koalition 2005[16] oder der zweiten rot-grünen Regierung von 2002[17], sind »Verantwortungs«-Floskeln teils auf jeder dritten Seite zu finden. Lediglich im ersten rot-grünen Koalitionsvertrag von 1998, der im Übrigen nur 52 Seiten dünn war, kommen sie bemerkenswert selten vor, lediglich acht Mal.[18]

Warum diese Zahlenklauberei? Weil sie ein Bewusstsein dafür schafft, wie sehr Floskeln wie das »verantwortungsvolle Handeln« in den letzten Jahren und Jahrzehnten die politische Sprache geprägt haben – und wie sehr diese mittlerweile in vielen Fällen zu bloßen Absichtsformeln erstarrt ist. Nun kann man sagen, Koalitionsverträge seien doch ohnehin nicht mehr als Absichtserklärungen, auf die man kaum bauen könne, und bewusst vage formuliert, damit man bei der nächsten Wahl nicht zur Rechenschaft gezogen werden kann, wenn die Ziele leider doch nicht erreicht wurden. Das stimmt, aber trotzdem ist es augenfällig, dass die Verträge über die Jahre zwar immer dicker geworden sind, dafür aber immer mehr vor inhaltsleeren Phrasen strotzen. Das ist mehr als nur ein Symptom dafür, wie die Politik versucht, auf die gestiegene Komplexität des politischen Geschäfts und die immer höheren Anforderungen an sich selbst mit scheinbar immer konkreteren Plänen für eine Regierungszeit zu reagieren – nur dass sie dabei im Gegenteil immer nebulöser, unkonkreter und phrasenhafter wird. Gleichzeitig dauerte es über die Jahre immer länger, bis ein Koalitionsvertrag ausverhandelt war. 2013 rangen Union und SPD »nur« zwei Monate; nach der Bundestagswahl 2017 vergingen ganze sechs Monate, bis der Koalitionsvertrag zwischen Union und SPD endlich unterschriftsreif war. Je komplizierter die gesamtpolitische Lage, die mit mittlerweile sieben Parteien im Bundestag viel komplexer als früher geworden ist, desto größer ist bei den politischen Akteuren das Bedürfnis, sich durch Verhandlungen in extenso als »verantwortungsvolle« Volksvertreter zu inszenieren, die wirklich alles zugunsten des Landes auf sich und ihre Partei nehmen. Und umso länger – und phrasengetränkter – wird oft der Koalitionsvertrag. Hinzu kommt, dass die Koalitionspartner – zumindest in der Wahrnehmung der Wähler – inhaltlich mittlerweile oft so nah beieinanderliegen, dass sie in den Koalitionsverhandlungen sorgfältig ihre Differenzen zelebrieren. Die Länge der Verhandlungen und auch bestimmte Symbolwörter im Koalitionsvertrag selbst werden somit zu einer Art Gradmesser für die eigene Klientel, wie unerbittlich und erfolgreich man für seine Ziele gerungen hat.

Früher war die Koalitionsfindung deutlich weniger ritualisiert, ja, lange war es in der deutschen Politik überhaupt nicht üblich, Koalitionsverträge zu schließen, sie sind ein sehr modernes Phänomen. So wurden 1949, 1953 und 1957 nur informelle Koalitionsabsprachen getroffen, teilweise (wie 1949 und 1953 unter Konrad Adenauer) nur als Briefwechsel der Parteivorsitzenden.[19] Die erste deutsche Koalitionsvereinbarung (»Vertrag« hieß sie damals noch nicht) wurde erst 1961 zwischen Union und FDP geschlossen, umfasste lediglich neun Seiten (davon weniger als fünf für die Außenpolitik!) und sollte eigentlich geheim bleiben. Als sie kurz darauf doch in der Zeitung *Die Welt* veröffentlicht wurde, war die öffentliche Empörung groß, auch weil man befürchtete, dass die damals noch mehr geschätzte Richtlinienkompetenz des Kanzlers durch die in der Vereinbarung vorgesehenen festen »Koalitionsausschüsse« unterminiert würde. Also verzichtete man in den Jahren danach entweder wieder ganz auf Koalitionsabsprachen oder übernahm, wie 1965, einfach Partei-Leitsätze in die Regierungserklärung, die damals noch einen ungleich wichtigeren Stellenwert als politische Skizze für die anstehende Regierungszeit hatte als heute. Es war die rot-grüne Bundesregierung von 1998, die als erste einen regelrechten Koalitionsvertrag schloss und ihn als »Krönung eines politischen Projekts inszenierte«, wie Jasper von Altenbockum einmal in der *F.A.Z.* schrieb.[20] Doch schon in dem kurzen Dokument wurden teils erhebliche Differenzen der beiden Parteien deutlich. Und Gerhard Schröder (SPD) erklärte nach seiner Wahlniederlage gegen Angela Merkel 2005, dass Koalitionsverträge ihn ohnehin nie besonders interessiert hätten. Den Vertrag der zweiten rot-grünen Regierung von 2002 habe er nie gelesen, gestand Schröder ein – und das werde er auch mit dem neuen Vertrag zwischen Union und SPD unter Kanzlerin Merkel so halten.[21] Vielleicht weil er wusste, wie unverbindlich und floskelhaft auch dieser Koalitions-»Vertrag« war. In beiden Verträgen kam das Wort »Verantwortung« übrigens auf jeder zweiten oder dritten Seite vor.

Die Art und Weise, wie die Parteien ihre Regierungspolitik heutzutage mit Sondierungen und Koalitionsgesprächen »bis in alle Einzelheiten« festzulegen versuchten, sei auch »ein Zeichen der Schwäche der Parteien«, befand der frühere FDP-Innenminister Gerhart Baum im Februar 2018 nach dem Scheitern der Jamaika-Gespräche in einem Interview mit dem Radiosender *detektor.fm*.[22] »Das zeigt auch eine gewisse Ängstlichkeit und Mutlosigkeit.« Die Parteien wollten sich »für jegliche Eventualitäten verbal absichern«, obwohl viele Punkte aus Koalitionsverträgen nie realisiert würden, fügte Baum hinzu. Auch habe es diese »Geschwätzigkeit«, mit der Teile der Koalitionsgespräche öffentlich verhandelt würden, früher nicht gegeben. Baum hat recht mit seiner Kritik. Schließlich werden Koalitionsverhandlungen, gemäß den Regeln der Erregungsdemokratie, immer mehr öffentlich zelebriert und mit Bedeutung aufgeladen. Was dazu führt, dass am Ende ein Koalitionsvertrag herauskommt, der nach wochenlanger Verhandlungsarbeit als mühsames Einigungswerk präsentiert wird, dabei aber vor hohlen Phrasen nur so strotzt.

Ein Paradebeispiel für diese Inszenierung von Koalitionsverhandlungen und die ständige Rückkopplung mit der Öffentlichkeit sind abermals die Jamaika-Sondierungsverhandlungen Ende 2017 zwischen CDU, Grünen und FDP. In ihnen gaben sich die Verhandlungspartner teilweise über die Medien gute Ratschläge, und es wurde zum Gradmesser des jeweiligen Verhandlungsstands, wer bei den inszenierten Sitzungspausen auf dem Balkon der Parlamentarischen Gesellschaft mit wem scherzte und wem er den Rücken zudrehte.

Früher seien sich die Parteien im Grunde einig darüber gewesen, dass sie eine Koalition eingehen (und also: Verantwortung übernehmen!) wollten, kritisierte Baum in dem Interview mit *detektor.fm*. »Nur über die Modalitäten musste man noch sprechen.« Heute ist es leider oft umgekehrt.

7 Mut

Es war der 28. Oktober 1969, als Willy Brandt in seiner ersten Regierungserklärung die legendären Worte sprach. »Wir wollen mehr Demokratie wagen«, sagte der frisch gewählte Bundeskanzler im Bonner Wasserwerk und formulierte damit eine Aufbruchsstimmung, die eine ganze Generation prägen und einen Umbruch in der nachkriegsdeutschen Geschichte markieren sollte. Mehr Partizipation der Bürger und eine Emanzipation von der Autoritätshörigkeit, mehr Pluralismus und eine Absage an Restauration und verkrustete Strukturen – es war ein fast revolutionärer Aufruf zu gesellschaftlicher Erneuerung und mehr politischem Mut nach einer Zeit, die gerade die jüngeren Generationen als quälend bleiern empfanden. Brandts Satz ist seither so oft zitiert und von Politikerinnen und Politikern jeglicher Couleur vereinnahmt worden, dass er zu einer der bekanntesten politischen Phrasen geworden ist und als Referenz in vielen Wahlkämpfen noch immer eine Rolle spielt. Aber er ist auch deshalb so bekannt geworden, weil er die Forderung nach einem mutigen gesellschaftlichen Umbruch in einer so klaren, authentischen Sprache formulierte. Der Satz drückte das Lebensgefühl vieler Menschen in Deutschland aus und ließ sie nicht mehr los – ein größeres Lob kann es für politische Kommunikation kaum geben.

Nach wie vor ist Mut eine zentrale Kategorie der politischen Rhetorik – und Thema so vieler Phrasen, dass die grassierende

Mutlosigkeit hinter ihnen immer offenkundiger wird. Politiker kündigen »mutige Reformen« an oder eine »mutige Politik«, betonen ihren »Mut zur Veränderung und Erneuerung« wie im Sondierungspapier von Union und SPD nach der Bundestagswahl 2017, haben »Mut zur Zukunft«, wollen eine Krise »mutig analysieren« und »Chancen mutig ergreifen«, wie die CDU auf ihrer Internetseite schreibt. Sich als mutig zu inszenieren, ist für Politiker aus nachvollziehbaren Gründen wichtig – und auch das hat mit politischem Framing zu tun, von dem bereits die Rede war. Wenn etwas Mut erfordert, dann sind die Umstände offenbar so außergewöhnlich und gefährlich, dass man die Komfortzone verlassen und etwas »wagen« muss, um mit Brandt zu sprechen. Dann genügt es nicht mehr, sich auf dem Erreichten auszuruhen und Dienst nach Vorschrift zu machen – dann müssen echte Superhelden her, die sich unerschrocken für die Bürgerinnen und Bürger in den Kampf werfen und ohne Angst und Rücksicht auf eigene Verluste bis zum Ziel kämpfen. Das ist der Frame: drohende Gefahr, höchster Einsatzwille, Risikobereitschaft, Aufopferung. Die Formel »(gemeinsame) Kraftanstrengung«, die Politiker ebenfalls mit Vorliebe verwenden, geht in eine ähnliche Richtung. Auch sie evoziert das Bild von Virilität und schöpferischer Tatkraft, die die Nickligkeiten des Alltags im Dienste der großen Sache nun hinter sich lassen wird. Hulk lässt grüßen.

Leider können Politiker mit solchen schönen Phrasen nur leidlich übertünchen, dass sie den Mut zu wirklichen Veränderungen, zu echten Kraftanstrengungen und radikalen neuen Denkansätzen oft nicht aufbringen. Vor allem als Folge der wiederholten Großen Koalitionen in den letzten Jahren hat sich in der Berliner Republik eine Stimmung der mutlosen Selbstreferenzialität und bräsigen Selbstzufriedenheit breitgemacht, in der kaum noch jemand etwas »wagt«, viele wegen einer Vision zum

Arzt gehen würden, wie Helmut Schmidt einmal spottete, und ansonsten vor allem der Status quo verwaltet wird. Mit dem gesellschaftlichen Aufbruch, den Willy Brandt noch meinte, haben die Mutphrasen von heute jedenfalls oft nicht mehr viel zu tun. Im Gegenteil: Für viele Wähler dürfte es angesichts des machttaktischen Geschachers, als das sie die Koalitionsverhandlungen empfanden, und angesichts der desolaten Lage der SPD wie Hohn klingen, wenn von »Mut zur Erneuerung« die Rede ist. Zumal auch in puncto Mut beim Wahlvolk längst angekommen sein dürfte, dass die politischen Akteure – ähnlich wie im Kapitel »Nah bei die Leut'« beschrieben – eigentlich oft unbewusst einen Mangelzustand ausdrücken, wenn sie etwas über Gebühr betonen.

Diese Diskrepanz wird an vielen Stellen offensichtlich, unter anderem an der Klimapolitik. Sie erinnern sich? Als Angela Merkel noch Umweltministerin unter Helmut Kohl war, 1997, verhandelte sie federführend das Kyoto-Protokoll mit, das erstmals völkerrechtlich verbindliche Ziele für die Reduzierung von Treibhausgasen festlegte. Im Jahr 2007, dem zweiten ihrer Kanzlerschaft, reiste Merkel dann in die Arktis, um sich vor Ort ein Bild von den Auswirkungen des Klimawandels zu machen. Spätestens da galt sie als »Klimakanzlerin« und weltweite Vorreiterin im Kampf gegen die globale Erwärmung. Schaut man aber auf ihre späten Kanzlerinnenjahre, so ist von diesem anfänglichen Mut und Kampfgeist auf diesem Gebiet nicht mehr viel geblieben. Noch vor der Bundestagswahl 2017 versprach Merkel zwar, das vereinbarte deutsche Klimaschutzziel, dem zufolge bis 2020 eine Reduzierung der Treibhausgasemissionen um 40 Prozent im Vergleich zu 1990 erreicht werden sollte, gelte nach wie vor. Auch für die SPD schien die Regelung unantastbar. Nach der Wahl aber wollten die Großkoalitionäre von diesem Ziel plötzlich nicht mehr viel wissen. Im Koalitionsvertrag bekannten Union und SPD sich zwar zum Klimaschutzziel 2020, aber nur noch »so weit wie möglich«. Auch fehlten jedwede konkreten Maßnahmen, um eine weitere Reduzierung des Treibhausgasausstoßes zu erreichen. Ein knappes halbes Jahr später, beim Petersberger Klimadialog im Juni 2018 in Bonn, warnte Merkel dann wieder vor den Folgen des Nichtstuns beim Klimaschutz und bemühte eine weitere Phrase aus dem Themenkreis Mut, Kampf, höchste Anstrengung, die bei Politikern und Politikerinnen so beliebt ist: Man habe »noch alle Hände voll zu tun«, um die Lücke, die es bis zum Erreichen des Klimaschutzziels 2020 gebe, noch zu schließen. Das ist natürlich auch eine Entlastungsphrase: Wer alle Hände voll zu tun hat, weiß kaum, wo er zuerst anpacken soll, so viel gibt es zu erledigen. Also sollen die Wähler sich bitte schön nicht echauffieren, wenn es doch noch ein wenig länger mit der Erreichung der Ziele dauert – schließlich können selbst Superhelden nicht zaubern. Oder doch? Rhetorisch Tatkraft anzumahnen, die man inhaltlich vermissen lässt: »Gratismut« hat der Schriftsteller Hans Magnus Enzensberger das einmal genannt. Man spricht von Courage, wo es einen nichts kostet.

Ein anderes schönes Beispiel dafür, wie schwierig das Verhältnis von Politikern zum Mut mitunter ist, sind noch einmal Christian Lindner und seine FDP. Nach einem tiefen Tal der Tränen unter Guido Westerwelle hatten sich die Liberalen unter ihrem smarten neuen Vorsitzenden einen Imagewechsel verordnet und für den Bundestagswahlkampf 2017 einen besonderen Slogan überlegt: Mit der Formel »German Mut« wollten sie für mehr Eigeninitiative der Bürger und für mehr Risikobereitschaft werben. »German Mut«, dieser deutsch-englische Mischbegriff, mit dem die FDP schon seit dem Bundesparteitag 2015 ihren Wandel zu symbolisieren versuchte, sollte nach Coolness und Souveränität, Aufbruchsgeist und Weltläufigkeit klingen.

Das war ganz im Sinne Lindners, der wie kaum ein anderer die Mittel des modernen Politmarketings in den sozialen Medien beherrscht. Er war es auch, der der FDP mit coolen, schwarz-weißen Wahlkampfspots im Unterhemd und rhetorisch brillantem Auftreten eine neue Lässigkeit verordnet hatte und damit viel zu ihrem guten Ergebnis bei der Bundestagswahl beigetragen haben dürfte. »Die Menschen können Großartiges leisten, wenn man sie nur lässt«, sagte Lindner bei der Vorstellung des Wahlprogramm-Entwurfs Ende März 2017 in Berlin.[1] »German Mut«, damit stelle die FDP dem alten Wort von der »German Angst«, das im englischen Sprachraum für die deutsche Zaghaftigkeit steht, einen neuen Begriff entgegen.

In der Tat: Die Formulierung war griffig und verbreitete sich schnell, als Wahlkampfphrase funktionierte sie perfekt. Von den einen wurde sie gefeiert und bewundert, von den anderen belächelt und persifliert wie ein anderer Deutsch-Anglizismus Lindners, »Digital first. Bedenken second«. Aber immer bewirkte sie das, wofür Politiker Phrasen im Wahlkampf besonders lieben: Aufmerksamkeit. Doch auch Lindner holten seine Phrasen nach der Wahl ein. Als er die Jamaika-Verhandlungen Ende 2017 überraschend platzen ließ, zitierten politische Gegner und die Medien genüsslich Lindners Slogan aus dem Wahlkampf. Statt »German Mut« praktiziere die FDP nun »German Übermut«, schrieb beispielsweise der Publizist Hugo Müller-Vogg in der *Huffington Post*: »Vor zwei Jahren, als sie am Boden lagen, hatten die Freien Demokraten ›German Mut‹ propagiert. Sie bewiesen Mut und hatten damit Erfolg.« Doch jetzt sei von diesem Mut nichts mehr übrig.[2] Mit dieser Einschätzung war Müller-Vogg nicht alleine. Lindner habe auch aus Angst vor dem alten Vorwurf, seiner Partei gehe es im Zweifel mehr um Posten als um Inhalte, in letzter Minute gekniffen – so bewerteten viele Beobachter und auch die anderen Parteien seinen Ausstieg aus den Verhandlungen. Die FDP habe »German Mut« plakatiert, aber er sehe nur »German Angst«, sagte etwa der langjährige Grünen-Vorsitzende Cem Özdemir in der Sendung *Maybrit Illner*.[3] Andere vermuteten gar, Lindner habe das Ende von Jamaika von langer Hand geplant, um das Image der Klientelpartei für Millionäre und Hoteliers, das die FDP in der Westerwelle-Ära in ihr bisher tiefstes Tal geführt hatte, abzustreifen und die Partei als geläutert und endlich prinzipientreu zu inszenieren. Tatsächlich hatten prominente FDP-Vertreter schon im Wahlkampf auffallend oft erklärt, man müsse »nicht um jeden Preis« regieren – so als wollten sie schon da jeden Eindruck vermeiden, im Zweifel würden die Liberalen wieder nur nach Posten schielen. Lindner wies den Vorwurf der Inszenierung vehement zurück. Er wolle jetzt »die Erzählung von der neuen, prinzipientreuen und verantwortungsbewussten FDP fortschreiben«, schrieb die *Kölnische Rundschau* nach dem Jamaika-Aus.[4] Auch die FDP-Generalsekretärin Nicola Beer versuchte diese Lesart zu stärken, als sie den Verhandlungsabbruch mit dem Argument rechtfertigte, es habe gerade des »German Mut bedurft, um auszusteigen, mehr, als faule Kompromisse zu schließen und sich dann mit Ministerposten zu schmücken«.[5]

Ob man diese Argumentation nun stichhaltig findet oder nicht: Die Diskrepanz zwischen jenem Mut, den Lindner in seinen Phrasen versprochen hatte, und der Verzagtheit der FDP bei Jamaika war offenkundig. Mut zu haben bedeutet schließlich gerade das: Neuland zu betreten (auch neue Koalitionen), etwas zu wagen selbst auf die Gefahr hin, dass man damit scheitert. Zumal die inhaltlichen Differenzen zwischen den Jamaika-Parteien, auf die Lindner nach dem Abbruch der Verhandlungen gebetsmühlenhaft hinwies, nach Meinung vieler Beobachter alles andere als unüberwindbar waren. Aber so sei das eben mit

Lindner, schrieb Marc Hujer 2018 in einem langen *Spiegel*-Porträt: Immer dann, wenn es kritisch werde, scheue er das Risiko und werfe hin.[6] Lindners Wort vom »German Mut« ist damit ein weiteres Beispiel dafür, warum einprägsame Phrasen für Politiker Segen und Fluch zugleich sein können. Sie können für Aufmerksamkeit sorgen und mit wenigen Worten einen Frame schaffen, mit dem eine Partei in den Köpfen der Wähler verbunden wird. Wenn man sich mit ihnen wie Lindner aber regelrecht inszeniert, können sie zum Bumerang werden, wenn ein gegenteiliges Handeln zu offensichtlich wird.

Man könnte noch etliche Beispiele für die Diskrepanz zwischen hochfliegenden politischen (Mut-)Phrasen und der oft betrüblichen politischen Realität anführen – und dabei würde vielleicht auch Christian Lindner noch einige Male vorkommen. Für eines der prägendsten ist aber ein weiteres Mal Angela Merkel zuständig: »Wir schaffen das« – jener Satz, mit dem die »Teflon-Kanzlerin«, wie sie von ihren Kritikern wegen ihres moderierenden, abwartenden Regierungsstils mitunter abfällig genannt wurde, mehr Mut bewiesen hat, als viele ihr je zugetraut hatten. Oder auch Unbedarftheit, je nach Perspektive. Unbestritten gibt es aber vieles, was man an diesem Satz und seinen Folgen lernen kann – was ihn von den Phrasen unterscheidet, von denen in diesem Buch die Rede ist, und warum er doch beispielhaft dafür steht, wie Phrasen entstehen. Und mit einiger Sicherheit ist dieses Merkel-Wort nach Brandts »Mehr Demokratie wagen« und Helmut Kohls »geistig-moralischer Wende« einer von nur wenigen Sätzen, die über ihre Zeit hinaus prägend für die deutsche Nachkriegsgeschichte gewesen sein werden.

Es ist der Sommer 2015, als eine Entwicklung, die auch die deutsche Politik in den Jahren zuvor (zu) lange verdrängt hat, sich immer dramatischer beschleunigt. Schon seit dem Jahr 2014 suchen immer mehr Flüchtlinge Zuflucht in Europa. Sie fliehen vor Vertreibung, Elend und Krieg in Syrien, Eritrea, Sudan oder Irak und nehmen dafür den gefährlichen Weg über das Mittelmeer in Kauf, in winzigen, überfüllten Booten, in die zwielichtige Schlepper sie für teures Geld und unter menschenunwürdigen Bedingungen gepfercht haben. Im Sommer 2015 spitzt sich die Lage dramatisch zu, immer mehr Flüchtlinge kommen nicht mehr nur über das Mittelmeer, sondern auch über die sogenannte Balkanroute nach Europa, also über Griechenland, Mazedonien, Serbien und Mazedonien bis nach Ungarn. In Budapest beschließt die nationalkonservative Orbán-Regierung den Bau eines Grenzzauns, um die Migranten abzuweisen. Auch auf die Bundesregierung in Berlin steigt angesichts der Tausenden Flüchtlinge in Serbien und Ungarn der Druck: Wie soll sich Deutschland in der Flüchtlingsfrage verhalten? Soll es sich abschotten und die Grenzen schließen, wie schon damals manche fordern? Und wenn es Flüchtlinge hereinlässt: Wie viele verkraftet es?

Die Stimmung im Land ist gespalten. Viele in der Politik und in der Bevölkerung verweisen in jenen Wochen auf eine besondere humanitäre und moralische Verpflichtung, den Flüchtlingen zu helfen; sie wollen sie mit offenen Armen empfangen. Bei anderen wächst der Widerstand gegen eine zu liberale Flüchtlingspolitik – und die Sorge, die Integration so vieler Migranten werde Deutschland hoffnungslos überfordern. Die Debatte nährt auch den rechtspopulistischen Protest, was sich in den steigenden Umfragewerten für die AfD widerspiegelt. Und nicht nur bei Pegida in Dresden gehen allwöchentlich mehr und mehr Menschen auf die Straße, um gegen die Flüchtlingspolitik der Kanzlerin zu demonstrieren – in einem immer feindseligeren, extremistischeren Tonfall.[7] Merkel steht also nicht nur außenpolitisch unter immensem Druck, weil die Zahl der Flüchtlinge mit jedem

Tag größer wird und eine europäische Lösung der Flüchtlingsfrage wegen des großen Widerstands vor allem der Osteuropäer fast aussichtslos erscheint. Sondern auch innenpolitisch.

Das ist die Gemengelage, als Merkel am 31. August zu Gast in der Bundespressekonferenz in Berlin ist, um den Hauptstadtjournalisten routinemäßig Frage und Antwort zu stehen. Merkel spricht über die große Herausforderung, die eine massenhafte Migration nach Deutschland bedeutet, redet über schnellere Asylverfahren, über die große Integrationsleistung, die Zehn-, vielleicht Hunderttausende Flüchtlinge für die deutschen Behörden und Kommunen bedeuten werden – auf 800 000 schätzt das Innenministerium ihre Zahl zu diesem Zeitpunkt allein für 2015. Merkel bereitet ihr Land auf eine große Aufgabe vor, macht aber zugleich unmissverständlich klar, dass sie Deutschland der Herausforderung gewachsen sieht. Und dann, in diesem Zusammenhang, fällt jener Satz, der bald zum wichtigsten ihrer gesamten Kanzlerschaft werden wird: »Wann immer es darauf ankommt, sind wir – Bundesregierung, Länder und Kommunen – in der Lage, das Richtige und das Notwendige zu tun«, sagt Merkel. »Deutschland ist ein starkes Land. Das Motiv, mit dem wir an diese Dinge herangehen, muss sein: Wir haben so vieles geschafft – wir schaffen das!«[8]

Dabei ist die Kanzlerin, das wird oft vergessen, wohl gar nicht die Erste, die den Satz geprägt hat. Am 22. August, eine gute Woche zuvor, sprach ihn bereits ihr Vizekanzler Sigmar Gabriel in einem Podcast zur Flüchtlingspolitik aus, den die SPD veröffentlichte – nur dass er bei ihm deutlich weniger Aufruhr verursachte. »Frieden, Solidarität, Menschlichkeit, das zählt zu den europäischen Werten«, sagte Gabriel. Und dann: »Und jetzt müssen wir sie unter Beweis stellen. Ich bin sicher, wir schaffen das.«[9] Zu dem Zeitpunkt stand der damalige SPD-Vorsitzende in der Flüchtlingsfrage noch eng bei der Kanzlerin. In einer Talk-show erzählte Gabriel im September 2018, wie Merkel ihn nach einer Krisensitzung im Kanzleramt wegen der Flüchtlingskrise im Herbst 2015 beim Hinausgehen beiseitegenommen und zu ihm gesagt habe: »Herr Gabriel, eins versprechen Sie mir: Wir bauen keine Zäune.« Und er, sagte Gabriel dann, der mit Lob für Merkel sonst nicht eben schnell dabei war, müsse zugeben, dass er sie für diesen Satz »sehr geschätzt« habe.[10]

Diese von Gabriel geschilderte Szene ist wichtig, weil sie ver-deutlicht, was mancher vor der Flüchtlingskrise kaum für mög-lich gehalten hatte: dass Angela Merkel bei einem Thema eine klare Haltung haben kann. Mit »Wir schaffen das« schien die als technokratisch und abwartend verschriene Kanzlerin zum ers-ten und vielleicht einzigen Mal in ihrer langen Regierungszeit Stellung zu beziehen – und das nicht nur als pragmatische Reak-tion auf einen Stimmungsumschwung in der Bevölkerung wie nach der Atomkatastrophe von Fukushima oder bei der Abschaf-fung der Wehrpflicht, sondern offenbar aus einer echten (christ-lichen?) Überzeugung heraus. Auf einmal stand sie für etwas und war offenkundig bereit, selbst gegen größte Widerstände in der Bevölkerung und in der eigenen Partei dafür zu kämpfen. Auch wenn Merkel selbst, wie sie später angedeutet hat, im August 2015 wohl noch nicht bewusst war, dass der Satz zur Gretchen-frage ihrer gesamten Kanzlerschaft und zu jener Aussage wer-den würde, mit der – und für die – sie später in den Geschichts-büchern stehen wird.

Kaum ein Satz hat Nachkriegsdeutschland je so polarisiert; er ist gleichsam zum rhetorischen Kristallisationspunkt einer gan-zen politischen Epoche geworden. So oft wurde er seither zitiert, gelobt, verdammt und widerrufen, dass er mittlerweile selbst zu einer Phrase und zu einem politischen Kampfslogan geworden ist. Mit »Wir schaffen das« prägte Merkel zugleich den zentralen Slogan der »Willkommenskultur« in der deutschen Flüchtlingspolitik, der auch deshalb weltweit für Aufsehen sorgte, weil er so ähnlich klang wie der legendäre Wahlkampfslogan Barack Obamas, »Yes, we can«. Von ihren Anhängern und selbst Vertretern des links-grünen Lagers, die mit Merkel bis dahin nicht viel anfangen konnten, wird die Kanzlerin deshalb bis heute für diesen Satz geschätzt, von ihren Kritikern aber verdammt und von der (rechtspopulistischen) AfD-Klientel teils regelrecht gehasst.

Von seiner Wirkung her und unabhängig von der Frage, wie man zu dem Satz steht, ist »Wir schaffen das« damit durchaus vergleichbar mit Brandts »Mehr Demokratie wagen«. Beide Sätze fordern ihr Land und seine Bürger heraus und formulieren eine Notwendigkeit, sich anzustrengen. Beide beschreiben nicht Abgrenzung, sondern eine positive, integrierende Mission; beide fordern die Bewältigung einer großen gesamtgesellschaftlichen Aufgabe und glauben daran, dass sie gelingen kann. Merkels Satz sei schlau, befand 2016 der Hagener Psychologe Robert Gaschler in einem Interview mit *Deutschlandfunk Nova*.[11] »Denn er setzte voraus, dass wir etwas schaffen wollen.« Die Mechanik des Slogans funktioniere ganz einfach, so Gaschler: Wer nicht per se »Spielverderber« sein wolle, der sei dabei. Und: »Wir richten unsere Aufmerksamkeit positiv auf das, was möglicherweise zu schaffen ist aus, und das hilft natürlich.« Indem »Wir schaffen das« in den Fokus gerückt werde, denke man unwillkürlich über Dinge nach, die einem bei der Erreichung des Zieles helfen könnten. Ulrike Winkelmann analysierte im *Deutschlandradio*, auch wenn der Satz mittlerweile vielen schon auf die Nerven gehen möge, sei er für die damalige Zeit im August 2015 eine »griffige Formel« gewesen, die viele mitgenommen habe und vielleicht auch bis heute mitnehme.[12]

In der Tat: Der Satz nimmt bis heute fast jeden mit – vor allem aber Merkels Kritiker. Sie würden wohl auch einwerfen, dass es sehr wohl einen entscheidenden Unterschied zwischen Brandts »Mehr Demokratie wagen« und Merkels »Wir schaffen das« gibt: Bei Brandt sollte etwas »gewagt« werden, das klang nach einer freiwilligen, proaktiven Leistung und einer Anstrengung, die sich am Ende für alle auszahlen werde. Bei Merkels »Wir schaffen das« hingegen wird, insbesondere im Kontext des Gesamtzitats, keine freiwillige Leistung benannt, sondern die notwendige Bewältigung einer unvermeidlichen gesamtgesellschaftlichen Herausforderung. Was bei Brandt noch Vision war, ist bei Merkel also Zwang – so ähnlich würden es jedenfalls ihre Kritiker formulieren. Gerade die AfD machte seit 2015 immer erfolgreicher Stimmung gegen Merkels Satz – erst recht, als die Kanzlerin im September 2015 die Zehntausenden Flüchtlinge, die in Ungarn ausharrten, nach Deutschland einreisen ließ. »Wir wollen das gar nicht schaffen«, rief der damalige brandenburgische AfD-Vorsitzende Alexander Gauland im Oktober 2015 bei einer AfD-Demonstration in Erfurt und forderte den Rücktritt der Kanzlerin.[13] Doch selbst für Merkels gemäßigtere Kritiker gilt der Satz »Wir schaffen das« bis heute als rhetorischer Offenbarungseid und größter Ausweis der migrationspolitischen Naivität der Kanzlerin. Dass Merkels Flüchtlingspolitik über die Jahre restriktiver geworden ist und sie ihren Kurs – vor allem aufgrund des Drucks von AfD und CSU und durch den Absturz der Union in der Wählergunst – seit dem Sommer 2015 längst jener Realität angepasst hat, die Länder wie Österreich und Serbien schon im Winter 2015 durch die Schließung der Balkanroute schufen, lässt diese Kritik weitgehend außer Acht.

So oder so ist der inhaltliche Streit um den Satz längst zu einem ideologischen geworden. Je vehementer ihre Kritiker sie für den Satz angriffen, desto trotziger wiederholte Merkel ihn – auch Mitte September 2015, kurz nach ihrer spontanen Entscheidung, die Flüchtlinge aus Ungarn einreisen zu lassen. »Ich sage es wieder und wieder: Wir können das schaffen, und wir schaffen das«, erklärte sie bei einer gemeinsamen Pressekonferenz mit dem österreichischen Kanzler Werner Faymann in Berlin.[14] Dann schob Merkel einen Satz hinterher, der ebenfalls zum stehenden Wort geworden ist: »Ich muss ganz ehrlich sagen, wenn wir jetzt anfangen, uns noch entschuldigen zu müssen dafür, dass wir in Notsituationen ein freundliches Gesicht zeigen, dann ist das nicht mehr mein Land.« Auch auf dem CDU-Parteitag im Dezember 2015 in Karlsruhe, als ihre Partei in höchstem Aufruhr war, wiederholte Merkel den Satz »Wir schaffen das« – und auch dann noch, als die Umfragewerte für die Union wegen ihrer Flüchtlingspolitik abstürzten. Selbst nach den Anschlägen von Ansbach und Würzburg im Juli 2016, als zwei Flüchtlinge, die Sympathisanten des »Islamischen Staats« waren, mehrere Menschen schwer verletzten, machte sie den Deutschen weiter Mut. »Wir schaffen das. Und wir haben im Übrigen in den letzten elf Monaten sehr, sehr viel bereits geschafft«, sagte sie.[15] Merkel stand, auch wenn der Gegenwind immer stärker wurde. Selbst manchen erbitterten Kritikern nötigte das durchaus Respekt ab.

Trotzdem drang die Kanzlerin mit der Botschaft, die sie mit »Wir schaffen das« hatte vermitteln wollen, immer weniger durch. In einer Umfrage des Meinungsforschungsinstituts YouGov stimmten im Juli 2016 nur noch 27 Prozent der Befragten dem Satz »Wir schaffen das« zu.[16] Selbst einstige Verbündete wie ihr Vizekanzler Sigmar Gabriel begannen unter dem Druck der Umfragewerte und dem Erstarken der AfD nach und nach, sich von dem Satz zu distanzieren. »Der Satz klingt schön, aber er reicht nicht aus«, sagte Gabriel im August 2016, so als habe er ihn selbst nie gesagt. Eigentlich müsse der Satz lauten: Wir machen das, erklärte er und kritisierte, Merkel und die Union hätten dem Slogan keine Taten folgen lassen.[17] Es dauerte ein gutes Jahr, bis Mitte September 2016, bis auch Merkel sich zum ersten Mal merklich von ihrer Aussage distanzierte. »Manchmal denke ich, dass dieser Satz etwas überhöht wird, dass zu viel in ihn geheimnist wird«, sagte sie in einem Interview mit der *Wirtschaftswoche.* »So viel, dass ich ihn am liebsten kaum noch wiederholen mag, ist er doch zu einer Art schlichtem Motto, fast zu einer Leerformel geworden.«[18] »Leerformel«: Damit hatte Merkel wohlgemerkt nicht ihren Satz inhaltlich kritisiert, sondern vor allem seine Rezeption. Und sie hatte ja recht: »Wir schaffen das« war längst zu einer Phrase geworden, die umso hohler wurde, je mehr sie im Kontrast zur Realität zu stehen schien und, je nach Lager, für alles oder nichts stand. Gleichwohl unterschlug Merkel ihren eigenen Anteil daran, dass der Satz eine so kontroverse Karriere genommen hatte. Phrasen entstehen, wenn ein Satz zwar griffig ist, aber keine inhaltliche Substanz hat: Wenn eine Phrase nicht (mehr) mit konkreten Handlungen und einer offenen, auch Kontroversen nicht scheuenden Kommunikation unterfüttert wird, wird sie schnell schal. So erging es auch Merkels Satz »Wir schaffen das«: Er mag funktioniert haben, als er im August 2015 zum ersten Mal gesagt wurde; da war er prägnant und in einer Weise mutig, die aufmerken ließ. Doch die vage Mutlosigkeit, die daraufhin folgte, entkernte ihn immer mehr. Merkel kommunizierte zu wenig, das werfen ihr selbst enge Parteifreunde bis heute vor. Mit »Wir schaffen das« hatte sie dem Land Mut zugesprochen, *dass* es die Herausforderung durch die Flüchtlinge bewältigen kann. Aber danach versäumte sie es zu erklären, *wie* das geschafft werden sollte.

Merkels Satz schreie geradezu danach, »missverstanden und

missbraucht zu werden«, befand auch der Dresdner Sprachwissenschaftler Joachim Scharloth im August 2016 in einem Interview mit *Politico Europe*: »Wenn sie sagt, ›wir schaffen das‹ – was meint sie mit ›das‹?«[19] Der Satz sage nicht viel aus, so Scharloth. Vor allem habe Merkel sich offenbar verpflichtet gefühlt, ihn wieder und wieder zu wiederholen. »Das ist kein Zeichen für eine gute Kommunikation.« Scharloth hatte recht: Indem Merkel den Satz andauernd wiederholte, ohne die Anstrengungen und Risiken, die mit ihm verbunden waren, ausreichend zu erklären, wurde »Wir schaffen das« zu einem der prominentesten Opfer von negativem politischem Framing. »Bedeutungsreframing« nennen es Kommunikationswissenschaftler, wenn einem Verhalten oder einer Aussage eine andere Bedeutung gegeben wird. Für die Gegner von Merkels Flüchtlingspolitik, die weder die Aufnahme Hunderttausender Flüchtlinge noch deren dauerhafte Integration nach Deutschland bewältigen wollen, war jede Wiederholung von »Wir schaffen das« also nur eine weitere Möglichkeit, die Kanzlerin höhnisch als illusionäre Träumerin hinzustellen. »Merkels Satz sollte Werte wie Empathie und Einigkeit bewirken«, sagte die Sprachwissenschaftlerin Elisabeth Wehling 2016 ebenfalls gegenüber *Politico*. Doch indem Merkel den Satz »völlig isoliert« und ohne jedes »Gegengewicht« kommuniziert habe, habe sie ihren Gegnern die Möglichkeit gegeben, ihn aufzugreifen, zu karikieren und ihn als Realitätsverweigerung umzudeuten.[20] »Die Leute sind schlichtweg müde, immer wieder zu hören ›Wir schaffen das‹«, befand auch der CDU-Bundestagsabgeordnete Karl-Georg Wellmann, von *Politico* nach dem Satz befragt. »Die deutsche Regierung hat gut auf die Flüchtlingskrise reagiert. Aber ›Wir schaffen das‹ immer weiter zu wiederholen, sendet das falsche Signal.«[21]

Merkel hätte »Wir schaffen das« von Anfang anders formulieren können – und sollen: »Wir schaffen das, wenn« etwa oder »Es wird schwierig, aber wir können es schaffen«. Eine Nuance nur, kann man sagen – aber eine, die einen entscheidenden Unterschied gemacht hätte, weil sie weniger apodiktisch gewesen wäre. In jedem Fall aber hätte sie viel unmissverständlicher klarmachen müssen, dass es sich um eine historische Aufgabe handelt, die alle Anstrengungen erfordert. Und sie hätte den Deutschen gleichzeitig mit dem Satz – etwa durch ein 10-Punkte-Programm wie Helmut Kohl nach dem Fall der Mauer – zeigen müssen, dass zumindest die Politik auf diese Aufgabe vorbereitet ist, so gut es eben geht. Dass Deutschland offene Arme für Menschen in Not hat, diejenigen aber, die die Gastfreundschaft ausnutzen und straffällig werden, konsequent und schnell abschieben wird und es keinen »Kontrollverlust« des Staates geben wird, den später mancher sah. Dass die Bundesregierung um die großen Belastungen weiß, die nicht nur auf die Behörden, sondern auch auf die Städte und Gemeinden zukommen werden, und deshalb schon frühzeitig eine großzügige personelle und finanzielle Unterstützung für sie einplant. Dass es eine einmalige humanitäre Geste bleiben wird, die rund 30 000 Flüchtlinge aus Ungarn aufzunehmen, Deutschland danach aber grundlegend seine Asyl- und Integrationspolitik überdenken muss. Und schließlich, dass Deutschland die historische Aufgabe Migration und Integration, die eine Frage von Jahrzehnten und nicht nur von Monaten ist, schlechterdings nicht alleine, sondern nur im Verbund mit den europäischen Partnern bewältigen kann und sich weitere Alleingänge deshalb verbieten. Kurzum, Merkel hätte sagen können: Es ist möglich, dass wir es am Ende doch nicht schaffen, aber wir werden alles dafür tun, dass es gelingt.

Mit einer solchen mutigen Unterfütterung eines mutigen Satzes hätte sie sicher noch immer nicht jene umgestimmt, die

Deutschland generell abschotten wollen und denen es dabei nicht um 1 000 000 oder 1000 Flüchtlinge geht. Aber vielleicht hätte sie das negative Framing des Satzes abmildern können und somit verhindert, dass diejenigen Konservativen, die einen »Kontrollverlust« des Staates befürchteten, zur AfD flüchten.

So aber wurde ein Satz, der als rhetorisches Signal des Aufbruchs gedacht war, am Ende ein Opfer seines eigenen Erfolgs. Damit teilt er das Schicksal vieler zu leichtfertig dahingesagter Phrasen. »Wir schaffen das« sei ein erstklassiges Beispiel dafür, dass Sprache mehr sei als nur eine Verzierung der Politik, sagte Elisabeth Wehling in dem genannten Interview mit *Politico*. Der Artikel trug die Überschrift: »The phrase that haunts Angela Merkel«. Der Satz, der Angela Merkel verfolgt.

8 Stabilität

Als Angela Merkel sich im Bundestagswahlkampf 2013 wieder zur Wahl stellte, um zum dritten Mal in Folge Bundeskanzlerin zu werden, standen die Strategen im Konrad-Adenauer-Haus vor einer schwierigen Aufgabe. Wie sollte man für eine Regierungschefin werben, bei der nicht einmal viele Parteifreunde hätten sagen können, wofür genau sie programmatisch eigentlich stand? Was könnte der wichtigste Grund für die Wählerinnen und Wähler sein, ihre Stimme (wieder) Merkel zu geben? Schließlich hatte einer die zündende Idee: Merkel selbst. Auf den Wahlplakaten, die der damalige CDU-Generalsekretär Hermann Gröhe Anfang August im Konrad-Adenauer-Haus vorstellte, war die Kanzlerin zwar nur auf einem abgebildet – auf den meisten waren stattdessen auf typischem CDU-Orange Slogans wie »Sichere Arbeit«, »Starke Wirtschaft« oder »Mehr für Familien« zu lesen. Doch schon zu diesem Zeitpunkt kündigte Gröhe an, die Union werde den Wahlkampf zum Ende hin deutlich stärker personalisieren und dann ganz auf ihr stärkstes Wahlargument setzen: die Popularität der Kanzlerin.

In den Wochen danach wurde die Wahlwerbung der CDU tatsächlich immer persönlicher. Merkel in der Natur, Merkel als Gärtnerin, Merkel als kundige Hausfrau mit einer Vorliebe für Streuselkuchen: Die Botschaft der Kandidatin ohne Botschaft war fortan die Kandidatin selbst. Diese Ambitionslosigkeit gipfelte schließlich am 1. September im Fernsehduell gegen den SPD-Kandidaten Peer Steinbrück, das von den Medien wie immer zum »entscheidenden« Schlagabtausch zwischen der Kanzlerin und ihrem Herausforderer stilisiert worden war (so viel zum Thema Erregungsdemokratie). Steinbrück, der eigentlich doch als angriffslustiger »Klartext«-Sprecher galt, erging sich ebenso in technokratischen Phrasen wie die Kanzlerin und wirkte so überraschend blass, dass die *F.A.Z.* danach spöttisch fragte, wo der »Stier« denn nun gewesen sei.[1] Langweilig, uninspiriert, kaum Erkenntniswert – auch in den meisten anderen Medien waren die Kritiken nach dem Duell verheerend. Für Begeisterung sorgte allenfalls der Moderator Stefan Raab, der bislang ausschließlich Unterhaltungsfernsehen gemacht und bei diesem Fernsehduell ein politjournalistisches Debüt erlebt hatte, das vorher viele durchaus mit Naserümpfen betrachtet hatten. Beim Duell aber stahl Raab mit seinen bissigen Nachfragen selbst den erfahrenen Politikjournalisten die Show. »Das ist doch keine Haltung zu sagen: Ich will nur gestalten, wenn ich ›King of Kotelett‹ bin«, schleuderte er Steinbrück gegen Ende des Duells entgegen, als dieser auf konkrete Fragen der Moderatoren wieder wolkig in Phrasen antwortete. Damit brachte Raab den SPD-Mann aus dem Konzept, die Republik zum Jubeln – und lieferte zugleich unvermutet ein Lehrstück darüber ab, wie Journalismus auf die immer gleichen Phrasen von Politikern auch reagieren kann.

Das Duell ist aber nicht nur wegen Raab so bemerkenswert, sondern vor allem wegen eines Satzes, den Angela Merkel am Ende in ihrem Schlusswort sagte. Diese sechzig Sekunden, in denen die Kandidaten in die Kamera blicken und die Zuschauer direkt adressieren, sind vielleicht der wichtigste Moment der persönlichen Ansprache der Wähler kurz vor der Wahl. »Sie kennen mich, wir hatten vier gute Jahre in Deutschland«, sagte

Merkel. »Sie kennen mich« – diese drei Wörter bildeten den Gipfel der Personalisierung im Wahlkampf und beschrieben zugleich den Markenkern, auf dem ihre gesamte Kanzlerschaft bis heute aufbaut: Merkel als personifizierter Anker der Stabilität. Die Botschaft, die nicht nur in diesem Fernsehduell, sondern während ihrer gesamten Regierungszeit Merkels wichtigste war, lautete stets: Es war doch nicht schlecht so, wie es war, und wenn das so bleiben soll, dann nur mit mir.

Merkels Satz »Sie kennen mich« war so einprägsam und symbolisch, dass auch er längst zur sprichwörtlichen Phrase geworden ist. Erst zu einer politischen, die von Merkels Kritikern ebenso wie der Satz »Wir schaffen das« bis heute als rhetorischer Beleg für die Visionslosigkeit einer Politikerin angeführt wird, die »reagiert, nicht agiert«, wie Alexander Kissler im November 2016 im Magazin *Cicero* schrieb.[2] Merkels ganzer Politikstil und ihr Menschenbild beruhten auf der Überzeugung, »dass es wichtiger ist, das Falsche zu unterlassen als es sich mit dem Richtigen zu verderben«, so Kissler. Der Satz ist aber auch in den allgemeinen Sprachgebrauch übergegangen, wie es politische Sätze mitunter tun, wenn sie kurz und prägnant sind und sich in ihnen eine politische Kontroverse »kristallisiert«, wie der Aachener Sprachwissenschaftler Thomas Niehr es in einem Gespräch mit der *Deutschen Presseagentur* einmal genannt hat.[3] »Sie kennen mich« ist für viele zu einem stehenden Begriff für den Wunsch nach Stabilität und der Bewahrung des Vorhandenen in einer immer unübersichtlicheren Welt geworden.

Damit zeigt sich eine weitere Facette politischer Phrasen: Sie sind immer auch ein Ausdruck ihrer Zeit. In einer Epoche, in der die Welt durch die Globalisierung immer verflochtener und unüberschaubarer geworden ist und viele Menschen sich als Reaktion ins Private zurückziehen wie in einem neuen

Biedermeier, in der der internationale Terrorismus zur allgegenwärtigen Bedrohung geworden ist und bei vielen das Gefühl wächst, die nationale Politik habe die nationalen Geschicke ohnehin immer weniger in der Hand, steigt die Sehnsucht nach stabilen Verhältnissen. Wirtschaftlich geht es Deutschland so gut wie nie zuvor – doch paradoxerweise macht ausgerechnet das die Angst, diese Stabilität und diesen Wohlstand zu verlieren, bei vielen nur größer statt kleiner. Der Erfolg Merkels beruht zu einem großen Teil darauf, dass sie den Deutschen offenbar lange glaubhaft das Gefühl vermittelt hat, ein Garant dieser relativen Stabilität inmitten des Chaos zu sein, wie auch ihr Ruf als wichtigste europäische Krisenmanagerin und zeitweilig als mächtigste Politikerin der Welt belegen. Bei der Bundestagswahl 2013, nach dem Fernsehduell mit Steinbrück, holte Merkel fast die absolute Mehrheit und stand, zwei Jahre vor dem Beginn der Flüchtlingskrise, die erst langsam, dann immer schneller den Anfang vom Ende ihrer Ära einläutete, auf dem Zenit ihrer Macht. Merkel sei von dem »wohligen Gefühl der Wähler zum Wahltriumph getragen [worden], dass es in fast ganz Europa drunter und drüber gehe, nur nicht in Deutschland«, kommentierte Heribert Prantl nach der Wahl 2013 in der *Süddeutschen Zeitung*.[4] Insofern sind nicht nur Phrasen, sondern auch Politiker immer ein Spiegel ihrer Zeit, wie sich schon am Beispiel Joschka Fischers und Gerhard Schröders gezeigt hat. Sie wurden gewählt, weil sie nach 16 Jahren Kohl einen Aufbruch verkörperten und vielen Menschen der Sinn nach Frische, gesellschaftlicher Veränderung und einem neuen Politikstil stand. In den Merkel-Jahren hingegen, in denen die Welt von Krise zu Krise schlitterte, gab es eine weitverbreitete Sehnsucht nach einer Politik der »ruhigen Hand« – und eine junge Generation, die kaum noch rebellierte, sondern in der viele sich nichts sehnlicher wünschten, als so zu sein wie ihre Eltern. Ist es ein Wunder, dass so eine Generation keine rebellischen, mutigen oder gar aufmüpfigen Politiker hervorbringt, die auch sprachlich etwas wagen, sondern eher den einschläfernden GroKo-Konsens schätzt? Jede Generation, könnte man sagen, hat immer auch die Politiker – und die politische Sprache –, die sie verdient.

Es kann deshalb kaum überraschen, dass Phrasen rund um das Thema »Stabilität« in den letzten Jahren eine regelrechte Hochkonjunktur erlebt haben – und dass Angela Merkel, die Großmeisterin der Stabilität, auch auf diesem Gebiet in der Spitzengruppe ist. Deutschland brauche jetzt »klare und stabile Verhältnisse«, forderte sie etwa im August 2009 nach den Landtagswahlen in Thüringen, Sachsen und im Saarland, bei denen die CDU jeweils empfindliche Verluste erlitten hatte.[5] Merkel warnte damit vor allem vor neuartigen Dreierbündnissen, die nach der Lage der Dinge denkbar schienen. Zumindest machtpolitisch schien das eine nachvollziehbare Warnung zu sein. Konstellationen mit mehreren Koalitionspartnern bedeuten für die stärkste Partei im Bündnis zwangsläufig eine stärkere Aufteilung der Macht und damit auch einen größeren Einigungsdruck. Nicht nur für eine karrierebewusste Politikerin wie Merkel ist das eine Vorstellung, die man am liebsten vermeiden möchte.

Auch bei vielen anderen Volksvertretern ist »Stabilität« auf der nach oben offenen Phrasenskala schon lange ganz weit oben angesiedelt – auch weil der Begriff so wenig Widerspruch herausfordert. Wer wollte schließlich leugnen, dass »stabile Verhältnisse« generell nie schaden können, nicht in der Ehe und erst recht nicht in der großen Politik? Zugleich ist das Wort, wie viele Phrasen, herrlich vage. Denn was ist eigentlich konkret mit dieser »Stabilität« gemeint? Die Stabilität der Demokratie, des Landes, der politischen Ordnung? Die der Partei, der Regierung, der Bürger? Oder doch eher die der Straßen, der Stromleitungen und der öffentlichen Nahversorgung mit Zahnbürsten? Politikern kommt diese Vagheit, bei der jeder Wähler das heraushören kann, was er will, gerade recht. Hauptsache, sie können den Eindruck erwecken, ein Garant für »stabile Verhältnisse« zu sein (noch so eine Phrase), was vor allem Politikern aus dem konservativen Lager naturgemäß das Wichtigste ist. Als der bayerische Ministerpräsident Markus Söder (CSU) im Oktober 2018 nach der Landtagswahl, die für die einstige Staatspartei CSU eine herbe Schlappe gewesen war, vor die Fernsehkameras trat, betonte auch er in fast jedem Statement die Bedeutung der Stabilität. Das wichtigste Ziel sei jetzt eine »seriöse und stabile Regierung«, sagte er, oder: »Eine der wichtigsten Aufgaben, die wir haben, ist, dafür zu sorgen, dass dieses Land stabil, regierbar, dass dieses Land so kräftig bleibt, wie es ist.«[6] Knapp drei Wochen später, als die CSU sich mit den Freien Wählern über die Bildung einer Koalitionsregierung geeinigt hatte, sagte Söder im *Bayerischen Rundfunk*, sein Ziel sei die Bildung einer Regierung, die »Stabilität gewährleistet«.[7] Das klang nicht nur so, als wäre Politik ein Handelsgeschäft, bei dem die Wähler im Falle einer mangelhaften Leistung ihr Geld (oder ihre Stimme?) zurückfordern könnten. Sondern auch so, als stünde Bayern kurz vor dem Staatsbankrott oder einem drohenden Putsch, weshalb man jetzt alle Anstrengungen unternehmen müsse, den Freistaat nicht ins Chaos abdriften zu lassen. Dabei hatte in einer demokratischen Wahl eine lange vorherrschende Partei lediglich herbe Verluste erlitten – und andere Parteien wie vor allem die Grünen, aber auch die Freien Wähler und die AfD, hatten teils erhebliche Gewinne erzielen können. Ein ganz normaler demokratischer Vorgang also, auch wenn es für den Freistaat noch immer ungewohnt ist, dass die CSU nicht mehr alleine regieren kann und das bayerische Parteiensystem, das früher aus der CSU und einem kleinen Rest Sonstiger bestand, im Landtag mit sechs Parteien nun deutlich zerfaserter ist.

Das zeigt, dass es bei der Phrase »Stabilität« nicht unbedingt immer nur um die Stabilität des Landes geht, wenngleich die Politiker das suggerieren, sondern auch um die Stabilität der eigenen politischen Macht, wie unter anderem eine Äußerung von CSU-Generalsekretär Markus Blume belegt. »Politische Stabilität« sei in diesen Zeiten der Verunsicherung ein »hohes Gut«, sagte er am Wahlabend in der *ARD* mit Blick auf ein drohendes »7-Parteien-Parlament«.[8] Und fügte dann den Satz an: »Wir brauchen stabile Verhältnisse.« Damit versuchte auch Blume den Eindruck zu erwecken, allein die Tatsache, dass es heute mehr Parteien als früher gebe, bedeute eine drohende Instabilität (des Landes?, der Demokratie?). Und als könnten Bündnisse aus mehr als zwei Parteien (denn dass das der CSU dräuen könnte, war am Wahlabend lange nicht ausgeschlossen) schon deshalb nicht »stabil« sein, weil man damit in Deutschland bislang noch wenig Erfahrung gemacht hat. Sicher: Nach den leidvollen Erfahrungen mit der Weimarer Republik, in der die Parteienlandschaft so sehr zersplitterte und die Regierungsbündnisse so schnell wechselten, dass die junge, ohnehin fragile deutsche Demokratie immer instabiler und schließlich zu einer leichten Beute für Hitler und die Nationalsozialisten wurde, ist es nachvollziehbar, wenn man auch mit gemischten Gefühlen auf die zunehmende Auffächerung der deutschen Parteienlandschaft blickt. Aber zum einen ist die heutige Situation mit der in Weimar nicht vergleichbar, auch wenn das mancher schon angesichts des Aufstiegs der AfD immer wieder suggeriert. Die Demokratie und ihre Prinzipien sind ungleich gefestigter als damals und der Staat, bei aller berechtigten Sorge angesichts des Rechtsrucks in der Gesellschaft und des

Erfolgs der AfD, viel immuner gegen innere und äußere Anfeindungen als in Weimar. Zum anderen zeigt ein Blick nach Skandinavien, dass Bündnisse mit mehr als zwei Parteien und auch Minderheitsregierungen, die Angela Merkel selbst dann noch vehement ablehnte, als die Große Koalition schon kaum noch vermittelbar war, nicht das Ende der Demokratie bedeuten müssen. Schweden wurde annähernd sieben Jahrzehnte von sozialdemokratischen Minderheitsregierungen geführt, in Dänemark waren fast 90 Prozent der Regierungen seit Ende des Zweiten Weltkriegs ohne eigene Mehrheit, in Norwegen immerhin noch mehr als die Hälfte. Auch Mehrfachkoalitionen mit mehr als zwei Bündnispartnern sind in Skandinavien seit Langem eher die Regel als die Ausnahme – und kaum jemand dürfte dort auf den Gedanken kommen, aus Angst vor einer vermeintlichen Instabilität oder vor Neuwahlen ein Bündnis mehrerer Parteien zu verdammen.

Hierzulande, das zeigen nicht nur die Beispiele Söder und Blume, wird das Wort »Stabilität« hingegen zunehmend als Kampfbegriff benutzt, um Konstellationen, die einem selbst unangenehm und politisch nicht opportun erscheinen, als potenziell schädlich für das Land zu diskreditieren. Auch der Zusatz »handlungsfähig« ist bei diesem politischen Stabilitäts-Phrasenbingo äußerst beliebt. »Wir brauchen eine handlungsfähige, stabile Regierung« – man kann darauf wetten, dass nach einer Wahl irgendwann dieser Satz fällt, wenn es um mögliche Koalitionsoptionen geht. Auch nach der Bundestagswahl 2017 fiel der Satz reihenweise, je nach Lager aber in verschiedenen Kontexten: Die einen argumentierten mit ihm für die Große Koalition, andere für Jamaika und wieder andere gegen beide Optionen und für Neuwahlen. Und viele suggerierten in ihren Äußerungen, ein neuartiges Regierungsbündnis, das womöglich nicht für eine gesamte Legislaturperiode, sondern nur für zwei

Jahre ihren Dienst tut, sei automatisch handlungsunfähig und zwangsweise instabiler als eine vermeintlich so stabile Große Koalition, die sich schon nach ein paar Wochen unversöhnlich in die Haare kriegt. Dabei zeigte die Betonung der Phrase »handlungsfähige und stabile Regierung« lediglich, wie statisch – und risikoscheu – die deutsche Politik nicht zuletzt in den Zeiten fortwährender Großer Koalitionen in Teilen geworden ist. Wenn die Wählerschaft, die aus mehr Parteien als früher auswählen kann und Mehrfachbündnisse an der Urne – im Gegensatz zu den politischen Repräsentanten – explizit nicht mehr ausschließt, nur zu hören bekommt, alles andere als eine Große Koalition oder ein bekanntes Zweierbündnis sei ein (zu) großes Sicherheitsrisiko, dann verkehrt sich die vermeintliche »Stabilität« in ihr Gegenteil und wird zur Bevormundung des Wählers. Weil die Politiker den Wählerinnen und Wählern sagen: Auch wenn ihr so gewählt habt und keine Große Koalition mehr wollt – wir wissen besser, was gut für unser Land ist. Ihr habt keine Ahnung. Die »Stabilität« wird also zum goldenen Käfig, in dem jede Vision und jeder Mut zur Veränderung schon im Keim erstickt werden. Kann man sich dann noch darüber wundern, dass die Politikverdrossenheit immer weiter zunimmt?

Es gibt noch viele andere Phrasen, mit denen Politikerinnen und Politiker manchmal nur vorgeblich über Stabilität reden, eigentlich aber die »Alternativlosigkeit« ihres gewünschten politischen Bündnisses begründen wollen. Etliche davon stammen aus dem Bedeutungskreis des Straßenbaus oder des Handwerks, was zeigt, wie sehr die politische Sprache von jeher versucht, Unkonkretes durch bildhafte Metaphern konkret zu machen. Wenn Politiker davon sprechen, sie wollten jetzt ein »tragfähiges« Bündnis »schmieden«, dann ist das Bild dahinter letztlich eine Brücke über einen Fluss, die zwei Ufer miteinander verbindet und damit ein schwer überwindbares Hindernis bezwingt. Natürlich soll diese Brücke nicht gleich einstürzen, wenn man sie überquert, weshalb »tragfähig« zugleich eine Binse ist: Niemand baut mit Vorsatz eine Brücke, deren Passage zu gefährlich ist. Trotzdem lieben Politiker das Adjektiv, weil es so vieles in sich vereint: das Schöpferische, Anpackende (man will gemeinsam mit einer Partei, deren große programmatische Unterschiede zur eigenen Partei man vorher ausgiebig betont hat, kreativ eine schwierige Aufgabe bewältigen und dabei mutig auch unglaubliche Hindernisse überwinden); das Gleichmütige, Versöhnende (das Bild der Brücke, die eine Verbindung zwischen zwei Seiten schafft); die Stabilität (eine Koalition, solide auf Stein gebaut, die auch heftige Stürme überstehen wird).

In dieselbe Richtung geht auch das »belastbare Bündnis«, das, anstrengend, gefährlich und schweißtreibend, meist »geschmiedet« und von Politikern mit Vorliebe an Wahlabenden bemüht wird, wenn es darum geht, die eine Koalition für opportun zu erklären, eine andere aber als zu unsicher zu diskreditieren. Das Wort »belastbar« weitet das Bedeutungsfeld aber noch, weil es persönlicher konnotiert ist: Meint »tragfähig« oft Bauwerke und deren Stabilität und ist damit technischer angelegt, wird »belastbar« auch im Bereich der menschlichen Beziehungen, der Gesundheit und der Emotionen verwendet. Ein alter Mensch ist vielleicht nicht mehr so belastbar, weil er zunehmend unter körperlichen Gebrechen leidet. Zwei Liebende sprechen von ihrer »belastbaren Partnerschaft«, wenn sie gemeinsam erfolgreich durch schwierige Zeiten gegangen sind. Aber auch ein Manager, der im Job stark unter Druck steht, wird stolz darauf sein und sein Durchhaltevermögen vielleicht mit dem Wort »belastbar« beschreiben. Als politische Phrase ist der Begriff deshalb ebenso wie »tragfähig« ein Wort, mit dem Politiker bei ihren

Wählern den Eindruck von Zähigkeit, Durchhaltevermögen, Kompromissfähigkeit und der Bereitschaft zur Höchstleistung selbst unter größtem (politischen) Druck vermitteln wollen. Doch wie bei allen allzu sinnentleerten Wendungen ist es auch in diesem Fall eher ein Alarmsignal als eine Beruhigung, wenn Politiker von »stabilen« oder »tragfähigen« politischen Bündnissen sprechen, weil eine Überbetonung immer auch das Gegenteil bedeuten kann.

Das betrifft gleichermaßen eine andere Phrase, die Handgreifliches vermitteln soll, wenn kaum Handgreifliches vorhanden ist: die »Substanz«. Wann immer Politiker nach Krisensitzungen oder Koalitionsverhandlungen davon sprechen, sie hätten »substanzielle Ergebnisse« erzielt, ohne konkreter zu werden, kann man getrost davon ausgehen, dass die vermeintliche »Substanz« der Einigung im Zweifel in einen Fingerhut passt und beim nächsten Treffen längst wieder vergessen ist. »Substanziell«, das soll ja heißen, dass das Ergebnis der Einigung sehr wichtig und grundlegend ist und man also einen großen Schritt vorangekommen ist. Wenn die Wähler daraufhin aber merken, dass von Substanz eigentlich keine Rede sein kann, verlieren sie mehr und mehr das Gefühl dafür, welche der unüberschaubaren politischen Entscheidungen, die im ständigen Reigen von Krisentreffen, Gipfeln und Koalitionsausschüssen alltäglich getroffen und mit großem rhetorischen Pomp verkündet werden, überhaupt noch von Belang und mithin wirklich »substanziell« sind – und welche doch nur marginal.

Es ist eine unausgesprochene Regel des Politikbetriebs, dass die Volksvertreter die Substanz umso mehr beschwören, je weniger sie vorhanden ist – und die Stabilität umso eindringlicher, je stärker die eigene Machtbasis ins Wanken gerät. Doch damit entwerten sie ihre Glaubhaftigkeit bei den Wählern – und damit ihre politische Stabilität – jedes Mal ein bisschen mehr. Als Markus Söder am Abend der bayerischen Landtagswahl vor den Kameras stand, hatte er für die CSU fast die schlimmsten Verluste eingefahren, die die Partei je hatte erleiden müssen. Söder stand maximal unter Druck; schon vor der Wahl hatten schließlich viele laut über die Prozentmarke nachgedacht, bei der er als Ministerpräsident würde zurücktreten müssen. Für Söder ging es bei der Wahl um alles oder nichts. Je öfter er am Wahlabend also »Stabilität« sagte, umso stärker bekamen die Zuschauer den Eindruck, mit dieser Stabilität (der Söders und der CSU) könne es nicht mehr so weit her sein.

Dieser Mechanismus ist natürlich nicht nur ein deutsches Phänomen. Auch in anderen Ländern sind Politikerinnen und Politiker umso versessener auf stabile Verhältnisse, je unklarer und instabiler die politische Gesamtlage ist, wie ein Blick nach Großbritannien zeigt. Seit dem Brexit-Votum im Juni 2016, bei der eine knappe Mehrheit der Briten für den Austritt Großbritanniens aus der Europäischen Union stimmte, taumelt die britische Politik zwischen Aufbruchsfloskeln und Untergangsdrohungen und ist so gespalten wie vielleicht nie zuvor. Die Unsicherheit in der Bevölkerung ist weiterhin groß, ob der EU-Austritt sich für Großbritannien wirklich, wie die Brexit-Befürworter ihnen glauben machen wollen, positiv auszahlen wird oder erhebliche politische und wirtschaftliche Nachteile bis hin zu einer Isolierung in Europa mit sich bringt. Und viele, die im Juni 2016 mit »Yes« stimmten, wünschten sich schon kurz darauf ein abermaliges Referendum, um den Austritt aus der EU noch in letzter Minute zu verhindern.

Kaum eine Politikerin steht so paradigmatisch für den inneren Kampf, den viele Briten mit sich und dem Brexit ausfechten, wie Premierministerin Theresa May. Als Innenministerin unter ihrem Vorgänger David Cameron, der sich mit dem Brexit-Votum eigentlich nur eine bessere Verhandlungsposition gegenüber der EU hatte verschaffen wollen und vom »Yes« dann ebenso überrascht wurde wie die Chef-»Brexiteers« Boris Johnson und Nigel Farage, stand die konservative May einem EU-Austritt eigentlich skeptisch gegenüber. Beim Brexit-Votum stimmte sie mit »Nein«. Trotzdem musste sie den Austritt dann, als Premierministerin, verhandeln – und vor allem entgegen ihrer eigenen Überzeugung ihrem taumelnden Volk verkaufen, das sich im Grunde schon bald mehrheitlich jene alte »Stabilität« wieder zurückwünschte, die es als EU-Mitglied so lange als »Gängelung aus Brüssel« verteufelt hatte. Wie Söder in Bayern oder die Große Koalition in Berlin musste also auch May einer Stabilität das Wort reden, die es so schon längst nicht mehr gab – und das machte sie erstaunlicherweise mit exakt denselben Phrasen wie ihre Kollegen in Deutschland.

Vor der Parlamentswahl im Mai 2017, die May nach dem Brexit-Entscheid angekündigt hatte, um sich eine breitere Unterstützung für ihren (jetzt Pro-Brexit-)Kurs zu verschaffen – eine Hoffnung, die, wie sich herausstellte, kaum mehr als eine Hoffnung blieb –, übte sich der BBC-Reporter Tom Moseley in Statistik. Er zählte, wie oft die konservativen Tories, die den Briten den Brexit schließlich erst eingebrockt hatten, in ihren Reden die Phrase »strong and stable« verwendeten – ihren Slogan, mit dem sie in die Parlamentswahl zogen. »Stark und stabil«, das sollte die Angst vieler Wähler mildern, die sich nach der Entscheidung ungläubig die Augen rieben und jetzt plötzlich die größten Bedenken vor dem Austritt des Vereinigten Königreichs aus der EU hatten. Nicht umsonst war die Botschaft der Phrase, die fast wortgleich Merkels »stabilen und klaren Verhältnissen« glich, dieselbe wie die der CDU in Deutschland: Wenn ihr uns wählt, bleiben die Dinge in Ordnung. Dann bricht kein Chaos aus. Die Botschaft war den Tories so wichtig, dass sie sie bei jeder sich bietenden Gelegenheit wiederholten. Allein im Unterhaus fiel die Phrase nach der Zählung von Moseley binnen zehn Tagen nach Mays Wahlankündigung 25-mal; immerhin 16-mal wurde »strong and stable« demnach in der traditionellen Fragestunde mit der Premierministerin am 26. April im Unterhaus (»Prime Minister's Question«) verwendet. Und in ihrer Rede vor dem Unterhaus erwähnte May die Phrase mit 12-mal so oft, dass der Labour-Politiker Paul Flynn danach den Speaker entnervt fragte, ob Tory-Politikern ein Mikrochip implantiert werde, der sie alle 18 Sekunden die Wörter »strong and stable« sagen lasse[9].

Auch bei Wahlkampfauftritten vor der Parlamentswahl betonte May die Wendung bei jeder Gelegenheit. Eine »instabile Koalition von spalterischen Nationalisten« habe mit dem Brexit-Votum »Unsicherheit und Instabilität« verursacht, kritisierte sie Ende April 2017 bei einer Veranstaltung in Wales. Um dann hinterherzuschieben, nur ihre Partei, die Konservativen, könne eine »starke und stabile Führung« (»strong and stable leadership«) anbieten.[10] Mit dem vagen »strong and stable« konnte May im Zweifel nicht viel falsch machen, was, wie wir schon erwähnt haben, ja das Gute an Phrasen ist: Sie konnte sich als besorgte Premierministerin geben, die jetzt zwangsläufig den Schlamassel beseitigen muss, den die »Brexiteers« angerichtet haben. Und sie konnte zumindest versuchen, von der Tatsache abzulenken, dass es gerade ihre eigene Partei gewesen war, die dafür gesorgt hatte, dass die politischen Verhältnisse in Großbritannien eben nicht mehr »strong and stable« waren. Auch das ist eine Funktion politischer Phrasen: Man versucht mit ihnen, sich rhetorisch so lautlos von sich selbst zu distanzieren, dass es hoffentlich nicht zu viele merken. Das Problem ist aber: Viele merken es. Denn auch viele Briten haben es May bis heute nicht vergessen, dass sie vor der Brexit-Entscheidung deutlich anders gesprochen hatte als danach. »In der Abwägung glaube ich, dass die Argumente für einen Verbleib in der EU stark sind«, hatte May im April 2016, noch als Innenministerin, in einer Rede gesagt.[11] Eine Woche nach dem Votum habe sie hingegen plötzlich eine 180-Grad-Wende vollzogen und ihre Wahlkampagne für den Posten als Premierministerin mit dem Satz »Brexit heißt Brexit« begonnen, klagte die *Financial Times*.

Warum blieb May dann trotzdem dabei, Phrasen wie »strong and stable« immer und immer wieder zu wiederholen, wenn selbst unbedarften Beobachtern schnell klar geworden sein muss, dass sie damit auch ihre eigene Rolle und die ihrer Partei konterkariert? Oder, auch mit Blick auf Deutschland: Warum bleiben Politiker wie Markus Söder selbst dann beharrlich bei Begriffen wie »Stabilität«, »Verantwortung«, »Zukunft« oder »Demut«, wenn offensichtlich ist, dass es nur Phrasen sind? Weil sie für sie komfortabel sind und weil sie an sie gewöhnt sind, wie wir gelernt haben. Aber auch, weil sie zu Recht davon ausgehen, dass selbst unglaubwürdige Botschaften bei den Wählern verfangen, wenn man sie nur oft genug sagt. »Wir müssen dieselben Wörter wieder und wieder wiederholen«, sagte der frühere Spindoktor von Tony Blair, Lance Price, im April 2017 der *BBC*.[12] »Und ganz egal, ob die Journalisten davon zu Tode genervt sind: Das Wichtigste ist, dass die Wähler dieselbe Formulierung viele Male hören müssen, bis sie in ihr Unterbewusstsein einsickert und beginnt, eine Antwort zu erzeugen.« Was aber nach Price nicht zwangsläufig bedeutet, dass die Phrase auch einen tieferen Sinn haben muss.

In der politischen Rhetorik siege eben nicht derjenige, der die besseren Argumente habe, sondern derjenige, der sich am besten gegen fremde Argumente abschotte und auf unermüdliche Wiederholung der eigenen setze, glaubt auch der Magdeburger Soziologe Rainer Paris. »Man muss einen Begriff nur so lange immer wieder verwenden und penetrant wiederholen, bis er für alle Beteiligten zu einer unumstößlichen Tatsache wird, die von niemandem mehr bezweifelt werden darf«, sagte Paris im September 2016 dem Sender *Deutschlandradio Kultur* für einen Artikel mit dem bemerkenswerten Titel »Das Prinzip Penetranz«.[13] Paris zufolge sind wir alle gegen die »penetrante Wiederholung einer Behauptung«, an der ohne Rücksicht auf Gegenargumente einfach stur festgehalten wird, »eigentümlich wehrlos«. Auch wirke die Wiederholung als »Mechanismus der Selbstagitation und des Abdrängens jedweden Zweifels«. Auf unsere Phrasen übertragen hieße das: Selbst wenn es eigentlich jedem klar sein müsste, dass die »Stabilität«, von der May sprach, und auch die »Stabilität« Markus Söders in Bayern kaum mehr als ein Wort ist, sickern die Phrasen durch ständige Wiederholung so ins Unterbewusstsein der Wählerinnen und Wähler ein, dass diese irgendwann vielleicht wirklich daran glauben, nur May und Söder könnten für Stabilität sorgen. Und für May wie für Söder hat das Herumreiten auf den immer gleichen Begriffen noch den zusätzlichen Vorteil, dass sie in einer großen autosuggestiven Selbstvergewisserung potenziell auch im eigenen Lager die Reihen hinter sich schließen können.

Auch Jim Messina, der frühere Wahlkampfleiter von Barack Obama, der nach britischen Medienberichten im Parlamentswahlkampf 2017 für Theresa May arbeitete, hat sich mit der Funktion der Wiederholung politischer Phrasen ausgiebig beschäftigt. Laut Messina denken Wähler pro Woche lediglich vier Minuten über Politik nach, wie er im April 2017 im Gespräch mit der *BBC* erklärte.[14] Deshalb müssten Politiker ihre Botschaften so einfach und klar wie möglich formulieren – und so oft wie möglich in der Hoffnung wiederholen, eines der raren 4-Minuten-Fenster zu erwischen.

Das plastischste, aber auch erschreckendste Beispiel für diesen Mechanismus des unterbewussten Einsickerns politischer Phrasen ist indes nicht Theresa May, sondern der amerikanische Präsident Donald Trump. Der Republikaner steht paradigmatisch für eine Verrohung der politischen Sprache, die in Amerika (wie mittlerweile leider auch in Deutschland) mit teils kalkulierten, teils unbeherrschten Tabubrüchen, Herabwürdigungen, Beschimpfungen und einem menschenverachtenden Vokabular an die Stelle von sachlichen Argumenten und einer angemessenen Debattenkultur getreten ist. Trump ist auch das Paradebeispiel dafür, wie tief Politiker mit ständigen Wiederholungen selbst offenkundiger »Fake News« in das Bewusstsein der Wähler eindringen können. Der amerikanische Nachrichtensender *CNN* hat 2017 gemeinsam mit der Sprachwissenschaftlerin Jennifer Sclafani von der Washingtoner Georgetown University Trumps Sprache in den ersten drei Monaten seiner Präsidentschaft untersucht und die häufigsten Zwei-Wörter-Phrasen identifiziert. Das Ergebnis: Trump wiederholte Phrasen wie »Believe me«, »Billions and billions of dollars« oder »We're going to make« in Dutzenden seiner Reden immer wieder – und das aus einem bestimmten Grund, wie Sclafani am Beispiel »We're going to take care of« (»Darum werden wir uns kümmern«) zeigte.[15] Indem Trump diese Phrase so betone, vermittele er das Bild, das Volk sei die Familie und der Präsident der fast allmächtige, »autoritäre« Vater, der sein Volk diszipliniere und beschütze. Wenn man so will, ist Trumps »We're going to take care of« das amerikanische Äquivalent der deutschen Politikerphrase »die Sorgen der Menschen ernst nehmen« – nur ins Trump-Typische, fast Mafiöse gesteigert. Je öfter Trump solche Phrasen wiederholt, umso mehr sickern sie ins Bewusstsein seiner ihm ergebenen Anhänger ein und stärken bei ihnen seine Position. Womöglich, das ist das Gefährliche an der subversiven Kraft der Wiederholung, funktioniert das selbst bei gemäßigteren Republikanern, die von sich behaupten würden, gegen Trump und seine Sprache immun zu sein. Das gilt für vergleichsweise harmlose Trump-Phrasen wie »We're going to take care of«, aber auch für seine verbalen Angriffe gegen das vermeintliche »Establishment« im »Sumpf« von Washington.

Das Prinzip Penetranz sei deshalb so erfolgreich, weil es auf Auslaugung und Zermürbung setze, sagt Rainer Paris. Es sei letztlich das Ruhebedürfnis der anderen, das die lautstarken Kleingruppen siegen lasse: Irgendwann gäben die Mehrheiten ihren Widerstand auf, oft weil sie hofften, wenn man die Forderungen erfülle, werde die ständige Propaganda und Belästigung endlich aufhören. Oder, wie Paris es formuliert, ohne Trump oder andere beim Namen zu nennen: »Entschlossene Dummheit gewinnt.«[16] Das gilt auch für Trumps Verachtung für die Realität: Je öfter und penetranter er einfach behauptet, dass die Fakten, mit denen etwa die großen amerikanischen Zeitungen wie die *New York Times* oder die *Washington Post* seine offenkundigen Lügen entlarven, »Fake News« seien, umso mehr seiner Anhänger glauben es ihm irgendwann – allen Gesetzen der Rationalität zum Trotz. Auf dieselbe Art gehen in Deutschland manche AfD-Politiker und andere rechtspopulistische Gruppen vor, die sich die Realität so lange nach ihrem Gusto zurechtbiegen und offensichtliche Fakten schlichtweg leugnen, bis es durch die ständige Wiederholung bei ihrer Klientel verfängt. Für die politische Arbeit ist diese Entwicklung fatal; sie beruht zwangsläufig auf der Rationalität von Entscheidungen, auf der sachlichen Abwägung von Argumenten – und letztlich auf der Anerkennung empirischer Wahrheiten. Wenn Empirie und Rationalität aber zunehmend ausgehöhlt werden und von einer wachsenden Gruppe von Menschen und Politikern nicht mehr als absolute Bezugsgröße anerkannt werden: Wie soll eine rationale Politik dann noch verfangen?

Vielleicht, indem man sie viel leidenschaftlicher vertritt und vor allem erklärt als bislang. Insofern sollte nicht nur die AfD, sondern auch Donald Trump ein Grund dafür sein, den leeren politischen Phrasen zugunsten einer weiterhin rationalen, aber streitlustigeren, mutigeren und mitunter auch provokativeren Debattenkultur abzuschwören. Trump sei »ein Präsident des Zorns und des Regelbruchs, der sich nicht nur dem etablierten politischen Personal verweigert, sondern den Grundprinzipien einer aufgeklärten, auf Rationalität und Argumentation fußenden Politik«, schrieb Stefan Kornelius nach Trumps Amtseinführung im Januar 2017 in der *Süddeutschen Zeitung*.[17] »Er ist kein rationaler Entscheider, sondern ein emotionaler Pulsgeber. Und er widerspricht sich auch gerne mal zwischen Sonnenaufgang und Sonnenuntergang.« Diese »Irrationalität« sei die »wichtigste Quelle« von Trumps Macht.

Dasselbe könnte man auch über die AfD und ihren vermeintlichen »Klartext« sagen. Mit Rationalität allein kommt man dieser Irrationalität womöglich nicht bei, nicht bei ihr und nicht bei Trump. Aber vielleicht dadurch, dass die Menschen wieder mehr das Gefühl haben, dass ihre Politiker etwas wagen. Und dass die Botschaften, die sie aussenden, authentisch sind.

9 Zukunft

Für kaum eine Zeit haben Politikerinnen und Politiker so viele schöne Floskeln wie für die Zukunft. Sie fordern einen neuen »Aufbruch«, stellen eine »Erneuerung« in Aussicht, wollen »Impulse für die Zukunft« geben. Sie kündigen an, »zukunftsfähig« zu bleiben oder selbst dann eine neue »Dynamik« zu schaffen, wenn nichts in Sicht ist, das auch nur im Entferntesten nach Dynamik aussieht. Sie wollen »Meilensteine setzen«, »Fahrpläne« ausarbeiten, um »die Zukunft zu gestalten«, oder arbeiten, überraschend genug, gleich auf der ganz großen Leinwand, nämlich an einer »nachhaltigen Politik für das Land«. Auch für diese Zukunftsphrasen gilt, was wir schon für viele andere festgestellt haben: Sie sind für Politiker so nützlich, weil sie alles und nichts bedeuten. Wer weiß denn schon, was in ein paar Jahren, geschweige denn in den nächsten Generationen sein wird? Die Politiker, die heute von der Zukunft reden, sind dann jedenfalls längst Vergangenheit – und jene Wähler, die sie haftbar machen könnten, ebenfalls. Vor allem aber klingen diese Phrasen nach Optimismus und Tatkraft – wer die Zukunft »gestaltet«, nimmt sein Schicksal nicht mehr bloß hin wie ein willfähriges Schaf, sondern packt es selbst beim Schlafittchen und formt die Zukunft nach Belieben wie Knetmasse.

Man kann die meisten dieser Zukunftsfloskeln von Politikern grob in drei Kategorien unterscheiden: in »Erneuerungsphrasen«, in »Gestaltungsphrasen« und in »Nachhaltigkeitsphrasen«. Erneuerungsphrasen sind solche, die dem Wähler Veränderungsbereitschaft und Mut zur inhaltlichen und personellen Tabula rasa signalisieren sollen. Nach einer verlorenen Wahl zum Beispiel plädieren Politiker und Politikerinnen regelmäßig engagiert für die »dringend fällige Erneuerung« der Partei, fordern einen neuen »Aufbruch« oder erklären, dass es ein »Weiter so« nicht mehr geben könne. Man könnte sie also auch Entlastungsphrasen nennen, weil sie vor allem kurzfristig den öffentlichen Veränderungs- und Rücktrittsdruck auf die Politiker reduzieren sollen.

Gestaltungsphrasen wiederum kommen immer dann zum Tragen, wenn Politiker so nebulös wie möglich vom Morgen reden. Dann verheißen sie eine »Zukunft für Deutschland« oder wollen »die Zukunft gestalten«, was an und für sich ja eine verdienstvolle Aufgabe wäre, wenn man denn verstünde, was sie damit meinen. Denn eines werden sie trotz allen rhetorischen Pomps meist nicht: konkret. Wie ein Politiker das ganz handgreifliche Problem zu lösen gedenkt, dass etwa die Mieten in den Städten immer unerschwinglicher werden, wird nur unzulänglich klar, wenn er »die Zukunft gestaltet«.

Nachhaltigkeitsphrasen schließlich drehen ein noch größeres Rad; sie handeln in der Regel von grundlegenden ökologischen und gesellschaftsökonomischen Fragen wie dem Klimaschutz, der Energieversorgung oder der Zukunft der Rentenversicherung – allesamt so vielschichtige und abstrakte Themen, dass man nie etwas falsch macht, wenn man sie »nachhaltig« angehen will. Oder haben Sie etwas dagegen, dass ein Politiker nicht nur das große Ganze seiner Zeit, sondern auch die ferne Zukunft im Blick hat? Sehen Sie!

Zum Problem wird die Sache wieder erst dadurch, dass diese Phrasen so inflationär benutzt werden – und manchmal sogar das Gegenteil dessen bedeuten, was sie vordergründig vermitteln sollen. Nehmen wir noch einmal die Nachhaltigkeitsfloskeln, deren Problematik schon im Namen mitschwingt. Denn das Wort »Nachhaltigkeit« wird seit ein paar Jahren dermaßen oft verwendet, dass es zu einem der zentralen Begriffe der modernen politischen Sprache geworden ist und auf erschreckende Art zeigt, wie ein einstmals ehrenwertes, höchst sinnhaltiges Wort zu einer leeren Phrase verkommen kann. Als Schöpfer des modernen Nachhaltigkeitsbegriffs gilt heute Hans Carl von Carlowitz, der 1713 in seinem Buch *Sylvicultura oeconomica*, dem ersten Werk über die Forstwirtschaft, eine »nachhaltende Nutzung« von Brennmaterial forderte.[1] Damit war Carlowitz wohl der Erste, der die Gedanken der Ressourcenschonung und Regeneration als ökonomische Grundlage definierte. Trotzdem wurde der Begriff »Nachhaltigkeit« bis in die 1980er-Jahre hinein fast ausschließlich mit seiner ursprünglichen Bedeutung konnotiert: dass eine Sache oder Handlung andauert oder länger erfolgreich ist. Erst das Aufkommen der ökologischen Bewegung um die Grünen und das damit einhergehende zunehmende Bewusstsein für die globale Ressourcenverschwendung und die Bedeutung eines regenerativen Wirtschaftens machte »Nachhaltigkeit« auch zu einem politischen Wort. Damals, in den 1980er-Jahren, war der von Beginn an schwammige Begriff auch noch vergleichsweise scharf umrandet und meinte, im Sinne Carlowitz', einen schonenderen und langfristigeren Umgang mit den begrenzten Naturressourcen des Planeten: nicht mehr zu verbrauchen, als nachwachsen kann. Zu dieser Zeit war das Wort »Nachhaltigkeit« also noch eine klare ökologische politische Forderung, die die Debattenkultur im Land veränderte. Erst später folgte das »Drei-Säulen-Modell«, das die EU 1997 mit dem Vertrag von Amsterdam etablierte.[2] Demzufolge umfasst Nachhaltigkeit mittlerweile nicht mehr nur die Ökologie, sondern auch ökonomische und soziale Errungenschaften wie die Demokratie.

Auch diese Weitung des Begriffs führte dazu, dass mittlerweile fast alle Parteien ihn in ihr Standardvokabular übernommen haben. Kaum ein heutiger Politiker, in dessen Reden das Wort »nachhaltig« nicht auftaucht und der sein Handeln nicht mit dem Verweis auf künftige Generationen begründen würde. Dabei hat sich das Wort längst von seiner ursprünglichen, rein ökologischen Bedeutung gelöst: Mittlerweile fordern Politikerinnen und Politiker nicht nur eine nachhaltige Landwirtschaft oder eine nachhaltige Klimapolitik, sondern auch eine nachhaltige Renten-, Bevölkerungs- oder Wirtschaftspolitik und fühlen sich immer gut dabei, weil »nachhaltig« so verantwortungsvoll und weitsichtig klingt. So ist »Nachhaltigkeit« zu einer zentralen politischen Symbolvokabel geworden, mit der Politiker vermitteln wollen, dass sie nicht selbstsüchtig nur die eigene Generation (und die eigene Wählerschaft) im Blick haben, sondern selbstredend immer auch die Zukunft der nachfolgenden Generationen mitdenken. Fast jeder Koalitionsvertrag der letzten Jahre führt die Nachhaltigkeit deshalb an zentraler Stelle an, wie jener der Großen Koalition von 2013, in dem das Wort »nachhaltig« mehr als 70-mal vorkam und der in der so universellen wie hohlen Wendung von einer »Strategie für nachhaltigen Fortschritt« gipfelte.[3]

Diese Formulierung zeigt das Problem wie in einem Brennglas. Denn was ist damit eigentlich noch gemeint, mit einer »Strategie für nachhaltigen Fortschritt«? Geht es noch um die Schonung ökologischer Ressourcen, oder meint der Satz eher das Gegenteil, ein möglichst lang anhaltendes Wirtschaftswachstum, das im Zweifel auf die Ressourcen pfeift? Was bedeutet Nachhaltigkeit noch, wenn Manager in Konzernen von einer »nachhaltigen Personalentwicklung« sprechen, damit aber völlig andere Ressourcen als die ökologischen meinen, nämlich ihre Mitarbeiter, die sie mit flexiblen Arbeitszeiten und einer präventiven Gesundheitsförderung langfristig an das Unternehmen binden wollen? Heißt nachhaltig also, dass man ganz allgemein lang anhaltende, dauerhafte Entscheidungen anstrebt wie der Gewerkschaftsführer, der für seine Leute eine »nachhaltige Lohnerhöhung« herausholen will? Oder, noch allgemeiner: Dass ein Politiker sich, wenn er von einer »nachhaltigen Entscheidung« spricht, schlicht der Tatsache bewusst ist, dass die Politik, die er heute macht, Auswirkungen auch auf die Zukunft haben wird (was eine Binse sondergleichen ist)? Das alles bleibt im Trüben – und ist in etwa so, als würden Sie Ihren Kindern auf die Frage, warum sie ausgerechnet heute ihre Zähne putzen sollen, antworten: »Weil das einen nachhaltigen Fortschritt gewährleistet.« Stattdessen sollten Sie ihnen lieber klipp und klar sagen, dass sie sonst in ein paar Jahren keine Zähne mehr im Mund haben werden und nur noch Brei essen können.

Der Begriff der »Nachhaltigkeit« verkomme zur »konsensstiftenden Leerformel«, kritisierte Anke Höltermann, wissenschaftliche Mitarbeiterin am Institut für Forstökonomie in Freiburg, schon im April 2001 gegenüber der *F.A.Z.*[4] Auch der Freiburger Sprachwissenschaftler Uwe Pörksen glaubte bereits damals, das Wort habe »inzwischen die Schwelle zu jenen mehrheitsfähigen Plastikwörtern überschritten, die in ihrer Vieldeutigkeit einen allgemeinen Konsens herbeiführen, ohne bestehende Konflikte zu lösen«.[5] Diese Schwelle liegt mittlerweile schon weit hinter uns. »Nachhaltigkeit« ist zu einer vagen Feel-Good-Phrase für politische und wirtschaftliche Weitsicht, Ausgewogenheit und somit Ausdruck eines politisch opportunen Zeitgeistgefühls geworden. Der Begriff stehe ganz allgemein »für die gute

Absicht unter Einschränkung eigener Bedürfnisse«, schrieb Axel Bojanowski 2014 in einem Essay für die Zeitschrift *Aus Politik und Zeitgeschichte* und traf damit ziemlich genau den Punkt.[6]

Für die Politik, aber auch für die Authentizität politischer Sprache, ist diese Entwicklung fatal. Denn damit wird Nachhaltigkeit im ursprünglichen, ressourcenschonenden Sinne als bedeutende Handlungsmaxime der Politik in der öffentlichen Wahrnehmung zunehmend entwertet. Wenn der FDP-Vorsitzende Christian Lindner im Mai 2018 bei einem Auftritt an der Universität Regensburg etwa davon spricht, »nicht populäre Politik sei nachhaltige Politik«, sondern es gehe »um die richtigen Zukunftsentscheidungen, die man dann populär machen müsse«, dann ist das an vager Beliebigkeit kaum zu überbieten und beispielhaft für den fahrlässigen Umgang vieler politischer Akteure mit einem einst inhaltsschweren Begriff. Denn wenn alles »nachhaltig« und in einem unüberschaubaren Wust aus ökologischen, wirtschaftlichen und sozialen Konnotationen miteinander verknäuelt ist: Wer will dann noch Wichtiges von Nachrangigem und epochale Ressourcenfragen von leerer »Feel-Good-Rhetorik« trennen? Hinzu kommt, dass die Diskrepanz zwischen der immer größeren Betonung der Nachhaltigkeit in der politischen Kommunikation und ihrem tatsächlichen Stellenwert zunehmend offensichtlich wird. »Zwar spielt Nachhaltigkeit in der Kommunikation der Bundestagsfraktionen eine immer größere Rolle«, stellte der WWF schon 2012 in seinem »Politikbarometer zur Nachhaltigkeit in Deutschland« fest.[7] So würden Vorhaben verstärkt mit Nachhaltigkeitserfordernissen begründet. Dennoch finde selten eine strategische Priorisierung von Nachhaltigkeit unter Berücksichtigung aller drei Teildimensionen – ökologisch, wirtschaftlich und sozial – statt.

Das politische Problem der Phrase »Nachhaltigkeit« ist aber

auch ein journalistisches. Denn wie wir bereits an einigen Beispielen in diesem Buch gesehen haben, sind es auch viele Journalisten, die unter dem wachsenden Konkurrenzdruck oder aus mangelndem Problembewusstsein heraus zur Inflation von Floskeln und damit zur zunehmenden Entleerung politischer Sprache beitragen. Seine »Mehrdeutigkeit« mache den Begriff Nachhaltigkeit »unbrauchbar für die präzise journalistische Berichterstattung«, schrieb Axel Bojanowski in seinem Essay.[8] Auch unter Journalisten gebe es zwar eine »verbreitete Sehnsucht nach Nachhaltigkeit«. Sie sollten sich aber »nicht von Wunschbildern leiten lassen«, empfahl Bojanowski, weil der Begriff »Nachhaltigkeit« die »komplexen Zusammenhänge der Natur und die zwischen Umwelt und Gesellschaft« verschleiere und keine Antworten liefere, sondern Fragen aufwerfe. Gegen diese Forderung, vom Begriff der Nachhaltigkeit Abstand zu nehmen, sprach sich wiederum Frank Uekötter 2014 in seinem Essay für dieselbe Ausgabe von *Aus Politik und Zeitgeschichte* aus.[9] Es spreche mehr für das »hartnäckige Nachfragen: Was genau ist mit ›Nachhaltigkeit‹ gemeint, welche materiellen und immateriellen Ressourcen erfordert die jeweils postulierte Politik, welche anderen Interessen sind davon tangiert, und wie geht man damit um? Wenn dann nur die altbekannten Worthülsen kommen, weiß man immerhin Bescheid.« Damit formulierte Uekötter gleichsam eine allgemeine Handreichung für den Umgang mit den Phrasenwolken von Politikern: Je mehr die leere Sprache zunimmt, desto mehr stehen auch wir – Wähler und Journalisten – in der Verantwortung, hartnäckiger nachzufragen, zu differenzieren und die Politik nicht mit vagen Plattitüden durchkommen zu lassen.

Zugleich müssen auch wir, die Bürger, in unserer Sprache präziser werden. Das hat die Sprachwissenschaftlerin Elisabeth Wehling in ihrem Buch über politisches Framing eindrucksvoll am Begriff »Klimawandel« gezeigt, der nicht nur in Politik und Medien, sondern von uns allen längst wie selbstverständlich genutzt wird. Schon mit dem abstrakten Begriff »Klima«, der offen lasse, »wo wann was und wie im Einzelnen eintritt«, werde das Problem der globalen Erwärmung »gedanklich in weite Ferne von unserem Alltag gerückt«, schreibt Wehling.[10] Das Wort »Wandel« sei ähnlich abstrakt, vor allem aber neutral, weil Dinge sich sowohl zum Guten als auch zum Schlechten »wandeln« könnten. So bezeichne die Idee des Wandels schlicht, dass sich ein Zustand verändere – eine Aussage darüber, ob sich die Lage dadurch verschlechtere, verbessere oder eben nur ändere, ohne dass es besser oder schlechter werde, sei nicht Teil des Frames. Indem wir selbst den Begriff »Klimawandel« gedankenlos übernommen haben und alltäglich nutzen, bestärken wir den Rahmen demnach immer weiter, wonach die drohende Klimakatastrophe nur eine abstrakte, vage Angelegenheit der fernen Zukunft ist, die uns nicht unmittelbar etwas angeht. Auch wir folgen dabei also jenem Grundsatz, den wir den Politikern so gern anlasten: große Worte first, Verantwortung second, wie Christian Lindner vielleicht sagen würde. Dabei könnte man statt »Klimawandel« durchaus »Klimaverschlechterung« sagen, wie Wehling vorschlägt – schließlich ist diese Verschlechterung längst so offenkundig, dass selbst der amerikanische Präsident immer größere Mühe hat, seine ignorante Haltung gegenüber dem Klimaschutz durchzuhalten. Aber nicht nur den Politikerinnen und Politikern, sondern auch uns selbst sind vage Zukunftsfloskeln eben oft angenehmer, weil sie uns genauso aus der unmittelbaren Verantwortung entlassen wie unsere Volksvertreter. Umso wichtiger ist es, sich dessen bewusster zu sein – und hellhöriger zu werden, wenn solche Phrasen auftauchen.

Das gilt genauso für die zweite Art von Zukunftsfloskeln:

die »Gestaltungsphrasen«. Mit ihnen wollen Politikerinnen und Politiker, wie schon bei der Nachhaltigkeit, den Eindruck erwecken, dass sie die schwierigen Herausforderungen der kommenden Zeit tatkräftig und unverzagt angehen werden. Es gibt sie in mannigfaltigen Variationen, die sich allesamt durch eines auszeichnen: durch maximale Inhaltsleere, die mitunter in einem fast lächerlichen Kontrast zum Pathos der Ernsthaftigkeit steht, in dem sie vorgetragen werden. Ein Beispiel gefällig? Als der hessische SPD-Landesvorsitzende Thorsten Schäfer-Gümbel im August 2018 die Wahlkampagne seiner Partei für die Landtagswahl vorstellte, versuchte er seine Wähler mit folgenden visionären Sätzen mitzureißen: »Wir wollen Zukunft gestalten und wir zeigen konkret, wie das geht. Wir haben einen Plan und wir wollen ihn umsetzen.«[11] Ach was! Zwei Sätze und so viele Phrasen, dass man gar nicht weiß, wo man anfangen soll mit der Kritik. »Zukunft gestalten«, mit dem Blick des Wahlkämpfers holt diese Phrase die Partei zwar vielleicht aus der Passivität – sie wartet nicht mehr ergeben auf die Zukunft, sie bestimmt sie aus eigener Kraft. Die Wähler aber hören den Satz und können nur ahnungslos den Kopf schütteln. Denn wie soll das bitte konkret aussehen, wenn man die Zukunft »gestaltet«? Verfügt Thorsten Schäfer-Gümbel über Superkräfte, mit der er sie nach Gutdünken modellieren kann? Auch die Behauptung, dass die SPD einen »Plan« habe, würde mancher schon an sich bezweifeln – dass die Genossen diesen Plan dann aber noch umsetzen wollen: was für Teufelskerle! Ein ähnliches tiefschürfendes Verhältnis zur Zukunft stellte auch Schäfer-Gümbels Parteivorsitzende Andrea Nahles unter Beweis, als sie im Juli 2018 in einem Interview mit der *Frankfurter Neuen Presse* erklärte, die SPD blicke vor den anstehenden Landtagswahlen nicht nur nach Hessen und Bayern, sondern arbeite auch »an der Zukunft für ganz Deutschland«.[12]

Na Gott sei Dank, kann man da nur entgegnen. Oder sind Bundes-
politiker nicht genau dafür gewählt worden?

Die Zukunft, die geformt oder gewonnen wird, ist aber nicht
die einzige Lieblingsvokabel im Politiker-Baukasten für Gestaltungsphrasen. Auch das Wort »Aufbruch« steht auf der Beliebt-
heitsskala weit oben, gerne auch in Verbindung mit »neu« und
»dynamisch«. »Ein neuer Aufbruch für Europa. Eine neue Dynamik für Deutschland. Ein neuer Zusammenhalt für unser Land«,
überschrieb die Große Koalition im Frühjahr 2018 ihren Koalitionsvertrag, was schon an Selbstironie grenzte. Denn wenn diese
abermalige Große Koalition für etwas stand, dann sicher nicht
für eine »neue Dynamik« und erst recht nicht für einen »neuen
Aufbruch«. Auch die schwarz-gelbe Bundesregierung von 2009
überschrieb ihren Koalitionsvertrag in der Präambel mit den
hoffnungsfrohen Worten, man wolle das Land »aus der Krise heraus zu einem neuen Aufbruch in das neue Jahrzehnt führen«.[13]
Dabei ist auch diese Floskel schon für sich genommen entlarvend.
Wenn man aufbricht, um eine Krise endlich hinter sich zu lassen,
dann doch, weil man es bisher offenbar nicht geschafft hat, sie
zur allgemeinen Zufriedenheit zu meistern. Wenn der Aufbruch
dann auch noch ein »neuer Aufbruch« ist, versucht man das also schon zum wiederholten Mal – eigentlich ist die Floskel damit
ein Eingeständnis mehrmaligen Scheiterns.

Ein ähnlicher Bumerang ist der Satz, man wolle nun »den
Weg des Wachstums beschreiten« und »dynamisch denken«,
wie die drei damaligen Parteivorsitzenden Angela Merkel, Horst
Seehofer und Guido Westerwelle 2009 bei der Vorstellung des
Koalitionsvertrags erklärten.[14] Wenn man jetzt »den Weg des
Wachstums« einschlagen will – auf welchem Pfad war man
bitte schön vorher? Auf dem Trampelpfad in die Rezession?
Und wenn man erst jetzt »dynamisch« denkt: Wie hat man denn

bislang gedacht? Statisch und blind für alle Veränderungen? Noch hohler war die Zukunftsphrase, die der frühere Unionsfraktionsvorsitzende Volker Kauder drei Jahre zuvor bemühte, als er 2006 in einem Interview mit der *Zeit* erklärte: »Wir wollen mit der Großen Koalition das Land voranbringen und stoßen bisher bei den Wählern damit auf Zustimmung.«[15] Unerhört! Und man dachte bislang immer, Politiker wollten das Land zurück in die Steinzeit führen. Oder, zwei weitere Beispiele, die Floskeln »Impulse« und »Leitplanken«, die ebenfalls immer wieder auftauchen, wenn es um die Zukunft und ihre Gestaltung geht. Wenn Politikerinnen und Politiker von »Impulsen« sprechen (eine Floskel, die auch in der Managersprache äußerst beliebt ist), die sie etwa bei der Erarbeitung eines neuen Parteiprogramms durch die Einbeziehung der Parteibasis gewinnen wollen, um danach die »Leitplanken« für den künftigen Kurs zu setzen, dann soll auch das nach basisdemokratischem Engagement und rationaler Führungsstärke klingen. Rhetorisch können aber auch diese Begriffe den Politikern leicht auf die Füße fallen. Die Floskel »Impulse« ist schließlich kaum mehr als eine überhöhte Beschreibung der Realität – schließlich ist genau das doch der Kern des politischen Geschäfts: Haltungen, aktuelle Veränderungen und widerstreitende Meinungen von außen, aber auch aus der eigenen Partei aufzunehmen, widerzuspiegeln und daraus Maximen für das eigene politische Handeln abzuleiten. Beim Bild »Leitplanken« schließlich, das nach einem verbindlichen Rahmen für die politische Arbeit und einer Selbstvergewisserung des eigenen Kurses klingen soll, dürfte manchem eher die Gefahr eines Verkehrsunfall in den Sinn kommen, bei dem man aus der Kurve getragen wurde, weil man es mit dem politischen Schleuderkurs auf der Phrasenautobahn mal wieder übertrieben hat.

Warum verwenden die Politiker hohle Phrasen wie diese

trotzdem immer weiter, wenn sie doch wissen, was sie damit bei sich und ihren Wählern anrichten?

Zum einen vielleicht, weil auch sie nur mit Wasser kochen. Wie wir schon gesehen haben, wird von den politischen Vertretern heutzutage verlangt, zu jedem beliebigen Thema in Minutenschnelle ein möglichst druck- und sendereifes tiefschürfendes Statement abzugeben. Man kann es ihnen deshalb manchmal nicht verdenken, dass sie auf Fragen von Journalisten nach komplexen globalen Problemen ebenso global antworten – mit gut klingenden, aber nichtssagenden Gestaltungsphrasen. Womöglich tun sie es aber auch, weil es ihnen, um beim Beispiel »Dynamik« zu bleiben, manchmal gar nicht in erster Linie um den konkreten Wortsinn geht, sondern wiederum um das Framing, also den Rahmen des Gesagten. Und dieser Rahmen beruht auf einem kulturellen Erfahrungs- und Erwartungsschatz, der nicht nur den Politikern, sondern uns allen zu eigen ist und dem wir uns viel weniger entziehen können, als wir es uns oft eingestehen wollen. Das heißt: Wenn wir »Zukunft gestalten« oder »Dynamik« hören, dann verbinden wir damit unweigerlich eine positive Eigenschaft. Dynamisch ist das Gegenteil von unbeweglich und statisch, von zwei Begriffen also, die wir wiederum ebenso unbewusst in einen eher negativen Bedeutungsrahmen setzen. Wer sich nicht bewegt, kann nicht auf notwendige Veränderungen reagieren – dieses Bewertungsmuster ist uns so eingeprägt, dass wir dafür in unserer Alltagssprache viele Redewendungen entwickelt haben: »Stillstand ist der Tod« ist nur eine davon. Politikerinnen und Politiker nutzen phrasenhafte Begriffe wie »Dynamik«, »Impulse« oder »Aufbruch« also auch deshalb, weil sie bei den allermeisten selbst dann unweigerlich einen positiven Effekt erzeugen, wenn wir davon überzeugt sind, gegen solche Floskeln immun zu sein. Dasselbe gilt auf eine Art für den Begriff

»Zukunft«. Auch sie, die noch offen und unbeschrieben vor uns liegt und die Chance auf Besserung verheißt, rahmen wir unwillkürlich positiver ein als die »Vergangenheit«, die längst unabänderlich hinter uns liegt. Auch dieser Deutungsrahmen ist uns so vertraut, dass wir im allgemeinen Sprachgebrauch flankierende Begriffe für ihn entwickelt haben. Wenn wir etwa sagen, jemand sei »rückwärtsgewandt«, und einem Freund raten, er solle nicht zurückschauen, sondern lieber nach vorne, dann entspricht das genau diesem Rahmen. Elisabeth Wehling hat in ihrem Buch in diesem Zusammenhang von einem eindrücklichen Experiment berichtet. Eine Reihe von Probanden wird in zwei Gruppen unterteilt. Die eine liest einen Text, in dem Begriffe wie »aggressiv«, »unfreundlich« oder »unhöflich« vorkommen, die andere einen mit Begriffen wie »respektieren«, »sensibel« oder »höflich«. Das Erstaunliche ist: Als sich die gesamte Gruppe danach über die Texte austauscht, verhalten sich die Probanden mit dem »aggressiven« Text fordernder als jene mit dem »höflichen« Text, die länger abwarten und höfliche Zurückhaltung zeigen.[16] Das Experiment belegt abermals: Sprache hat einen mitunter unmerklichen, aber unmittelbaren Einfluss auf unser (Sozial-)Verhalten.

Tun Politiker dann also nicht doch recht daran, weiter auf ihre Zukunfts- und Erneuerungsphrasen zu setzen, auf Dynamik, Aufbruch, Zukunft und Nachhaltigkeit? Weil diese Phrasen rhetorisch zwar platt und inhaltlich entleert sein mögen, beim Wähler unterbewusst aber vielleicht trotzdem ihre Wirkung entfalten? Ja und nein. Ja, weil sie mit Floskeln wie »Dynamik« oder »Zukunft« zwar dem unbewussten Deutungsrahmen der Öffentlichkeit entsprechen mögen, die sie unweigerlich eher positiv konnotiert. Das allein verbessert vielleicht noch nicht unmittelbar die Lebensumstände des Wählers, vermittelt ihm aber zumindest ein wohliges Gefühl, was für das Verhältnis zu den Politikern ja nie schaden kann. Aber auch nein, weil durch die Vermittlung wohliger Gefühle und die Aktivierung herrschender Deutungsmuster allein noch keine wirkliche Veränderung eintreten kann. Anders gesagt: Je wolkiger Politiker von der fernen, aber gerechteren Zukunft reden, umso mehr untergraben sie das Vertrauen ihrer Wähler, schon in der Gegenwart konkrete Verbesserungen für ihr Leben erreichen zu können.

Richtig, spätestens an diesem Punkt müssen wir noch einmal über die SPD reden. Denn vielleicht spricht derzeit keine andere Partei so viel über die Zukunft – über die der Deutschen und über die eigene – und hat doch so wenig Wörter für sie. Wenn die SPD von der Zukunft redet, dann in technokratischen Phrasen, die selbst die Spitzenpolitiker in Berlin kaum über die Lippen bringen. Dann sagen die Genossen Wörter wie »sachgrundlose Befristung« (bei Arbeitsverträgen), »doppelte Haltelinie« (bei der Rente) oder »Rückkehr zur paritätischen Finanzierung« (in der Krankenversicherung). Allesamt wichtige Begriffe, die über die Zukunft der Wähler entscheiden, fürwahr – nur dass sie niemand versteht. Als Gerhard Schröder noch Kanzler und SPD-Vorsitzender war, hätte er statt »doppelte Haltelinie« wohl »mehr Geld für Rentner« gesagt und statt »Parität«, »jetzt zahlen die Arbeitnehmer endlich wieder weniger und die Arbeitgeber mehr für die Krankenversicherung«. Das wäre klar, volksnah und praktisch phrasenfrei gewesen. Und danach hätte er sich vielleicht »mal 'ne Flasche Bier« erbeten. Andrea Nahles oder Olaf Scholz hingegen warten ab, trinken Tee und sagen Parität – und wundern sich danach ernsthaft darüber, warum ihrer Partei die Wähler weglaufen.

Es ist, als leide die SPD unter einer Wortfindungsstörung und müsse nun dringend zum Logopäden, um ihre Sprechmuskulatur vom Zwang zu befreien, ständig technokratische Phrasen auszustoßen. Immerhin haben die Genossen diese Erkenntnis mittlerweile auch selbst erlangt – wenngleich bislang ohne großen Lerneffekt. Die SPD verfüge nur noch über ein »bescheidenes Arsenal an rhetorischen Figuren und Ausdrücken, um ihre politischen Vorhaben überzeugend zu präsentieren«, konstatierte im Juni 2018 eine parteiinterne Studie, die die Gründe für die Niederlage bei der Bundestagswahl in nachgerade luzider Klarheit analysierte.[17] Die SPD habe das Besetzen von Begriffen, das Framing, zu lange »geradezu sträflich vernachlässigt«, schrieben die Autoren, unter ihnen ein früherer *Spiegel*-Journalist und der SPD-Wahlkampfmanager Frank Stauss. Die Union hingegen habe die »Bedeutung der Semantik« seit 2013 längst wieder erkannt – gemäß dem alten Wort ihres früheren Generalsekretärs Heiner Geißler, wer die Begriffe besetze, besetze die Köpfe. »Begriffe wie ›Steuerlast‹, ›Steuervermeidung‹, ›soziale Wohltaten‹ oder ›Flüchtlingsstrom‹ haben es schleichend-unauffällig in den scheinbar politisch-neutralen Wortschatz geschafft, auch in den der Medien – und transportieren nebenbei ein stramm konservatives beziehungsweise nationales Gesellschafts- und Weltbild«, heißt es in der Studie weiter. Die SPD sei gegenüber diesem bewussteren Umgang mit politischer Sprache hoffnungslos im Hintertreffen: Während etwa der Unions-Begriff »Lebensleistungsrente« ein Gefühl von »Würde, Respekt und Anerkennung für die Leistung der heutigen RentnerInnen« vermittle, habe der konkurrierende SPD-Begriff »Solidarrente« nie mithalten können, weil er »zu abstrakt, zu nüchtern und quasi emotionsfrei« sei. »Gedankenlos« sei der sozialdemokratische Umgang mit politischen Formeln, mahnten die Autoren, auch weil Wörter wie »subsidiär Schutzberechtigte« (die sachlich in der Tat zwar korrekt, in ihrer emotionalen Bindungskraft an den Wähler aber eine mittlere Katastrophe sind) nicht einmal von führenden Genossen »stotterfrei« ausgesprochen werden könnten. Die SPD habe sich nicht mehr um den Erhalt und die Fortentwicklung ihrer »erlahmten Rhetorik« gekümmert. Deshalb habe die Partei den »reflexhaften Reaktionen« der Konservativen, wenn es um die Absicherung von Risiken und das Gewähren sozialer Leistungen gehe, »semantisch nichts entgegenzusetzen«.

Und noch ein Punkt war den Autoren der Studie so wichtig, dass sie ihm sogar eine eigene Kapitelüberschrift widmeten: »Die Angst vor Klartext« in der SPD. Mutlos, diskursscheu, technokratische Botschaften ohne erkennbare Haltung – im Bemühen, als Volkspartei »möglichst viele Interessen einer zunehmend differenzierten Gesellschaft einzubinden« und keine Interessengruppe zu verprellen, sei die SPD auch rhetorisch zu einem zahnlos-technokratischen Tiger verkommen und habe »rundum Profil eingebüßt«, so die bittere Diagnose. Das Fazit der Studie fiel entsprechend kategorisch aus: Die SPD brauche dringend mehr Klarheit in der Sprache, wenn sie den Kontakt zu den Wählern wiederherstellen wolle – auch auf die Gefahr hin, dass dabei die ein oder andere Wählergruppe verloren zu gehen drohe. »Ob beim Thema Flüchtlinge, ob zu Globalisierung, Innere Sicherheit oder Dieselgate: Immer versuchte die Parteispitze, es möglichst vielen recht zu machen«, hieß es in der Studie. »Vielleicht vermeidet man so politische Konflikte. Aber Profil erarbeitet man sich so nicht.«

Man möchte hinzufügen: auch keine Glaubwürdigkeit. Und das wiederum führt uns zur dritten Kategorie von Zukunftsphrasen: den Erneuerungsfloskeln, zu denen die SPD ebenfalls ein spezielles Verhältnis hat, auch wenn sie keine Spezialität nur der deutschen Sozialdemokraten sind. Politiker aller Parteien lieben diese Floskeln so sehr, dass sie sie besonders an Wahlabenden wie ein Mantra vor sich hin sagen, sobald eine Kamera angeschaltet ist. Dann überbieten sie sich mit Sätzen wie solchen: Man müsse »jetzt etwas anders machen«. Ein »Weiter so« könne es nicht geben. Es sei dringend »Zeit für eine Erneuerung«. Man müsse »zur Sacharbeit zurückkehren«. Oder, ebenfalls äußerst angesagt: »Personalfragen sind heute Abend nicht das Thema, wir müssen das jetzt erst einmal gründlich aufarbeiten.« Spätestens wenn dieser Satz fällt, ist klar, dass in den nächsten Tagen ausschließlich Personalfragen das Thema sein werden. Auch die »Rückkehr zur Sacharbeit« ist eine weitere entlarvende Floskel, weil Politiker mit ihr im Grunde zugeben, dass ihnen die Sacharbeit bislang offensichtlich nicht so wichtig war. Zudem kann man unter ihr alles und nichts verstehen – vom letzten Komma im drittletzten Paragrafen einer Gesetzesnovelle für den Export von Aktenordnern bis hin zur weltpolitisch dramatischen UN-Sondersitzung wegen einer neuen Eskalation in Syrien. Natürlich nutzen Politiker solche Erneuerungsfloskeln an Wahlabenden, um möglichst schuldbewusst und geläutert zu klingen, wenn offensichtlich ist, dass der Karren angesichts eines schlechten Wahlergebnisses tief im Dreck steckt und es so in der Partei oder der Koalition nicht weitergehen kann. Zugleich wollen sie aber so vage bleiben, um ja nicht zu früh – und ohne Not – eine falsche Äußerung zu machen, die ihnen am Tag darauf, wenn sich der erste Pulverdampf verzogen hat, noch auf die Füße fallen könnte. Immerhin könnte es ja sein, dass ein enges Ergebnis in der Nacht durch mögliche Überhangmandate oder die letzten ausgezählten Wahlkreise noch kippt. Wäre es nicht ein Jammer, wenn man am Ende doch gar nicht so schlecht dastünde, am Sonntag um 19 Uhr in einem Anfall selbstkritischer Aufrichtigkeit aber schon vorsorglich seinen Rückzug aus der Politik verkündet hat?

Trotzdem ist es an dieser Stelle auch Zeit für ein wenig Verständnis für Politiker, die sichtlich sprachlos sind angesichts einer Niederlage, von denen aber trotzdem schon brutalstmögliche Selbstkritik verlangt wird. Es ist ein bisschen wie bei einem Fußballspiel, bei dem die Spieler Minuten nach dem Abpfiff, noch schweißtriefend, an der Seitenlinie von den Journalisten befragt werden und kaum mehr herausbringen als Allgemeinplätze wie »nach dem Spiel ist vor dem Spiel«. Denn zum einen gibt es zu Niederlagen für den Moment ja meist nichts anderes zu sagen, als dass sie wehtun – und das höllisch. Außerdem ist es für die ausgefeilten, über den Tag hinaus weisenden (selbst-)kritischen Analysen meist noch viel zu früh, weil die Spieler noch völlig erschöpft sind und die Tragweite ihrer Niederlage oft noch gar nicht ermessen können. Ganz ähnlich ist es auch mit den Kommunikationsritualen zwischen Medien und Politikern an Wahlabenden: Die Medien fragen schon Sekunden nach der ersten Prognose beharrlich tiefschürfende Fehleranalysen, künftige Festlegungen, persönliche Konsequenzen für die eigene Karriere und differenzierte Koalitionserwägungen ab, die die Politikerinnen und Politiker zu diesem Zeitpunkt aber weder liefern wollen noch können. Also verlegen sie sich auf ihre bekannten (Erneuerungs-)Phrasen, weil man ja irgendetwas in die Kameras sagen muss. Das Problem ist nur: Im Sport mag diese ritualisierte Kommunikation nicht das Vertrauen der Fans in die Torgefährlichkeit ihrer Fußballer beschädigen. In der Politik schadet es aber durchaus, wenn die Diskrepanz zwischen Erneuerungsrhetorik und Realität zu offensichtlich wird.

Und das führt uns wieder zurück zur SPD. Schließlich war diese Diskrepanz bei den Sozialdemokraten spätestens seit der Bundestagswahl 2017 so eklatant, dass das Wort von der »Erneuerung«, das das Willy-Brandt-Haus nach der Wahl als Motto ausgegeben hatte, in der Partei schon als *running gag* galt, weil auf alle Erneuerungsphrasen so wenig echte Erneuerung folgte.

Die SPD sprach von dem Gang in die Opposition, ging dann aber doch in die Große Koalition; sie redete von mehr Basisdemokratie, erweckte in ihrer Personalpolitik aber weiter den Eindruck der Hinterzimmerdiplomatie; sie drohte der Union mit dem Bruch der Koalition, fügte sich dann aber doch immer wieder, weil sie zu große Angst vor Neuwahlen hatte. Und sie schwelgte weiter in ihren technokratischen Phrasen, anstatt endlich jene verständlichere Sprache zu sprechen, die viele an der Basis sich so sehnlich erhofften. Kurz gesagt: Sie blieb verzagt und gelähmt, wo im Angesicht des drohenden Bedeutungsverlusts längst unerschrockener Mut und eine Bereitschaft zur radikalen Neuerfindung verlangt gewesen wären.

Es ist eine seltsame Ironie, dass es ausgerechnet die unangefochtene Meisterin der Phrasen war, die der SPD zeigte, wie anders man über Erneuerung nicht nur reden, sondern diese auch in die Tat umsetzen kann. Nach der Landtagswahl in Hessen im Oktober 2018, bei der die CDU fast ebenso katastrophal wie die SPD abgeschnitten hatte, erklärte Angela Merkel am nächsten Tag in Berlin ihren Rückzug auf Raten – vom CDU-Parteivorsitz, aber bald auch als Bundeskanzlerin. Viele der anwesenden Journalisten rieben sich vor Verwunderung die Augen, so glasklar, schonungs- und schnörkellos redete die Frau, deren Vorliebe für verschwurbelte Wortungetüme so berüchtigt gewesen war, plötzlich über das nahende Ende ihrer beispiellosen politischen Karriere. »Ich bin überzeugt: Wir müssen innehalten. Ich jedenfalls tue das. Und ich wünsche mir, dass wir den gestrigen Wahltag als Zäsur nehmen, dass wir alles auf den Prüfstand stellen, was wir spätestens seit der Bundestagswahl bis heute gesagt und getan haben«, erklärte Merkel.[18] Die Wahl in Hessen sei ein »deutliches Signal«, dass es so nicht weitergehen könne – das Bild der Regierung in Berlin sei »inakzeptabel«. Sie habe sich »immer gewünscht und vorgenommen, meine staatspolitischen und partei-politischen Ämter in Würde zu tragen und sie eines Tages auch in Würde zu verlassen«. Und: »Ich habe das sichere Gefühl, dass es heute an der Zeit ist, ein neues Kapitel aufzuschlagen.« Deshalb werde sie auf dem Parteitag im Dezember in Hamburg nicht mehr als CDU-Vorsitzende kandidieren, damit sich die Partei mit einer neuen Führungsmannschaft »auf die Zeit nach mir einstellen« könne.

Merkels Auftritt ließ viele aufmerken, weil ihre ungewohnt offene Sprache sie auf eine Weise nahbar machte, dass plötzlich alle Distanz, die die unzähligen Phrasen der vergangenen 18 Jahre geschaffen hatten, zu schwinden schien. Sie sprach nicht mehr nur wolkig von »Erneuerung« oder einer »Aufarbeitung« ihrer Versäumnisse in ungefährer Zukunft, sie redete nicht von einer »Rückkehr zur Sacharbeit« und auch nicht davon, dass man jetzt »dringend intensive Gespräche führen« müsse, wie SPD-Generalsekretär Lars Klingbeil nach der verlorenen Hessen-Wahl. Nein, ausgerechnet Angela Merkel sprach authentisch – »Klartext« im Wortsinn. Damit gelang ihr binnen einer halben Stunde, worauf die SPD in den Monaten davor vergeblich hingearbeitet hatte: In der öffentlich-medialen Wahrnehmung schrieb sie das Narrativ um. Vor der Pressekonferenz war sie noch die CDU-Vorsitzende gewesen, die die Zeichen der Zeit nicht erkannt hatte, die an ihrem Stuhl klebte, die sich einer echten Erneuerung wider besseres Wissen verweigerte. Danach war sie plötzlich die scheidende CDU-Vorsitzende, der es gelungen war, »in Würde zu gehen« und so »selbstbestimmt und erhobenen Hauptes«[19] den Anfang des Endes ihrer Karriere einzuleiten, dass selbst die linke *taz*, die Merkel bis dato immer mehr als kritisch begleitet hatte, sie plötzlich fast hymnisch feierte und auf Seite eins schrieb, »wir werden uns noch nach ihr sehnen«.[20]

Es war die Unmittelbarkeit der aufeinanderfolgenden Ereignisse, die nach der Wahl in Hessen so frappierend war: Am Sonntagabend ein Feuerwerk von Erneuerungsphrasen und hilflosen Floskeln, das die Entleerung und die Ratlosigkeit der politischen Sprache nicht deutlicher hätte machen können. Und am Montag, nur einen Tag darauf, die Rückzugserklärung der Kanzlerin, deren Unverstelltheit viele im wahrsten Sinne des Wortes aufatmen ließ. Nur in der SPD dürften viele den Tag eher bittersüß erlebt haben. Jenen Tag, an dem ausgerechnet die CDU ihr vorgemacht hatte, wie authentische Kommunikation aussehen kann.

10 Klartext: Was tun?

Phrasen sind aus der Politik nicht wegzudenken – nicht vor diesem Buch und sicher auch nicht nach ihm. Politikerinnen und Politiker verwenden sie aus verschiedenen Gründen, wie wir gesehen haben. Weil sie mit ihnen viel reden können, aber nur wenig sagen müssen und Phrasen deshalb vergleichsweise ungefährlich sind. Weil sie so den eigentlichen Sinn ihrer Worte übertünchen und ihre Wähler bewusst im Ungefähren lassen wollen. Weil sie sich in ihrer Lebenswirklichkeit oft zu sehr vom Alltag ihrer Wählerschaft entfremdet haben und nicht mehr wissen, wie deren Sprache klingt. Weil sie den Sprachgestus und die technokratischen Blasenphrasen ihrer Vorgänger übernehmen und glauben, das gehöre in der Branche eben dazu – oder nicht genug über ihre Wirkung nachdenken wie in der Alltagssprache, in der wir alle (zu) häufig in Floskeln reden. Weil das immer größere Erregungspotenzial in der öffentlichen Debatte, die selbst Nichtigkeiten zu Skandalen hochkochen lässt und den Druck auf Politiker so drastisch gesteigert hat, dazu führt, dass die Phrasenwolken bei vielen nur noch dichter werden. Aber auch, weil wir, die Wähler und die Medien, in unseren Ansprüchen an unsere politischen Repräsentanten oft nicht ehrlich sind und »authentische« Volksvertreter fordern, die »Klartext« reden, dann aber völlig schockiert sind, wenn uns ihre »Authentizität« nicht geheuer ist. Das ist die eine Seite: die der teils unachtsamen, teils vorsätzlichen, aber immer enervierend nichtssagenden Floskelsprache. Sie hat die Kluft zwischen dem Volk und seinen politischen Akteuren weiter wachsen lassen – und es liegt auch an ihr, dass Politik manchen nur noch als ein einziger techno-kratischer Selbstverwaltungsapparat mit dramatischer Visions-losigkeit erscheint. Auf der anderen Seite hat der Druck der Rechtspopulisten in der letzten Zeit auch die Sprache mancher einstigen großen Volkspartei in einer Weise verschärft, dass man darin eine große Bedrohung für die Stabilität unserer Demokra-tie sehen muss.

Ist diese Verrohung eine direkte Folge der Phrasenhaftig-keit, die die politische Sprache schon lange quält – also eine Art aus den Fugen geratene Gegenbewegung? Die Vermutung liegt nahe. Denn je phrasenhafter, leerer und konfliktscheuer die politische Sprache insbesondere in der Ära Merkel geworden ist, desto mehr haben die etablierten Parteien einer vermeintlichen »Alternative« wie der AfD die Möglichkeit der Suggestion eröffnet, sie seien die Einzigen, die noch »Klartext« sprechen. Und umso größer wird wiederum die Versuchung für die Vertreter der eta-blierten Parteien, unter dem Wunsch der Bürger nach einer kla-reren politischen Kommunikation ebenfalls jene verrohte Spra-che der (Rechts-)Populisten zu verstehen und die Lage damit nur noch schlimmer zu machen. Diese Entwicklung konnte man in Deutschland in den letzten Jahren beispielhaft beobachten, seit die Flüchtlingspolitik Angela Merkels das Land auch rhetorisch gespalten hat. »Nach einer langen Zeit der politischen Sprach-losigkeit ist eine des politischen Brüllens und Niedermachens angebrochen«, schrieb deshalb der Grünen-Vorsitzende Robert Habeck im Herbst 2018 in seinem Buch *Wer wir sein könnten. Warum unsere Demokratie eine offene und vielfältige Sprache braucht.*[1]

Unsere Volksvertreter stehen also vor einem gewaltigen Dilemma: Von ihnen wird zu Recht erwartet, dass sie weniger phrasenhaft sprechen und mehr »Klartext« im Wortsinne reden. Aber was heißt das konkret? Was kann getan werden, um zu einer neuen politischen Sprache zu finden, die mit weniger Floskeln auskommt und die Politik wieder näher an ihre Wähler heranbringt, ohne der Provokationsrhetorik der AfD hinterherzulaufen? Fünf Thesen.

1. Politiker müssen sich ihrer Sprache wieder bewusster werden

Sprache erklärt nicht nur Politik – sie macht sie auch. Wie Politiker und Politikerinnen ihre Botschaften sagen, welches Vokabular und welche Formulierungen sie dabei verwenden, hat direkten Einfluss auf ihr Verhältnis zu den Wählern – und auf ihre Glaubwürdigkeit. Es wäre deshalb fatal, die grassierende Floskelhaftigkeit der politischen Sprache nur als nervige Marotte abzutun, die Politikern nun einmal zu eigen und nicht zu ändern ist. Auch stimmt es eben nicht, dass allein wichtig sei, was »am Ende herauskommt«, um ein legendäres Wort des früheren Bundeskanzlers Helmut Kohl zu zitieren. Die Wähler nehmen durchaus sehr genau wahr, wie Politiker mit ihnen kommunizieren und wie präzise, aufrichtig und selbstkritisch sie dabei sind – oder eben nicht. »Wenn eine politische Sprache die Menschen nicht mehr erreicht, dann trifft dies die Politik in ihrem Kern«, schrieb der SPD-Politiker Erhard Eppler schon 1992 in seinem Buch *Kavalleriepferde beim Hornsignal. Die Krise der Politik im Spiegel der Sprache.*[2] Eppler führte die fatale Neigung zu technokratischen Blasen in der deutschen Politik mit dem Publizisten und Goethe-Zeitgenossen Carl Gustav Jochmann auch auf die fehlende demokratische Tradition in Deutschland und die Kleinstaaterei der »großen und kleinen Fürstentümer« vor der Reichsgründung zurück, in denen es »keine politische Öffentlichkeit« und »keinen politischen Diskurs« gegeben habe.[3] Dadurch fehle es den Deutschen an »Sprachfertigkeit«; eine politische Sprache und ein kollektives Bewusstsein für sie habe sich lange nicht entwickelt. Anders als etwa in England, wo es eine viel ältere Tradition des mündlichen, volksnahen politischen Vortrags auch aus dem Stegreif gebe, hänge der deutschen politischen Sprache noch immer der »Papiergeruch« der Schreibstuben und Paradeplätze an, zitierte Eppler Jochmann, der schon vor bald 200 Jahren »das Fehlen einer öffentlichen politischen Sprache in Deutschland« beklagt hatte.[4] Jochmanns Feststellung, so Eppler, gelte bis heute.

Man vermag beiden kaum zu widersprechen, wenn man an Phrasen wie »Zukunftsfähigkeit«, »Stabilität im Regierungshandeln« oder Wortungetüme wie »paritätischer Beitrag zur Krankenversicherung« denkt. Lebloser und weiter fernab vom Leben kann man kaum über Politik sprechen. Das Fatale ist, dass sich viele Politiker schlicht nicht genügend im Klaren darüber sind, welchen Schaden sie mit ihren Phrasen bei den Wählern und letztlich an der Demokratie anrichten. Wenn die SPD so gebetsmühlenartig wie vage von »sozialer Gerechtigkeit« spricht, ihre Wähler stattdessen aber ganz konkrete Vorschläge hören wollen, wie sie am nächsten Monatsende mehr Rente bekommen oder die immer höhere Gebühr für den Krippenplatz bezahlen können, dann ist das weit mehr als nur ein Kommunikationsproblem. Dann ziehen die Sozialdemokraten sich selbst den Boden unter den Füßen weg. Denn das Vertrauensdefizit, das den großen Volksparteien massive Verluste beschert und eine stolze Partei wie die SPD an den Abgrund gebracht hat, hat nicht nur mit einer Politik zu tun, die nicht mehr »nah bei die Leut'« ist. Sondern eben auch mit einer politischen Sprache, die die Wähler nicht mehr berührt.

Immerhin gibt es in der letzten Zeit Anzeichen dafür, dass das Bewusstsein für die elementare Bedeutung der Sprache für die Politik wieder wächst – wenn bislang auch meistens nur in Bezug auf die Verrohung der Sprache durch das Erstarken der AfD. Wenn Bundespräsident Frank-Walter Steinmeier die Berliner Politik mit Blick auf Wörter wie »Asyltourismus« oder »Anti-Abschiebe-Industrie« zu mehr Disziplin in der Sprache auffordert, dann ist das ein wichtiger Hinweis – aber eben nur die eine Seite der Medaille.[5] Denn man kann nicht gegen die Verrohung der politischen Sprache vorgehen, ohne gleichzeitig den leblosen Floskelwolken den Kampf anzusagen, die mitverantwortlich für die Verrohung sind. Oder, anders gesagt: Es geht nicht nur darum, den Rechtspopulisten nicht in ihre Sprache zu folgen – man muss ihnen in der politischen Debatte auch eine viel schlagkräftigere Waffe entgegenstellen als bislang. Aber wie könnte die aussehen?

2. Präzise sein und differenzieren!

Wie wir sehen, ist es höchste Zeit, dass Politiker wieder mehr »Klartext« reden – aber nicht so, wie die Rechtspopulisten es verstehen! Diese meinen mit »Klartext« Überspitzung, Hetze oder die Verbreitung von Verschwörungstheorien; sie setzen Gesinnung und Ideologie an die Stelle von sachlichem Diskurs und Argumenten, wie Robert Habeck es zu Recht genannt hat. Aber ebenjener sachliche Diskurs muss wieder viel klarer, lebendiger und auch provokanter werden – und in seiner Argumentation schärfer. Die Jahre der Alternativlosigkeit seien abgelöst worden durch eine »Zeit des politischen Rechtsrucks und der sprachlichen

Ideologisierung«, schreibt Habeck in seinem Buch.[6] »Was wir also brauchen, ist eine Sprache, die Alternativen zulässt, die offen ist. Für eine Politik, die Vielfalt und Verschiedenheit als Stärke und Reichtum begreift.« Habeck hat recht damit, aber er kann als Berufspolitiker auch nicht aus seiner Haut. »Vielfalt und Verschiedenheit als Stärke und Reichtum«, so eine Formulierung könnte auch aus der Präambel eines Wahlprogramms stammen. Was soll das bedeuten?

Also noch einmal, konkreter: Politische Sprache muss präziser sein, programmatische Unterschiede wieder viel deutlicher herausarbeiten als bislang und dann auch zu ihnen stehen; sie muss abweichende Meinungen wieder aushalten lernen, statt sie mit leeren Phrasen zu übertünchen, nur um den Eindruck zu erwecken, eigentlich gebe es keinen Dissens. Doch, es gibt fast immer einen Dissens, dem man sich stellen und den man austragen muss. Das ist auch nicht weiter tragisch, sondern der Kern der Demokratie. Wenn die SPD-Führung in einem Dilemma steckt, weil sie eigentlich keine Neuwahlen will, aber auch keine Große Koalition, dann muss sie die auf dem Tisch liegenden Optionen – und die mit ihnen verbundenen Risiken – ehrlich und klar kommunizieren und der Partei zur Abstimmung vorlegen. Wenn vor der Bundestagswahl ein Fernsehduell zwischen der Kanzlerin und ihrem Herausforderer stattfindet, muss der Herausforderer unerbittlich angreifen und den Konflikt suchen, statt seine Kontrahentin zu loben und sich bei ihr für das Wort zu bedanken wie Martin Schulz. Wenn Angela Merkel vermitteln will, dass man ein Engagement wieder zurückfahren kann, wenn das Schlimmste vorbei ist, dann könnte sie das genau so sagen – und nicht, dass sie »nach der Bewältigung der Krise in die Exit-Strategie einsteigen« will.[7] Und wenn ein Politiker gerade schlicht nichts zu sagen hat, weil die Lage zu unüberschaubar ist, dann könnte er auch einfach mal sagen: Dazu möchte ich erst Stellung nehmen, wenn ich mir ausreichend Gedanken gemacht habe – dann aber umso präziser. Ich will keine leeren Floskeln von mir geben.

Es ist aber noch etwas Weiteres, viel Grundlegenderes unabdingbar, wenn es weniger Phrasen geben soll: die Bereitschaft, wieder stärker zu differenzieren und sich zugleich »von den Ritualen des Sieges und der Niederlage« frei zu machen, wie Robert Habeck es nennt.[8] »Die Talkshows im Fernsehen und das ewige Hickhack auf der großen politischen Bühne führen zu einer extrem verzerrten Wahrnehmung«, schreibt er in seinem Buch *Wer wir sein könnten*: »Es gibt ja die Fähigkeit, Kompromisse zu schließen zwischen Menschen, in den Institutionen. Es findet ein Austausch der Argumente statt. Nur täuschen wir uns selbst über unsere Möglichkeiten, wenn wir immer nur nach Sieg oder Niederlage urteilen.« Damit hat Habeck einen Punkt. Politiker neigen durch das immer schnellere Hamsterrad der öffentlichen politischen Debatte im Kampf um Aufmerksamkeit zur Komplexitätsreduktion: Entscheidungen sind schwarz oder weiß, was zählt, ist zunehmend nur noch der 100-prozentige Sieg, weil sich das in der Öffentlichkeit symbolisch viel eher als Stärke und Durchsetzungskraft verkaufen lässt als ein Kompromiss. Die politische Sprache wird aber nur dann weniger floskelhaft werden, wenn Differenzierung nicht als lästiges Übel und Überforderung der Wähler, sondern als konstitutives Element begriffen wird. Weil es zugleich die Sinne der Wähler schärft – auch in Bezug auf die Populisten von rechts und links. Das gilt erst recht für die Medien. Eine Sternstunde in dieser Hinsicht war das *ZDF*-Sommerinterview mit dem AfD-Fraktionsvorsitzenden Alexander Gauland im August 2018. Der Journalist Thomas Walde befragte Gauland zu allem, nur nicht pauschal zu dessen Lieblingsthema Flüchtlinge. Stattdessen stellte er differenzierte

Fragen zu Gaulands Haltung in der Renten-, Klima- und Digitalpolitik.[9] Der AfD-Mann blieb auf so viele Fragen eine Antwort schuldig, dass es danach im *Handelsblatt* hieß, die AfD sei offenkundig eine »Partei ohne Antworten«.[10] Indem er ihm die Bühne verwehrt und ihn mit differenzierten Sachfragen konfrontiert hatte, hatte Walde sowohl die monothematische Fokussierung der AfD auf die Migrationspolitik als auch Gaulands »Klartext«-Rhetorik enttarnt. Ein Musterbeispiel für einen souveränen Umgang mit den Rechtspopulisten, an dem sich Journalisten und Politiker gleichermaßen ein Beispiel nehmen sollten.

Das Gebot der sprachlichen Differenzierung gilt übrigens in beide Richtungen. Das heißt: Wer sich der AfD stellen will, der muss auch mit ihr präzise umgehen und darf sie und ihre Anhänger nicht, wie der frühere CDU-Fraktionschef Friedrich Merz im November 2018, pauschal als »offen nationalsozialistisch« bezeichnen.[11] Das ist das falsche Mittel, weil es über einen Kamm schert und die dringend nötige Kritik an den vielen AfD-Mitgliedern, die immer wieder durch völkische, rassistische Äußerungen und ein demokratiefeindliches Weltbild für Empörung sorgen, entwertet. Solche undifferenzierten Vergleiche machen der Partei ihr Märtyrertum nur noch leichter. Und das führt direkt zum nächsten Punkt: dem Mut.

3. Mehr Mut – auch zur Kontroverse

Der Politik ist der Mut abhandengekommen – und es ist höchste Zeit, dass er wieder zurückkehrt. Das gilt im besonderen Maße auch für die politische Kommunikation. Das Gegenteil von Mut ist Angst, und wie an vielen Stellen dieses Buchs zu lesen war, ist sie oft ein entscheidender Faktor, wenn Politiker Phrasen benutzen: Angst um die eigene Machtbasis oder vor der eigenen

Partei; Angst, bei der nächsten Wahl auf eine zu konkrete Äußerung festgenagelt zu werden; Angst vor einem Shitstorm und einer unkontrollierbaren Entwicklung in den (sozialen) Medien, die Differenzierungen schnell nivellieren und in Windeseile einen Skandal produzieren können. Und ja, auch Angst davor, mit einer dezidierten, aber durchaus sachlichen Äußerung etwa zur Flüchtlingspolitik aus einer falsch verstandenen politischen Korrektheit heraus schnell in eine falsche Ecke gestellt zu werden.

All diese Ängste sind nachvollziehbar. Doch wenn die politischen Vertreter künftig weniger Phrasenwölkchen ausstoßen und präziser kommunizieren wollen, um dem Eindruck politischer Konformität entgegenzuwirken und sich ihrem Wahlvolk wieder anzunähern, dann müssen sie auch sprachlich mehr Bereitschaft aufbringen, mit ihren Worten anzuecken und Gegenwind zu erzeugen. So hat es auch Jens Spahn in seinem Gastbeitrag über die politische Streitkultur gefordert. Nicht jede knackigere Äußerung rührt gleich an die Grundfesten von Demokratie und Moral, und erst wenn eine klare Haltung nicht mehr als potenzielle Gefahr betrachtet und notfalls auch ein negativer Effekt (auf die eigene Karriere) in Kauf genommen wird, kann wieder differenzierter über Politik gestritten werden. Dann aber bitte auch deutlich unnachgiebiger und auch provokanter als bisher. Es hat schließlich einen Grund, dass uns meistens nicht Phrasen im Gedächtnis haften bleiben, sondern Worte des engagierten Widerspruchs wie die des früheren Außenministers Joschka Fischer, mit denen er im Februar 2003 bei der Münchner Sicherheitskonferenz dem damaligen US-Außenminister Donald Rumsfeld bei dessen Irak-Strategie widersprach: »I'm not convinced«, ich bin nicht überzeugt. Fischers Worte ließen aufmerken, weil ihre Offenheit und Streitbarkeit in der verbrämten diplomatischen Sprache so ungewöhnlich anmuteten – zumal gegenüber dem großen

Verbündeten Amerika. Ein anderes Beispiel einer mutigeren politischen Sprache ist die fulminante Rede des Grünen Cem Özdemir im Frühjahr 2018 im Bundestag, in der er in seltener Klarheit nachzeichnete, was das demokratische System Deutschlands, gegen das etliche in der AfD und ihrer Anhängerschaft mehr oder weniger offen aufbegehren, von der Gesinnung der Rechtspopulisten unterscheidet.[12] Wo andere noch immer in diplomatischen Phrasen um die AfD kreisten, traute Özdemir sich, seine Haltung und seine Ablehnung gegenüber der Partei offen und ohne phrasenhafte Vernebelung kundzutun – auf die Gefahr hin, damit Widerspruch zu ernten. Özdemirs Rede wurde von Rhetorikern der Universität Tübingen deshalb zu Recht als »Rede des Jahres 2018« ausgezeichnet.

Das heißt: Sprachlicher Mut setzt die Bereitschaft zur direkten Konfrontation voraus und den Willen, die eigene Wohlfühlecke zu verlassen. Es war deshalb richtig, dass Sigmar Gabriel, damals noch als SPD-Vorsitzender und Wirtschaftsminister, Anfang 2005 das Gespräch mit der islamkritischen Pegida-Bewegung in Dresden suchte. In der SPD war sein Besuch umstritten – mit den Anhängern der Bewegung zu sprechen, unter denen bei Demonstrationen auch zahlreiche offen rassistische waren, galt vielen als unangemessene öffentliche Aufwertung. Aber wie will man die kruden Thesen der Rechtspopulisten durch differenzierte Argumente entlarven und so eine präzisere, floskelfreiere Sprache sprechen, wenn man sich der Auseinandersetzung mit ihnen grundsätzlich verweigert? Was natürlich nicht heißt – Differenzierung! –, dass man mit unverbesserlichen Rechtsradikalen oder Holocaustleugnern einen Diskurs führen soll. Mit denjenigen gemäßigteren Pegida- oder AfD-Anhängern, die für rationale Argumente noch zugänglich sind, hingegen schon.

Zu einer mutigeren politischen Sprache, die mit weniger

leeren Floskeln auskommt, gehört aber noch etwas Weiteres: Begriffe, die vermeintlich die Rechtspopulisten okkupiert haben und deren bloße Thematisierung manchen in der Debatte schon als politisch nicht korrekt gilt, nicht länger zu meiden, sondern – politisches Reframing – wieder selbst zu besetzen. Es ist deshalb mehr als verdienstvoll, wenn gerade ein Grüner wie Robert Habeck, der um die besonderen Vorbehalte seiner Wähler gegenüber dem Wort »Heimat« weiß, den Begriff aus der Tabu-Ecke holen will, in der viele im Mitte-Links-Milieu ihn über Jahre ängstlich versteckt haben. »Ich bin sehr dafür, dass wir Grüne Begriffe wie Heimat und Deutschland nicht der AfD überlassen«, sagte er im Oktober 2017 der *Frankfurter Allgemeinen Sonntagszeitung.* »Wir müssen uns trauen, über Begriffe wie Heimat und Patriotismus zu reden, sie für uns zu reklamieren und sie definieren.«[13] Habeck wusste, dass seine Äußerung gerade für ihn durchaus ein Risiko war. Trotzdem hatte er den Mut. Einen Mut, der ihm fehlte, als er im Januar 2019 seinen Rückzug von Facebook und Twitter verkündete – wegen eines Hackerangriffs auf Politiker, aber auch wegen missverständlicher eigener Tweets, für die er zuvor kritisiert worden war. Twitter verführe ihn zur Zuspitzung, mache ihn laut und aggressiv, so Habecks Begründung. Aber ist das nicht zu einfach? Die sozialen Medien, diese Skandalbeschleuniger, mögen für verantwortungsvolle Politiker eine große Herausforderung sein. Trotzdem sollten sie sich dem Risiko stellen, statt verzagt vor ihm zu kapitulieren. Andernfalls überlassen sie den politischen Lautsprechern in den nicht mehr wegzudenkenden Netzwerken wehrlos das Feld.

Deutschland, schrieb Jens Spahn in seinem Gastbeitrag für die *taz*, müsse wieder gelassener und angstfreier streiten und dürfe nicht immer sofort »Gesinnungsnoten« verteilen.[14] Das gilt auch für den Umgang von Politikern mit den sozialen Medien.

4. Auch die Medien müssen präziser werden – und aus der Empörungsroutine ausbrechen

Journalisten kritisieren Politiker mit Vorliebe für ihre hohlen Phrasen – dabei verbreiten sie sie beispielsweise in Interviews oft selbst gedankenlos weiter, ohne sie durch beharrliche Nachfragen oder eine angemessene, kritische Einordnung zu relativieren. Sie lassen die Volksvertreter also mit ihren Phrasen widerstandslos durchkommen – und verlieren damit eigentlich jedes Recht, sich über deren entleerte Sprache zu mokieren. Aber auch schon ohne ein Zutun von Politikern finden sich in vielen journalistischen Texten zahllose Phrasen, denn die Medien sind nun einmal eng mit dem Politikbetrieb verflochten und bedienen sich folglich eines gemeinsamen Wortschatzes, der oft ähnlich hermetisch ist wie der von Ärzten oder Juristen. Wenn es zu Recht heißt, Politikerinnen und Politiker hätten mit ihren Phrasen mit dazu beigetragen, dass die Kluft zwischen der Politik und dem Volk immer größer wird, und jetzt müssten sie sich der Bedeutung ihrer Sprache dringend wieder bewusster werden, dann gilt das ohne Einschränkung auch für die Medien. Wenn sie mehr als bislang darauf achten würden, hohlen Phrasen so lange mit kritischen Nachfragen zu begegnen, bis sie gleichsam in sich zusammenfallen, wie es ausgerechnet Stefan Raab 2013 bei jenem Fernsehduell mit Peer Steinbrück vorgemacht hat, wäre das ein weiterer Schritt, Politiker zu einer offeneren Sprache zu »erziehen«.

Dass es auch für Medien so schwierig ist, dem Phrasenkarussell zu entkommen – und Politiker ihre Floskeln oft so leicht an den Mann bringen können –, liegt indes auch an einer journalistischen Praxis, die es in vielen Ländern der Welt so gar nicht gibt: der Autorisierung von Interviews. Diese stillschweigende Übereinkunft, die im Pressekodex seit 2007 gar nicht mehr zwingend vorgeschrieben ist, besagt, dass Interviewpartnern das Interview vor Veröffentlichung noch einmal zur Freigabe vorgelegt wird. Das hat zur Folge, dass Antworten von Politikern, Künstlern oder Managern, die im mündlichen Gespräch mit dem Journalisten vielleicht noch offen und mutig formuliert waren, nachträglich oft entschärft werden, weil dem Politiker oder seinem Pressesprecher das Risiko zu groß erscheint, mit dieser Äußerung zu viel Ärger zu bekommen. Ein Politiker, der eigentlich gesagt hat, es stehe »verheerend« um die Partei, macht dann daraus in der Freigabe mit einiger Wahrscheinlichkeit die Formel »es gibt noch Gesprächsbedarf«. Eine nachträgliche Form der Zensur, sagen manche Journalisten. Auch führt die Autorisierungspraxis immer wieder zu absurden Szenen, weil Gesprächspartner sich im Nachhinein sogar von einem ganzen Interview distanzieren. Medien stehen dann vor der Wahl, es auf einen Rechtsstreit ankommen zu lassen oder etwa eine leere Seite zu drucken.

Aus gutem Grund gibt es diese Autorisierungspraxis im angloamerikanischen Raum nicht – dort gilt, wie in Deutschland nur bei Live-Interviews im Hörfunk oder Fernsehen: gesagt ist gesagt. Es wäre im Sinne einer authentischeren, präziseren politischen Sprache eigentlich unabdingbar, schriftliche Autorisierungen auch hierzulande ad acta zu legen. Das würde auch die Politiker dazu erziehen, sich vorher genau zu überlegen, was sie preisgeben wollen und was nicht. Und es würde die Unmittelbarkeit der politischen Sprache deutlich erhöhen, weil Journalisten bei Phrasen so lange nachbohren könnten, bis der Politiker rhetorisch Farbe bekannt hat. Es steht allerdings zu befürchten, dass sich an dieser Autorisierungspraxis auf lange Sicht nichts ändern wird.

Also bleibt den Journalisten im Kampf gegen die Phrasen vorerst nur, selbstkritischer auch mit der eigenen Rolle in der Empörungsdemokratie umzugehen und die häufig hysterische Berichterstattung über vermeintliche Skandaläußerungen von Politikerinnen und Politikern deutlich herunterzufahren. Das heißt: Wenn alles, sei es eine vermeintlich provokante Äußerung von Jens Spahn, ein überschaubarer Dissens in der Koalitionsregierung oder ein – letztlich wieder einmal weitgehend folgenloser – Streit zwischen der Kanzlerin und ihrem Innenminister, gleich immer zur medialen Staatskrise hochgekocht wird, in der kein Superlativ und kein Untergangsszenario dramatisch genug sein kann, dann sind eben auch die Medien mit dafür verantwortlich, dass die Erregungsspirale sich immer schneller dreht und in ihrem Strudel eine sachliche politische Auseinandersetzung mit Themen kaum noch möglich ist. Man kann es vielen Politikern nicht verdenken, dass sie angesichts dieser Entwicklung Phrasendrescher bleiben oder erst recht zu solchen werden, weil sie das Gefühl haben, schon ein klares Wort zu viel könnte sie in den Abgrund ziehen. Auch bei den Medien ist Differenzierung deshalb das Gebot der Stunde – und der Mut, ein Thema, das man für marginal hält und über das man nur berichten würde, weil alle anderen es tun, auch einfach mal links liegen zu lassen. Großes groß, Kleines klein – diese alte Regel aus dem Zeitungslayout gilt umso zwingender für die Berichterstattung, wenn wir alle das Gefühl für Relevanz nicht immer mehr verlieren wollen.

Und noch etwas ist unabdingbar: Kontextualisierung, wo es nur geht. Ein Beispiel dafür, warum das nicht nur im Kampf gegen Phrasen, sondern auch gegen die Verbreitung von Falschinformationen so wichtig ist, liefert der Umgang der amerikanischen Medien mit Donald Trump. Spätestens seit er zum

Präsidenten gewählt worden ist, wird unter amerikanischen Journalisten kontrovers diskutiert, wie man mit Trumps Tweets umzugehen habe, in denen er Politiker und Medien rüde beschimpft, offenkundige »Fake News« verbreitet, ausländischen Staatschefs droht und seine eigene Großartigkeit preist. Sie sind sein Propagandainstrument Nummer eins. Für die Medien ist das ein Dilemma: Sie haben zu Recht das Gefühl, über Trumps teils ungeheuerliche Äußerungen auf Twitter berichten zu müssen, weil dort ja faktisch Politik gemacht wird. Trotzdem bleibt bei vielen ein fader Beigeschmack: Gibt man Trump dadurch nicht erst die Bühne, die er für seine Propaganda braucht? Spielt man damit nicht erst sein Spiel mit? Nach einer kurzen Phase der Selbstvergewisserung haben sich die großen amerikanischen Medien besonnen – und zeigen seither einen beispielhaften Umgang mit Trumps Verbalattacken. Sie berichten zwar fast über jeden seiner Tweets, aber sie ordnen sie stets ein, erklären, warum sie so skandalös sind und inwiefern Trump sich mit einem Satz wieder einmal selbst widerspricht. Damit leisten sie das, wofür Medien von jeher da waren: Sie trennen Wichtiges von Marginalem und entlarven Lügen, soweit das in diesen Zeiten eben noch geht. Auf Deutschland übertragen, könnte das heißen: Wenn Jens Spahn in einem Interview differenziert über die schlechten Bedingungen in der Pflege spricht, dann ist es die Aufgabe der Medien, ihn wahrheitsgemäß zu zitieren, statt ein isoliertes Zitat aus dem Kontext zu reißen und damit einer Skandalisierung Vorschub zu leisten, die Politiker die Angst vor einer offenen Sprache lehrt. Gerade die Onlinemedien, aber auch die einzelnen Journalisten selbst, von denen viele die Meinungsmache in den sozialen Netzwerken längst als perfektes Mittel auch der Selbstvermarktung erkannt haben, stehen deshalb in der Pflicht, der Versuchung einer Skandalisierung durch die

Veröffentlichung knackiger Politikerzitate zu widerstehen und Wahrhaftigkeit im Zweifel immer vor Empörung zu setzen.

Doch es gibt neben den Politikern und den Medien noch einen dritten Part im Pakt für eine bessere, nachhaltigere Kommunikation zwischen den Politikern und dem Volk – und seine Bedeutung kann gar nicht hoch genug geschätzt werden: den der Medienrezeption. Ohne eine umfassende Medienbildung schon in den Schulen, die Heranwachsende lehrt, politische Äußerungen, ihre Herkunft und ihre Motivation einzuordnen und zu hinterfragen, wird alles Bemühen um eine authentischere, differenziertere und unaufgeregtere politische Kommunikation nicht viel nützen. In einer Umfrage des Meinungsforschungsinstituts Ipsos aus dem September 2018 glaubte nicht einmal jeder zweite Befragte, Falschnachrichten als solche erkennen zu können.[15] In den Daten werde »eine Resignation vor der Komplexität der Lebenswelten und dem Datenüberfluss in einer zunehmend digitalisierten Gesellschaft ersichtlich, in der es schwerfällt, sich in verschiedene Expertensysteme in Politik und Wirtschaft hineinzudenken«, zitierte der Branchendienst *meedia.de* den Ipsos-Direktor für Politik- und Sozialforschung Robert Grimm.[16] Grimms Aussage sollte uns alarmieren. Denn was für Falschnachrichten gilt, gilt schließlich auch für die politische Sprache generell: Wer nicht die Motivation hinter einer Aussage hinterfragen kann, weil er weder ihre mediale Genese kennt noch die Mechanismen, mit denen er sie auf ihre Sinnhaftigkeit hin überprüfen kann, der wird Fake News und auch hohlen Phrasen weithin schutzlos ausgeliefert sein. Die Vermittlung von Medienkompetenz, um dem zu begegnen, kann gar nicht früh – und intensiv – genug beginnen.

5. Unser Bild von Politikern muss sich ändern

Wir Bürger haben es gern einfach – und so machen wir es uns auch: Wir wählen Politiker, damit sie tun, was wir für richtig halten – und wenn sie dann nicht beständig Höchstleistung abliefern, zeigen wir mit dem Finger auf sie und wünschen uns schnell wieder andere her. Uns nervt das Angepasste, Mut- und Visionslose in der Politik – dabei vergessen wir aber, dass auch wir oft nicht gerade vor Elan strotzen und selbst äußerst (über)angepasst daherkommen. Vor allem beschweren wir uns mit Vorliebe über Berufspolitiker, die von der Wiege bis zur Bahre nichts anderes gesehen haben als Kreisbeiräte, Parteitage und Ausschusssitzungen – aber unser eigenes politisches Engagement, das vielleicht ein wenig frischen Wind in die Angelegenheit bringen könnte, geht seit Jahren kontinuierlich zurück. Und wenn sich, selten genug, doch einmal Seiteneinsteiger aus der Wirtschaft oder der Wissenschaft in die Politik verirren, wie der frühere Verfassungsrichter Paul Kirchhof, der 2005 als Parteiloser zum »Kompetenzteam« von Angela Merkel gehörte und von Gerhard Schröder als »Professor aus Heidelberg« verspottet wurde, dann belächeln wir sie, wenn sie mit den Gepflogenheiten des Politikbetriebs erkennbar fremdeln.

Wir sind also, um das Mindeste zu sagen, äußerst wankelmütig in unserem Blick auf unsere Politiker. Das gilt erst recht für unseren Wunsch nach »authentischen« und »kantigen« Volksvertretern, wie wir am Beispiel von Peer Steinbrück und Sigmar Gabriel gesehen haben. Wir lieben es, wenn Politiker aus der Norm fallen und unberechenbar sind; wenn sie dramatisch, unnahbar und glamourös auftreten oder gar von aristokratischer Herkunft sind wie der frühere Verteidigungsminister Karl-Theodor zu Guttenberg, weil uns das den grauen Alltag der deutschen Durchschnittspolitik vergessen lässt. Wir sehnen uns, um mit Max Weber zu sprechen, nach charismatischen Führern, nach einem Gegenmodell zur »fleischgewordenen Langeweile: rahmenlose Brille, gebügeltes Hemd, adrett, auf den ersten Blick harmlos, denkbar unoriginell, Typ Schwiegersohn«. So beschrieb die Kölner Gesellschaftsforscherin Carolin Dorothée Lange 2012 in einem Interview mit der *Frankfurter Rundschau* die ihrer Meinung nach verbreitete öffentliche Wahrnehmung des früheren Bundespräsidenten Christian Wulff.[17] Gleichzeitig aber neigen wir dazu, dieselben »authentischen« Politiker, die wir im Sinne Webers so schätzen, blitzschnell wieder zu demontieren, wenn sie, wie wir an Peer Steinbrück gesehen haben, einmal über die Stränge schlagen oder uns die Angelegenheit, wie bei Steinbrücks Geringschätzung für »billigen« Wein für nur fünf Euro, dann doch zu glamourös wird.

Es ist deshalb höchste Zeit, ehrlicher zu sein – nicht nur zu unseren Volksvertretern, sondern auch zu uns selbst: Politiker und Politikerinnen sind auch nur Menschen. Wenn wir wollen, dass sie weniger in Phrasen sprechen und aufrichtiger, präziser und authentischer sind, dann müssen wir das endlich auch aushalten lernen. Sonst gibt es irgendwann nur noch rahmenlose Brillen und gebügelte Hemden. Typ Schwiegersohn.

Anmerkungen

Einleitung: Phrasen, Floskeln, leere Sätze

1   Vgl. Wolf Schneider: »Lingua blabla-tiva«, *Spiegel*, 01.01.1995 (http://www.spiegel.de/spiegelspecial/d-9157557.html, abgerufen am 23.11.2018).

2   Vgl. *Wikipedia*: »Gemeinplatz« (https://de.m.wikipedia.org/wiki/Gemeinplatz, abgerufen am 01.11.2018).

3   Zitiert nach: *Zeit Online*, 14.12.2011 (https://zeit.de/politik/deutsch-land/2011-12/lindner-ruecktritt-fdp, abgerufen am 25.10.2018).

4   Daniel Baumann und Stephan Hebel: *Gute-Macht-Geschichten. Politische Propaganda und wie wir sie durchschauen*, Frankfurt am Main 2016, S. 5.

5   Ole von Beust: »Politikersprache: Wenn die richtigen Worte fehlen«, *Süddeutsche Zeitung*, 09.07.2012 (https://www.sueddeutsche.de/politik/politikersprache-wenn-die-richtigen-worte-fehlen-1.1406331, abgerufen am 22.10.2018).

1 Vertrauen

1   Sascha Lobo: »Angela Merkels Vertrau-O-Meter (Papst Edition)«, 11.02.2013 (https://saschalobo.com/2013/02/11/angela-merkels-vertrau-o-meter-papst-edition/, abgerufen am 22.10.2018).

2   Gesellschaft für Konsumforschung (GfK): Trust in Professions 2018, zitiert nach *Horizont*: »Werber und Jour-nalisten haben ein echtes Vertrauens-problem«, 21.03.2018 (https://www.horizont.net/marketing/nachrich-ten/GfK-Studie-Werber-und-Jour-nalisten-haben-ein-echtes-Vertrau-ensproblem-165744, abgerufen am 22.10.2018).

3   Zitiert nach *Focus Online*: »Die Wäh-rung ist Vertrauen«, 13.10.2008 (https://www.focus.de/politik/zitate/angela-merkel-die-waeh-rung-heisst-vertrauen_aid_340356.html, abgerufen am 19.11.2018).

4   »Merkel rechtfertigt Verstaatli-chungspläne für Banken«, *Spiegel Online*, 18.02.2009 (http://www.spiegel.de/politik/deutschland/hypo-real-estate-merkel-rechtfertigt-

verstaatlichungsplaene-fuer-banken-a-608391.html, abgerufen am 20.11.2018).

5 Siehe Regierungserklärung vom 05.05.2010, zit. nach *www.bundesregierung.de* (https://archiv.bundesregierung.de/archiv-de/regierungserklaerung-von-bundeskanzlerin-merkel-zu-den-hilfen-fuer-griechenland-1122362, abgerufen am 20.11.2018).

6 Heike Göbel: »Merkel Verdrusswort«, *Frankfurter Allgemeine Zeitung*, 18.01.2011 (http://www.faz.net/aktuell/wirtschaft/alternativlos-merkels-verdrusswort-1574350.html, abgerufen am 18.10.2018).

7 Astrid Séville: »Ton in Ton. Angela Merkels Alternativlos-Rhetorik«, *tageszeitung*, 30.10.2016 (http://www.taz.de/!5346303/, abgerufen am 18.10.2018).

8 Vgl. Henrik M. Pomeranz und Claudia Ehrenstein: »AfD erklärt sich selbst zur neuen Volkspartei«, *Welt Online*, 14.03.2016 (https://welt.de/politik/deutschland/article153257172/AfD-erklaert-sich-selbst-zur-neuen-Volkspartei.html, abgerufen am 03.11.2018).

9 Ulrich Schulte: »Worte wie Schneeflocken. Floskeln in der politischen Rhetorik«, *tageszeitung*, 04.08.2017 (http://www.taz.de/!5429971, abgerufen am 18.10.2018).

2 Ehrlichkeit

1 *Rheinische Post*: »Müntefering kündigt ehrlichsten Wahlkampf aller Zeiten an: ›Merkel muss sich ehrlich machen‹«, 06.05.2009.

2 Malte Lehming: »Wir müssen uns ehrlich machen— ach ja? Steinmeiers Rede zum Tag der Einheit«, *Tagesspiegel*, 04.10.2017 (http://www.tagesspiegel.de/kultur/steinmeiers-rede-zum-tag-der-einheit-wir-muessen-uns-ehrlich-machen-ach-ja/20411672.html, abgerufen am 18.10.2018).

3 Jan Fleischhauer: »Der überforderte Präsident. Festtagsredner Steinmeier«, *Spiegel Online*, 05.10.2017 (http://www.spiegel.de/politik/deutschland/frank-walter-steinmeier-der-ueberforderte-praesident-a-1171352.html, abgerufen am 18.10.2018).

4 Franz Müntefering: »Wir lösen die Probleme nicht, indem wir sie beschweigen«, *Deutschlandfunk Kultur*, 03.07.2018 (https://www.deutschlandfunkkultur.de/spd-politiker-franz-muentefering-wir-loesen-die-probleme.1008.de.html?dram:article_id=421913, abgerufen am 22.10.2018).

5 Holger Schmale: »Gerhard Schröder feiert. Basta!«, *Frankfurter Rundschau*, 06.04.2014 (http://www.fr.de/politik/gerhard-schroeder-wird-70-gerhard-schroeder-feiert-basta-a-601051, abgerufen am 19.11.2018).

6 Zitiert nach *FAZ.NET*: »Lieber ›Kopf-
   tuchmädel‹ als ›Bund Deutscher
   Mädel‹«, 18.05.2018 (http://www.
   faz.net/aktuell/politik/inland/
   alice-weidel-provoziert-mit-
   kopftuchmaedchen-aussage-15593291.
   html, abgerufen am 19.11.2018).

3 Klare Kante

1 Daniel Friedrich Sturm: »Hier der
   ›Klartext-Peer‹, dort ›Schwurbel-Angela‹«, *Die Welt*, 02.03.2013 (http://
   www.welt.de/debatte/kommentar/
   article114074091/Hier-der-Klartext-
   Peer-dort-Schwurbel-Angela.html,
   abgerufen am 18.10.2018).

2 *Der Spiegel*: »Schmidt will Steinbrück
   als Kanzlerkandidaten«, 23.10.2011
   (http://www.spiegel.de/politik/
   deutschland/k-frage-in-der-spd-
   schmidt-will-steinbrueck-als-kanzler-
   kandidaten-a-793387.html, abgerufen
   am 22.10.2018).

3 *SZ-Magazin*: »Sagen Sie jetzt
   nichts, Peer Steinbrück«, 13.09.2013
   (https://sz-magazin.sueddeut-
   sche.de/sagen-sie-jetzt-nichts-peer-
   steinbrueck-79918, abgerufen am
   22.10.2018).

4 Michael König: »Steinbrück zeigt den
   Mittelfinger«, *Süddeutsche Zeitung*,
   12.09.2013 (http://www.sueddeutsche.
   de/politik/spd-kanzlerkandidat-im-
   sz-magazin-steinbrueck-zeigt-den-
   stinkefinger-1.1769507, abgerufen am
   18.10.2018).

5 Zitiert nach *Spiegel Online*: »Brisantes
   Foto von Peer Steinbrück: Finger

   frei«, 13.09.2013 (http://www.
   spiegel.de/politik/deutsch-
   land/reaktion-auf-den-stinkefin-
   ger-von-peer-steinbrueck-a-922025.
   html, abgerufen am 22.10.2018).

6 Ebd.

7 Zitiert nach *Focus Online*: »›Meine
   Form wäre das nicht‹ – Göring-Eck-
   hardt missfällt Steinbrücks Mittelfinger«, 13.09.2013 (https://www.
   focus.de/politik/deutschland/
   bundestagswahl-2013/meine-form-
   waere-das-nicht-goering-eckhardt-
   missfaellt-steinbrucks-stinkefinger_
   aid_1099969.html, abgerufen am
   25.10.2018).

8 Eva Quadbeck: »Steinbrücks Dummheit«, *Rheinische Post*, 12.09.2013.

9 Lorenz Maroldt: »Sie können ihn mal.
   Steinbrück und die ›Stinkefinger‹-
   Pose«, *Tagesspiegel*, 13.09.2013 (http://
   www.tagesspiegel.de/meinung/peer-
   steinbrueck-und-die-stinkefinger-
   pose-sie-koennen-ihn-mal/8783758.
   html, abgerufen am 18.10.2018).

10 *Spiegel Online*: »Brisantes Foto von Peer
   Steinbrück: Finger frei«, 13.09.2013,
   a. a. O.

11 Ingo Arzt und Paul Wrusch: »Den
   Finger am Abzug. Steinbrück im ›SZ-
   Magazin‹«, *tageszeitung*, 13.09.2013
   (http://www.taz.de/!5059216, abgerufen am 18.10.2018).

12 Robin Alexander: »Falsche Geste:
   Steinbrücks Mittelfinger hat die Wahl
   entschieden«, *Die Welt*, 13.09.2013
   (http://www.welt.de/debatte/
   kommentare/article119990048/

Steinbruecks-Stinkefinger-hat-die-Wahl-entschieden.html, abgerufen am 18.10.2018).

13 »Steinbrück sieht Stinkefinger als Fehler«, *ntv*, 08.04.2014 (http://www.n-tv.de/politik/Steinbrueck-sieht-Stinkefinger-als-Fehler-article12621261.html, abgerufen am 24.11.2018).

14 Zitiert nach *Welt Online*: »Klare Kante und loses Mundwerk«, Deutsche Presseagentur, 28.09.2012 (https://www.welt.de/newsticker/dpa_nt/infoline_nt/thema_nt/article109523125/Klare-Kante-und-loses-Mundwerk.html, abgerufen am 26.11.2018).

15 Vgl. *Spiegel Online*: »Ausschreitungen in Heidenau: Terror mit Ansage«, 22.08.2015 (http://www.spiegel.de/politik/deutschland/fluechtlingsheim-in-heidenau-rechter-terror-mit-ansage-a-1049372.html, abgerufen am 25.10.2018).

16 Vgl. Florian Gathmann: »Gabriel über Rassisten in Heidenau: ›Das ist Pack‹«, *Spiegel Online*, 24.08.2015 (http://www.spiegel.de/politik/deutschland/heidenau-sigmar-gabriel-besucht-fluechtlingsunterkunft-a-1049582.html, abgerufen am 25.10.2018).

17 Zitiert nach *Wirtschaftswoche*: »Angela Merkel in Heidenau: Keine Toleranz für Fremdenfeinde«, 26.08.2015 (https://www.wiwo.de/politik/deutschland/angela-merkel-in-heidenau-keine-toleranz-fuer-fremdenfeinde/12236126.html, abgerufen am 25.10.2018).

18 Peter von Becker: »Gegen die Brandstifter, für die Bürger. Heidenau und das ›Pack‹«, *Tagesspiegel*, 27.08.2015 (http://www.tagesspiegel.de/politik/heidenau-und-das-pack-gegen-die-brandstifter-fuer-die-buerger/12239006.html, abgerufen am 18.10.2018).

19 Timo Lokoschat: »Ohne Worte. Heidenau und das Schweigen der Angela Merkel«, *Abendzeitung München*, 24.08.2015 (https://www.abendzeitung-muenchen.de/inhalt.az-kommentar-ohne-worte-heidenau-und-das-schweigen-der-angela-merkel.c88268b7-57ac-4df5-bde1-24cfbafd0829.html, abgerufen am 25.10.2018).

20 Stefan Berg: »Das ›Pack‹-Problem. Gabriel gegen Ausländerhasser«, *Spiegel Online*, 27.08.2015 (http://www.spiegel.de/politik/deutschland/fluechtlinge-das-pack-problem-kommentar-a-1049965-html, abgerufen am 18.10.2018).

21 Eberhard Straub: »Verrohte Sprache. Wenn Gegner als ›Pack‹ bezeichnet werden«, *Deutschlandfunk Kultur*, 02.09.2015 (http://www.deutschlandfunkkultur.de/verrohte-sprache-wenn-gegner-als-pack-bezeichnet-werden.1005.de.html?dram:article_id=329884, abgerufen am 18.10.2018).

22 Bundesregierung: »Ausschreitungen in Heidenau: ›Null Toleranz gegen Rassismus‹«, Pressemitteilung vom 23.08.2015 (https://www.bundesregierung.de/breg-de/service/gesetzes-

vorhaben/-null-toleranz-gegenue-
ber-rassismus--447584, abgerufen am
25.10.2018).

23 Peter von Becker: »Gegen die Brandstifter, für die Bürger. Heidenau und
das ›Pack‹«, *Tagesspiegel*, a. a. O.

24 Matthias Schiermeyer und Bärbel
Krauß: »Pro und Contra: Gabriel
und das braune ›Pack‹«, *Stuttgarter
Zeitung*, 25.08.2015 (https://www.
stuttgarter-zeitung.de/inhalt.pro-
und-kontra-gabriel-und-das-braune-
pack.70c06726-6405-47fa-9c9f-
7dacfee628ef.html, abgerufen am
22.10.2018).

25 Bernhard Pörksen: »Wir sind auf
dem Weg in die Empörungsdemokratie«, *Neue Zürcher Zeitung*,
15.02.2018 (https://www.nzz.ch/
feuilleton/bernhard-poerksen-
wir-sind-auf-dem-weg-zur-
empoerungsdemokratie-ld.1355041,
abgerufen am 25.10.2018).

26 Zitiert nach *FAZ.NET*: »Bei AfD-Ju-
gendorganisation – Gauland: Hitler
nur ›Vogelschiss‹ in deutscher Geschichte«, 02.06.2018 (http://www.
faz.net/aktuell/politik/inland/gau-
land-hitler-nur-vogelschiss-in-deut-
scher-geschichte-15619502.html,
abgerufen am 25.10.2018).

27 Vgl. *Spiegel Online*: »Schulz zu Gauland:
Auf den Misthaufen der Geschich-
te gehören Sie«, 12.09.2018 (http://
www.spiegel.de/politik/deutsch-
land/martin-schulz-zu-alexander-
gauland-misthaufen-der-deutschen-
geschichte-a-1227687.html, abgerufen
am 25.10.2018).

28 Zitiert nach *Welt Online*: »Verrohung der Politikersprache: »Giffey kritisiert Parteikollegen
Schulz für ›Misthaufen‹-Aussage«,
15.09.2018 (https://www.welt.de/po-
litik/deutschland/article181541458/
Verrohung-der-Politikersprache-
Giffey-kritisiert-Parteikollegen-
Schulz-fuer-Misthaufen-Aussage.html,
abgerufen am 25.10.2018).

29 Anna Lehmann und Stefan Reinecke:
»Dietmar Bartsch über offene
Grenzen: ›Die Debatte langweilt
mich«, *taz.de*, 17.09.2018 (https://
www.taz.de/!5533184/, abgerufen am
25.10.2018).

30 Zitiert nach *ntv*: »Kampf gegen Rechts
– Schulz: ›Auf groben Klotz gehört
grober Keil«, 13.09.2018 (https://
www.n-tv.de/politik/Schulz-Auf-
groben-Klotz-gehoert-grober-Keil-
article20621097.html, abgerufen am
25.10.2018).

31 Vgl. Curd Wunderlich: »»Hass macht
hässlich‹: AfD verlässt nach Kahrs-Be-
leidigung den Bundestag«, *Welt Online*, 12.09.2018 (https://www.welt.de/
politik/deutschland/article181506296/
Hass-macht-haesslich-AfD-verlaesst-
nach-Kahrs-Beleidigung-den-Bundes-
tag.html, abgerufen am 25.10.2018).

32 Oliver Georgi: »Cem Özdemir: ›Einmal mehr aufstehen als fallen‹«,
FAZ.NET, 14.09.2018 (http://www.
faz.net/aktuell/politik/inland/cem-
oezdemir-einmal-mehr-aufstehen-
als-fallen-15783784.html, abgerufen
am 22.10.2018).

33 Ulrich Schulte: »Stinkefinger mit Stil«, *taz*, 17.08.2016 (http://www.taz.de/!5331054, abgerufen am 24.11.2018).

34 Jens Spahn: »Lasst uns besser streiten!«, *taz.de*, 09.08.2018 (http://www.taz.de/!5521390/, abgerufen am 22.10.2018).

35 Leonie Feuerbach: »Streit um kulturelle Aneignung: Schwarz-Weiß-Denken«, *Frankfurter Allgemeine Magazin*, 13.09.2018 (http://www.faz.net/aktuell/gesellschaft/debatte-um-kulturelle-aneignung-schwarz-weiss-denken-15779592.html?premium, abgerufen am 22.10.2018).

36 Vgl. Iris Forster: »Political Correctness / Politische Korrektheit«, Bundeszentrale für politische Bildung, Dossier Politik, 15.10.2010 (http://www.bpb.de/politik/grundfragen/sprache-und-politik/42730/politisch-korrektheit?p=all, abgerufen am 01.11.2018).

37 Ebd.

38 Vgl. Markus Decker: »Studie beklagt einseitige Berichterstattung über Flüchtlinge«, *Frankfurter Rundschau*, 21.07.2017 (http://www.fr.de/politik/flucht-zuwanderung/otto-brenner-stiftung-studie-beklagt-einseitige-berichterstattung-ueber-fluechtinge-a-1317469, abgerufen am 03.11.2018).

39 Ebd.

40 Sigmar Gabriel: »Wo Jens Spahn recht hat – und wo nicht«, *Tagesspiegel*, 09.04.2018 (https://www.tagesspiegel.de/politik/erwiderung-von-sigmar-gabriel-wo-jens-spahn-recht-hat-und-wo-nicht/21153002.html, abgerufen am 01.11.2018).

41 Erhard Eppler: *Kavalleriepferde beim Hornsignal. Die Krise der Politik im Spiegel der Sprache*. Frankfurt am Main 1992, S. 249.

4 Nah bei die Leut'

1 Zitiert nach der Redemitschrift der Bundesregierung (https://www.bundesregierung.de/breg-de/aktuelles/pressekonferenzen/pressekonferenz-zur-vorstellung-des-koalitionsvertrages-848608 abgerufen am 25.10.2018).

2 Zitiert nach *Augsburger Allgemeine*: »Gabriel: Große Koalition für kleine Leute«, 27.11.2013 (https://www.augsburger-allgemeine.de/politik/Gabriel-Grosse-Koalition-fuer-kleine-Leute-id27901987.html, abgerufen am 25.10.2018).

3 Vgl. Rüdiger Soldt: »CSU: Näher am kleinen Mann«, *FAZ.NET*, 09.02.2005 (http://www.faz.net/aktuell/politik/csu-naeher-am-kleinen-mann-1211716.html, abgerufen am 25.10.2018).

4 Siehe Philipp Krohn: »Politik der Volksparteien: Wo sind all die kleinen Leute geblieben?«, *Frankfurter Allgemeine Zeitung*, 13.11.2016 (http://www.faz.net/aktuell/politik/inland/die-volksparteien-verlieren-den-kleinen-mann-aus-den-augen-14523603.html, abgerufen am 18.10.2018).

5   Adam Soboczynski: »Sprache in
    der Politik: ›Wir müssen die Sorgen
    der Menschen ernst nehmen‹«, *Zeit
    Online*, 04.10.2017 (https://www.zeit.
    de/2017/41/sprache-politik-floskeln-
    gebaerde, abgerufen am 25.10.2018).

6   Zitiert nach Kristian Frigelj: »Anne
    Will: Kraft brüskiert Putzfrau – und
    gewinnt sie für die SPD«, *Welt Online*,
    18.04.2016 (https://www.welt.de/
    politik/deutschland/article154494251/
    Kraft-brueskiert-Putzfrau-und-ge-
    winnt-sie-fuer-SPD.html, abgerufen
    am 25.10.2018).

7   Ebd.

8   Zitiert nach Thomas Maron: »Putzfrau
    liest Gabriel die Leviten«, *Stuttgarter
    Zeitung*, 09.05.2016 (https://www.
    stuttgarter-nachrichten.de/inhalt.
    spd-personaldebatte-putzfrau-liest-
    gabriel-die-leviten.d6e259b5-09a8-
    4af0-b899-aa437113ca53.html, ab-
    gerufen am 25.10.2018).

9   Kathrin Spoerr: »Rettung der SPD:
    Warum Gabriel auf Putzfrau Neu-
    mann hören sollte«, *Welt Online*,
    10.05.2016 (http://www.welt.de/po-
    litik/deutschland/article155240667/
    Warum-Gabriel-auf-Putzfrau-Neu-
    mann-hoeren-sollte.html, abgerufen
    am 18.10.2018).

10 Zitiert nach Alexander Meyer-Thoene:
    »Susanne Neumann: Das ist die Putz-
    frau, die Gabriel die Altersarmut er-
    klärte«, *Stern.de*, 11.05.2016 (https://
    www.stern.de/politik/deutschland/
    susanne-neumann--die-putzfrau--
    die-sigmar-gabriel-die-altersarmut-

erklaerte-6845560.html, abgerufen
    am 25.10.2018).

11 Jens Spahn: »Lasst uns besser strei-
    ten!«, *taz.de*, siehe Kapitel 3, Anm. 34.

12 Siehe Nico Fried und Robert Roß-
    mann: »Regierungsklausur: Kabinett
    der Willigen«, *Süddeutsche Zeitung*,
    11.04.2018 (https://www.sueddeut-
    sche.de/politik/regierungsklausur-
    kabinett-der-willigen-1.3939703,
    abgerufen am 25.10.2018).

13 Philipp Krohn: »Politik der Volkspar-
    teien. Wo sind all die kleinen Leute
    geblieben?«, *FAZ.NET*, a.a.O.

14 Zitiert nach *FAZ.NET*: »Siemens-Chef
    über Weidel-Rede: ›Lieber Kopftuch-
    Mädel als ›Bund Deutscher Mädel‹«,
    16.05.2018 (http://www.faz.net/ak-
    tuell/politik/inland/alice-weidel-pro-
    voziert-mit-kopftuchmaedchen-aus-
    sage-15593291.html, abgerufen am
    25.10.2018).

15 Zitiert nach *Mitteldeutscher Rundfunk*:
    »Eklat im Bundestag: Curio beleidigt
    Integrationsbeauftragte Özoguz«,
    02.02.2018 (https://www.mdr.de/
    nachrichten/politik/inland/afd-eklat-
    bundestag-curio-beleidigt-inte-
    grationsbeauftragte-oezoguz-100.
    html, abgerufen am 25.10.2018).

16 Zitiert nach Justus Bender: »Gauland:
    Özoguz in Anatolien entsorgen«, *FAZ.
    NET*, 28.08.2017 (http://www.faz.net/
    aktuell/politik/bundestagswahl/afd-
    alexander-gauland-traeumt-von-
    entsorgung-aydan-oezoguz-15171141.
    html, abgerufen am 25.10.2017).

17 Vgl. auch Demonstrationsaufruf der AfD Thüringen, 27.04.2017 (https://afd-thueringen.de/2017/04/sozial-ohne-rot-zu-werden-demonstration-der-afd-thueringen-am-1-mai-in-erfurt/, abgerufen am 25.10.2018).

18 Siehe Bernd Gäbler: »AfD und Medien. Analyse und Handreichungen«, Otto-Brenner-Stiftung, Frankfurt am Main 2017 (https://www.otto-brenner-stiftung.de/fileadmin/user_data/stiftung/02_Wissenschaftsportal/03_Publikationen/AH92_AfD_Medien_Gaebler_2017_07_17.pdf, abgerufen am 25.10.2018).

19 Siehe Katharina Brunner, Sabrina Ebitsch, Sebastian Gierke, Martina Schories: »Die AfD im Bundestag. Das gespaltene Parlament«, *sueddeutsche.de*, 24.04.2018 (https://projekte.sueddeutsche.de/artikel/politik/die-afd-im-bundestag-e362724/, abgerufen am 22.10.2018).

20 Siehe *ARD-Kontraste*: »Markus Söder: Krawallbruder im Umfragetief«, 12.07.2018 (https://www.rbb-online.de/kontraste/archiv/kontraste-vom-12-07-2018/soeder-krawallbruder-im-umfragetief.html, abgerufen am 25.10.2018).

21 Zitiert nach *FAZ.NET*: »Asyl: Dobrindt beklagt ›Anti-Abschiebe-Industrie‹«, 06.05.2018 (http://www.faz.net/aktuell/politik/inland/alexander-dobrindt-beklagt-eine-anti-abschiebe-industrie-15576403.html, abgerufen am 25.10.2018).

22 Anatol Stefanowitsch: »Der Begriff ›Asyltourismus‹ kann nur vergiften«, *Deutschlandfunk*, 01.07.2018 (https://www.deutschlandfunk.de/sprache-als-waffe-der-begriff-asyltourismus-kann-nur.694.de.html?dram:article_id=421754, abgerufen am 22.10.2018).

23 ZDF-Sommerinterview: »Steinmeier greift CDU und CSU an«, *ZDF*, 08.07.2018 (https://www.zdf.de/nachrichten/heute/steinmeier-kritisiert-spalterische-sprache-100.html, abgerufen am 22.10.2018).

24 Siehe Heribert Prantl: »Franz Josef Strauß: Verherrlicht und verdammt«, *Süddeutsche Zeitung*, 06.09.2015 (https://www.sueddeutsche.de/bayern/franz-josef-strauss-verherrlicht-und-verdammt-1.2634624, abgerufen am 25.10.2018).

25 Florian Naumann: »›Er macht komplett den Trump‹: Seehofer sorgt sogar in den USA für Aufsehen – Parteifreunde warnen«, *Münchner Merkur*, 25.06.2018 (https://www.merkur.de/politik/wollen-soeder-und-seehofer-csu-von-trump-lernen-wissenschaftler-und-parteifreunde-warnen-vor-kurs-auch-im-asylstreit-zr-9980314.html, abgerufen am 25.10.2018).

26 Tim Spier: »Was versteht man unter Populismus?«, Bundeszentrale für politische Bildung, 25.09.2014 (https://www.bpb.de/192118/was-versteht-man-unter-populismus, abgerufen am 19.11.2018).

27 Elisabeth Wehling: *Politisches Framing. Wie eine Nation sich ihr Denken einredet –*

und daraus Politik macht, Köln 2016,
S. 62 ff.

28   Ebd., S. 124 f.

29   »Wortwahl: Vom ›Asyltourismus‹
bis ›Vogelschiss‹ – verroht die politische Sprache?«, *Stern.de*, 04.08.2018
(https://www.stern.de/politik/
deutschland/verroht-die-politische-
sprache--von-asyltourismus-bis-
vogelschiss-8196964.html, abgerufen
am 22.10.2018).

30   Robert Habeck: *Wer wir sein könnten.
Warum unsere Demokratie eine offene
und vielfältige Sprache braucht*, Köln
2018, S. 31 f.

5 Empörung

1   Vgl. Ralf Gerstenberg: »Rhetorik von
Politikern: Worthülsen und Sprech-
blasen«, *Deutschlandfunk*, 19.06.2017
(https://www.deutschlandfunk-
kultur.de/rhetorik-von-politikern-
worthuelsen-und-sprechblasen.976.
de.html?dram:article_id=388859,
abgerufen am 22.10.2018).

2   Ole von Beust: »Politikersprache:
Wenn die richtigen Worte fehlen«,
siehe Einleitung, Anm. 5.

3   Vgl. »Provokation der internationalen
Gemeinschaft«, Presseerklärung vom
30.11.2017 auf *www.bundeskanzlerin.
de* (https://www.bundeskanzlerin.de/
bkin-de/aktuelles/provokation-der-in-
ternationalen-gemeinschaft-462412,
abgerufen am 19.11.2018).

4   Jens Twiehaus: »Storys statt Polit-
sprech: Wolfgang Ainetter krempelt
die Kommunikation im Verkehrsministerium um«, *turi2.de*, 23.10.2018
(http://www.turi2.de/aktuell/sto-
rys-statt-polit-sprech-wolfgang-ai-
netter-krempelt-die-kommunika-
tion-im-verkehrsministerium-um/,
abgerufen am 25.10.2018).

5   Bernhard Pörksen: *Die große Gereiztheit. Wege aus der kollektiven Erregung*,
München 2018, S. 62 f.

6   Vgl. *Bild-Zeitung*: »Trump will Ein-
reise in die USA erschweren: ›Es
wird extreme Sicherheitschecks geben««, 15.01.2017 (https://www.
bild.de/bild-plus/politik/ausland/
donald-trump/das-grosse-bild-in-
terview-49790140,view=conversi-
onToLogin.bild.html, abgerufen am
30.10.2018).

7   Vgl. Bayerische Landeszentrale für
neue Medien, Pressemitteilung zur
MedienGewichtsStudie, 19.04.2018
(https://www.blm.de/infothek/
pressemitteilungen/2018-04-19-
youtube-und-instagram-sind-die-
neuen-meinungsmacher-fuer-die-
junge-zielgruppe-siegfried-schneider-
praesentiert-in-berlin-neue-ergeb-
nisse-der-mediengewichtungsstu-
die-9718, abgerufen am 31.10.2018).

8   Zitiert nach: Arno Orzessek: »Bernhard Pörksen: ›Die große Gereiztheit‹:
Stoppt die Empörungsdemokratie«,
Deutschlandfunk Kultur, 19.02.2018
(https://www.deutschlandfunkkul-
tur.de/bernhard-poerksen-die-gros-
se-gereiztheit-stoppt-die.950.de.htm-
l?dram:article_id=411069, abgerufen
am 31.10.2018).

9   Ebd.

10 Siehe Interview mit Bernhard
    Pörksen: »Wir sind auf dem Weg zur
    Empörungsdemokratie«, *Neue Zür-*
    cher Zeitung, 15.02.2018 (https://
    www.nzz.ch/feuilleton/bernhard-
    poerksen-wir-sind-auf-dem-weg-zur-
    empoerungsdemokratie-ld.1355041,
    abgerufen am 31.10.2018).

11 Siehe Interview mit Bernhard
    Pörksen im *Deutschlandfunk*: »Im
    digitalen Zeitalter gibt es keine
    Idylle mehr«, 18.02.2018 (https://
    www.deutschlandfunk.de/me-
    dien-und-demokratie-im-digi-
    talen-zeitalter-gibt-es-keine.694.
    de.html?dram:article_id=411042, ab-
    gerufen am 23.11.2018).

12 Vgl. *Bild-Zeitung*: »Wegen offener
    Grenzen: Grünen-Chef greift Merkel
    an«, 27.10.2018 (https://www.bild.
    de/politik/inland/politik-inland/
    wegen-offener-grenzen-gruenen-
    chef-habeck-greift-kanzlerin-merkel-
    an-58070652.bild.html, abgerufen am
    27.10.2018).

13 Vgl. *Spiegel Online*: »Grünen-Chef:
    Habeck kritisiert Merkels Flücht-
    lingspolitik«, 27.10.2018 (http://
    www.spiegel.de/politik/deutschland/
    robert-habeck-kritisiert-angela-
    merkels-fluechtlingspolitik-a-1235464.
    html, abgerufen am 27.10.2018).

14 Vgl. *Zeit Online*: »Die Grünen: Robert
    Habeck kritisiert Merkels Flüchtlings-
    politik«, 27.10.2018 (https://www.
    zeit.de/politik/deutschland/2018-10/
    gruene-robert-habeck-angela-
    merkel-fluechtlingspolitik-kritik, ab-
    gerufen am 27.10.2018).

15 Vgl. Facebook-Post von Robert
    Habeck, 27.10.2018 (https://www.
    facebook.com/1587853251474770/
    posts/2176316155961807/, abgerufen
    am 27.10.2018).

16 Siehe Ralf Neukirch: »›Den Bach run-
    ter‹: Röttgens Abrechnung mit Mer-
    kels Politik«, *Der Spiegel*, 05.10.2018
    (http://www.spiegel.de/plus/norbert-
    roettgen-rechnet-mit-angela-merkel-
    ab-den-bach-runter-a-00000000-
    0002-0001-0000-000159786764,
    abgerufen am 31.10.2018).

17 Robert Birnbaum: »Koalitionsgipfel
    im Kanzleramt: Hurra, wir regieren
    noch!«, *Tagesspiegel.de*, 14.04.2016
    (https://www.tagesspiegel.de/poli-
    tik/koalitionsgipfel-im-kanzleramt-
    hurra-wir-regieren-noch/13446840.
    html, abgerufen am 30.10.2018).

18 Siehe Rudi Wais: »Spahn will Pfle-
    gekräfte mit besseren Bedingungen
    zu Mehrarbeit motivieren«, *Augsbur-*
    ger Allgemeine, 20.09.2018 (https://
    www.augsburger-allgemeine.de/
    politik/Spahn-will-Pflegekraefte-
    mit-besseren-Bedingungen-zu-
    Mehrarbeit-motivieren-id52229651.
    html, abgerufen am 30.10.2018).

19 Vgl. Facebook-Seite der *heute-show*:
    »Wieder ein klassischer
    Spahn«, 20.09.2018 (https://
    www.facebook.com/heute-
    show/posts/wieder-ein-klassi-
    scher-spahn/10155714595615986/,
    abgerufen am 30.10.2018).

20 Vgl. Tweet von Jens Spahn vom 20.09.2018 (https://twitter.com/jensspahn/status/1042731119760822272?lang=de, abgerufen am 30.10.2018).

21 »›Jens Spahn will, dass Pfleger mehr arbeiten‹: Wie Medien ein Zitat aus dem Kontext reißen und einen Social-Media-Shitstorm anheizen«, *Meedia.de*, 21.09.2018 (https://meedia.de/2018/09/21/jens-spahn-will-dass-pfleger-mehr-arbeiten-wie-in-den-sozialen-netzwerken-aus-einem-einzelnen-satz-ein-skandal-gemacht-wird/, abgerufen am 31.10.2018).

22 Siehe Tweet von Jens Spahn vom 20.09.2018 (https://twitter.com/jensspahn/status/1042722054884274176?lang=de, abgerufen am 31.10.2018).

23 Siehe Rede von Frank-Walter Steinmeier vom 23.09.2018, zitiert nach http://www.bundespraesident.de/SharedDocs/Reden/DE/Frank-Walter-Steinmeier/Reden/2018/09/180923-Deutschland-spricht.html, abgerufen am 31.10.2018).

24 Siehe Jens Spahn: »Berliner Cafés: Sprechen Sie doch deutsch!«, *Die Zeit*, 23.08.2017 (https://www.zeit.de/2017/35/berlin-cafes-hipster-englisch-sprache-jens-spahn, abgerufen am 31.10.2018).

25 Zitiert nach *Tagesschau.de*: »Streit um Hartz IV: Vorsichtige Unterstützung für Jens Spahn«, 13.03.2018 (https://www.tagesschau.de/inland/spahn-reaktionen-101.html, abgerufen am 31.10.2018).

26 Spahn: »Lasst uns besser streiten«, *taz.de*, siehe Kapitel 3, Anm. 32.

27 Ulrike Winkelmann: »Gesundheitsminister: Spahn äußert sich zu allem«, *Deutschlandfunk Nova*, 05.04.2018 (https://www.deutschlandfunknova.de/beitrag/bundesminister-fuer-gesundheit-jens-spahn-aeussert-sich-zu-allem, abgerufen am 31.10.2018).

28 Siehe Interview mit Jens Spahn: »Im Zweifel ist das Ministerium am Zug«, *Ärzteblatt*, 23.07.2018 (https://www.aerzteblatt.de/pdf.asp?id=199093, abgerufen am 31.10.2018).

29 Siehe Cornelia Schmergal: »Früher hart, heute lieber herzlich: Die wundersame Verwandlung des Jens Spahn«, *Der Spiegel*, 31.08.2018 (http://www.spiegel.de/plus/jens-spahn-und-seine-verwandlung-frueher-hart-heute-lieber-herzlich-a-00000000-0002-0001-0000-000159189583, abgerufen am 31.10.2018).

30 Siehe Joseph Hausner: »Spahn hat schon jetzt gezeigt, dass er als Minister goldrichtig ist«, *Focus Online*, 29.03.2018 (https://www.focus.de/politik/deutschland/kommentar-spahn-hat-schon-jetzt-gezeigt-dass-er-als-minister-goldrichtig-ist_id_8690328.html, abgerufen am 31.10.2018).

6 Verantwortung

1 »Verfassungsschutz-Chef Maaßen: ›Keine Informationen über Hetzjagden«, *Bild-Zeitung*, 06.09.2018 (https://www.bild.de/bild-plus/politik/inland/politik-inland/verfassungsschutz-chef-maassen-keine-information-ueber-hetzjagden-57111216,view=conversionToLogin.bild.html, abgerufen am 31.10.2018).

2 Zitiert nach *FAZ.NET*, 21.09.2018 (http://www.faz.net/aktuell/politik/inland/andrea-nahles-brief-im-wortlaut-wir-haben-vertrauen-verloren-15800483.html, abgerufen am 31.10.2018).

3 Zitiert nach *Phoenix.de*, 18.09.2018 (https://www.phoenix.de/der-sender/presse/aktuelle-interviews/andre-hahn-die-linke-sieht-in-maassens-verhalten-den-gipfel-der-verantwortungslosigkeit-a-451475.html, abgerufen am 31.10.2018).

4 Zitiert nach *FAZ.NET*: »Seehofer: Maaßen muss bis Montag Bericht abgeben«, 09.09.2018 (http://www.faz.net/aktuell/politik/inland/seehofer-maassen-muss-bis-montag-bericht-abgeben-15779702.html, abgerufen am 31.10.2018).

5 Zitiert nach SPD Hessen, 19.09.2018 (https://www.spd-fraktion-hessen.de/2018/09/19/seehofer-handelt-verantwortungslos-und-zerstoererisch/, abgerufen am 31.10.2018).

6 Zitiert nach *Spiegel Online*: »Brief von Kramp-Karrenbauer: Im Fall Maaßen stand Koalitionsbruch ›konkret im Raum‹«, 20.09.2018 (http://www.spiegel.de/politik/deutschland/annegret-kramp-karrenbauer-zu-hans-georg-maassen-groko-bruch-stand-im-raum-a-1229047.html, abgerufen am 31.10.2018).

7 Zitiert nach *Welt Online*: »Die Präambel des Sondierungspapiers von Jamaika«, 16.11.2017 (https://www.welt.de/newsticker/dpa_nt/afxline/topthemen/hintergruende/article170727400/Die-Praeambel-des-Sondierungspapiers-von-Jamaika.html, abgerufen am 31.10.2018).

8 Zitiert nach *Zeit Online*: »Christian Lindner: ›Es ist besser, nicht zu regieren, als falsch zu regieren«, 20.11.2017 (https://www.zeit.de/politik/deutschland/2017-11/christian-lindner-sondierung-jamaika-abbruch-fdp, abgerufen am 31.10.2018).

9 Elmar Theveßen: »Jamaika-Aus: Die Mutlosen«, auf *ZDF*, 20.11.2017 (https://www.zdf.de/nachrichten/heute/kommentar-von-zdf-vizechefredakteur-thevessen-zu-jamaika-aus-100.html, abgerufen am 31.10.2018).

10 Zitiert nach Hubertus Volmer: »Der höchste Auftrag: Steinmeier will mit den Parteichefs reden«, *ntv.de*, 20.11.2017 (https://www.n-tv.de/politik/Steinmeier-will-mit-den-Parteichefs-reden-article20142032.html, abgerufen am 31.10.2018).

11 Siehe *Spiegel Online*: »Irak-Krieg: Bush übernimmt Verantwortung für Falschinformation«, 14.12.2005 (http://www.spiegel.de/politik/ausland/irak-krieg-bush-ueber-

nimmt-verantwortung-fuer-falschin-
formationen-a-390483.html, abgerufen am 31.10.2018).

12 Vgl. *Bild-Zeitung*: »Jetzt kämpft Schulz
um die GroKo! ›SPD-Politik war nie
wichtiger als heute«, 21.01.2018
(https://www.bild.de/politik/inland/
grosse-koalition/groko-landesver-
baende-54528824.bild.html, abgerufen am 31.10.2018).

13 Vgl. Koalitionsvertrag zwischen CDU,
CSU und SPD, 14.12.2013 (https://www.
cdu.de/sites/default/files/media/do-
kumente/koalitionsvertrag.pdf, abgerufen am 31.10.2018).

14 Vgl. Koalitionsvertrag zwischen CDU,
CSU und SPD, 12.03.2018 (https://
www.cdu.de/system/tdf/media/doku-
mente/koalitionsvertrag_2018.pdf?fi-
le=1, abgerufen am 31.10.2018).

15 Vgl. Koalitionsvertrag zwischen CDU,
CSU und FDP, 26.10.2009 (https://
www.csu.de/common/_migrated/csu-
content/091026_koalitionsvertrag.pdf,
abgerufen am 31.10.2018).

16 Vgl. Koalitionsvertrag zwischen CDU,
CSU und SPD, 11.11.2005 (https://www.
kas.de/c/document_library/get_file?u-
uid=16f196dd-0298-d416-0acb-954d2
a6a9d8d&groupId=252038, abgerufen
am 31.10.2018).

17 Vgl. Koalitionsvertrag zwischen
SPD und Bündnis 90/Die Grünen,
16.10.2002 (https://www.nachhaltig-
keit.info/media/1248173898ph-
p7wc9Pc.pdf, abgerufen am
31.10.2018).

18 Vgl. Koalitionsvertrag zwischen SPD
und Bündnis 90/Die Grünen: »Aufbruch und Erneuerung – Deutschlands Weg ins 21. Jahrhundert«,
20.10.1998 (http://library.fes.de/pdf-fi-
les/bibliothek/downl/koalitions-
vertrag1998.pdf, abgerufen am
31.10.2018).

19 Vgl. auch Konrad-Adenauer-Stiftung:
Koalitionsverträge (https://www.
kas.de/web/geschichte-der-cdu/
koalitionsvertraege, abgerufen am
31.10.2018).

20 Jasper von Altenbockum: »Koalitionsverträge: Berliner Vierjahrespläne«,
Frankfurter Allgemeine Zeitung,
26.10.2017 (http://www.faz.net/
aktuell/politik/inland/wel-
chen-wert-hat-ein-koalitionsver-
trag-15260318.html, abgerufen am
31.10.2018).

21 Vgl. Robin Alexander, Claus Marzahn
und Daniel Friedrich Sturm: »Ver-
gesst den Koalitionsvertrag«, *Die Welt*,
02.12.2013 (https://www.welt.de/po-
litik/deutschland/article122428926/
Vergesst-den-schwarz-roten-Koa-
litionsvertrag.html, abgerufen am
31.10.2018).

22 Gerhart Baum: »Früher gab es keine
Geschwätzigkeit«, *Detektor.fm*,
08.02.2018 (https://detektor.fm/poli-
tik/koalitionsvertraege-heute-frueher,
abgerufen am 31.10.2018).

7 Mut

1 Zitiert nach *Stuttgarter Nachrichten*: »Wahlprogramm der FDP: Liberale fordern ›German Mut‹«, 31.03.2017 (https://www.stuttgarter-nachrichten.de/inhalt.wahlprogramm-der-fdp-liberale-fordern-german-mut.fb838923-a802-4ec9-91e4-e1b-806da1e85.html, abgerufen am 03.11.2018).

2 Hugo Müller-Vogg: »Statt ›German Mut‹ praktiziert die FDP ›German Übermut‹«, *Huffington Post*, 20.11.2017 (https://www.huffingtonpost.de/hugo-muellervogg/jamaika-gescheitert-fdp-german-ueber-mut_b_18599582.html, abgerufen am 03.11.2018).

3 Vgl. *Maybrit Illner*, Sendung vom 24.11.2017, zitiert nach *T-Online.de* (https://www.t-online.de/nachrichten/deutschland/bundestagswahl/id_82767312/maybrit-illner-ueber-angela-merkel-maechtigste-verliere-rin-der-welt-.html, abgerufen am 03.11.2018).

4 Rena Lehmann: »Jamaika-Aus: FDP weist Vorwürfe der Inszenierung zurück«, *Kölnische Rundschau*, 21.11.2017 (https://www.rundschau-online.de/politik/jamaika-aus-lind-ner-weist-vorwuerfe-der-inszenie-rung-zurueck-28927802, abgerufen am 03.11.2018).

5 Zitiert nach *www.fdp.de*: »Beer bei Illner: Jamaika kommt nicht mehr in Frage«, 24.11.2017 (https://www.libera-le.de/content/jamaika-kommt-nicht-mehr-frage, abgerufen am 10.11.2018).

6 Marc Hujer: »Ein Männertraum«, *Der Spiegel* 32/2018.

7 Zitiert nach *Zeit Online*: »Heidenau: ›Danke denen, die vor Ort Hass ertragen‹«, 26.08.2015 (https://www.zeit.de/politik/deutschland/2015-08/hei-denau-angela-merkel-fluechtlin-ge-besuch-unterkunft, abgerufen am 10.11.2018).

8 Vgl. Sommerpressekonferenz von Merkel am 31.08.2015, zit. nach *Bundesregierung.de* (https://www.bun-desregierung.de/breg-de/aktuelles/pressekonferenzen/sommerpresse-konferenz-von-bundeskanzlerin-mer-kel-848300, abgerufen am 10.11.2018).

9 Vgl. Sigmar Gabriel: »Gabriels Video-Podcast zur Flüchtlingspolitik« vom 22.08.2015 auf *YouTube* (https://www.youtube.com/watch?time_continu-e=268&v=EMDVuox6KNo, abgerufen am 10.11.2018).

10 Zitiert nach *Berliner Zeitung*: »Sigmar Gabriel bei Markus Lanz: ›Ich habe Merkel für einen Satz sehr geschätzt«, 21.09.2018 (https://www.berliner-zeitung.de/kultur/sigmar-gabriel-bei-markus-lanz--ich-habe-merkel-fuer-einen-satz-sehr-geschaetzt--31327586, abgerufen am 10.11.2018).

11 Vgl. Stephan Beuting: »›Wir schaffen das‹: Eine überzeugende Phrase«, *Deutschlandfunk Nova*, 30.08.2016 (https://www.deutschlandfunkno-va.de/beitrag/merkels-wir-schaffen-das-ein-satz-der-hilft, abgerufen am 10.11.2018).

12 Ebd.

13 Vgl. *Welt Online*: »AfD-Demo in Erfurt: Beifall für Gaulands ›Wir wollen das gar nicht schaffen«, 08.10.2015 (https://www.welt.de/politik/deutschland/article147357713/Beifall-fuer-Gaulands-Wir-wollen-das-gar-nicht-schaffen.html, abgerufen am 10.11.2018).

14 Zitiert nach *Spiegel Online*: »Merkel und Faymann zur Flüchtlingskrise: ›Wir dürfen Menschen, die Asyl suchen, nicht im Stich lassen‹«, 15.09.2015 (http://www.spiegel.de/politik/deutschland/merkel-und-faymann-zur-fluechtlingskrise-a-1053051.html, abgerufen am 10.11.2018).

15 Zitiert nach *Tagesschau.de*: »Ein Jahr ›Wir schaffen das‹: Merkels drei kleine große Worte«, 31.08.2016 (https://www.tagesschau.de/inland/merkel-wir-schaffen-das-101.html, abgerufen am 10.11.2018).

16 Vgl. *YouGov.de*: »Nur noch 27 Prozent sagen: ›Wir schaffen das‹«, 31.07.2016 (https://yougov.de/news/2016/07/31/nur-noch-27-prozent-sagen-wir-schaffen-das/, abgerufen am 10.11.2018).

17 Zitiert nach *Bild-Zeitung*: »Gabriel: Merkels ›Wir schaffen das‹ reicht nicht aus«, 13.08.2016 (https://www.bild.de/politik/aktuelles/politik-inland/gabriel-fuer-aenderung-von-wir-schaffen-das-47300800.bild.html, abgerufen am 10.11.2018).

18 Zitiert nach *Tagesspiegel.de*: »Angela Merkel im Wortlaut: ›Wenn wir nicht gerade aus Stein sind‹«, 21.09.2016 (https://www.tagesspiegel.de/politik/angela-merkel-im-wortlaut-wenn-wir-nicht-gerade-aus-stein-sind/14576252.html, abgerufen am 10.11.2018).

19 Vgl. Janosch Delcker: »The phrase that haunts Angela Merkel«, in *Politico.eu*, 23.08.2016 (https://www.politico.eu/article/the-phrase-that-haunts-angela-merkel/, abgerufen am 10.11.2018).

20 Ebd.

21 Ebd.

8 Stabilität

1 Jasper von Altenbockum: »Das TV-Duell: Wo ist der Stier?«, *FAZ.NET*, 01.09.2013 (http://www.faz.net/aktuell/politik/bundestagswahl/das-tv-duell-wo-ist-der-stier-12555452.html, abgerufen am 10.11.2018).

2 Alexander Kissler: »Angela Merkel: Die Mikado-Kanzlerin«, *Cicero*, 24.11.2016 (https://www.cicero.de/innenpolitik/angela-merkel-die-mikadokanzlerin, abgerufen am 10.11.2018).

3 Zitiert nach *Südkurier.de*: »›Sad‹ und ›Danke Merkel‹ – Wenn Politik die Sprache prägt«, 18.05.2017 (https://www.suedkurier.de/ueberregional/panorama/Sad-und-Danke-Merkel-Wenn-Politik-die-Sprache-praegt;art409965,9258951, abgerufen am 10.11.2018).

4 Heribert Prantl: »Merkels Sieg bei der Bundestagswahl: Die Triumphantin«, *Süddeutsche Zeitung*, 23.09.2013 (https://www.sueddeutsche.de/politik/merkels-sieg-bei-der-bundes-

tagswahl-die-triumphantin-1.1777708, abgerufen am 10.11.2018).

5   Zitiert nach *Welt Online*: »CDU-Verluste: Merkel wehrt sich gegen Kritik an ihrer Strategie«, 31.08.2009 (https://www.welt.de/politik/article4433227/Merkel-wehrt-sich-gegen-Kritik-an-ihrer-Strategie.html, abgerufen am 10.11.2018).

6   Vgl. AFP-Video, zitiert nach *FAZ.NET*, 14.10.2018 (http://www.faz.net/aktuell/politik/markus-soeder-hauptaufgabe-sei-eine-stabile-regierung-15838383.html, abgerufen am 10.11.2018).

7   Zitiert nach *Phoenix.de*: »Regierungsbildung in Bayern: CSU und Freie Wähler in Bayern einigen sich«, 03.11.2018 (https://www.phoenix.de/regierungsbildung-in-bayern-a-496140.html, abgerufen am 10.11.2018).

8   Vgl. Berliner Runde zur Landtagswahl in Bayern, *ARD*, 14.10.2018 (https://www.daserste.de/information/nachrichten-wetter/ard-sondersendung/videos/berliner-runde-video-102.html, abgerufen am 10.11.2018).

9   Tom Moseley: »>Strong and stable< – Why politicians keep repeating themselves«, *BBC News*, 27.04.2017 (https://www.bbc.com/news/uk-politics-39730467, abgerufen am 10.11.2018).

10 Vgl. *BBC News*: »Theresa May promises >strong and stable leadership<«, 25.04.2017 (https://www.bbc.com/news/av/uk-wales-politics-39709743/theresa-may-promi-

ses-strong-and-stable-leadership, abgerufen am 10.11.2018).

11 Henry Mance: »Theresa May's 9 U-turns«, *Financial Times*, 22.05.2017 (https://www.ft.com/content/e021c208-3ede-11e7-9d56-25f963e998b2, abgerufen am 10.11.2018).

12 Tom Moseley: »>Strong and stable< – Why politicians keep repeating themselves«, *BBC News*, a.a.O.

13 Rainer Paris: »Mit Wiederholungen zum Erfolg: Das Prinzip Penetranz«, *Deutschlandfunk Kultur*, 07.09.2016 (https://www.deutschlandfunkkultur.de/mit-wiederholungen-zum-erfolg-das-prinzip-penetranz.1005.de.html?dram:article_id=365137, abgerufen am 10.11.2018).

14 Tom Moseley: »>Strong and stable<«, a.a.O.

15 AJ Willingham, Aaron Kessler und Brandon Griggs: »The two-word phrase President Trump relies on most«, *CNN.com*, 21.04.2017 (https://edition.cnn.com/2017/04/21/politics/donald-trump-president-speeches-favorite-phrases-trnd/index.html, abgerufen am 10.11.2018).

16 Rainer Paris: »Mit Wiederholungen zum Erfolg: Das Prinzip Penetranz«, *Deutschlandfunk Kultur*, a.a.O.

17 Stefan Kornelius: »Trump wird der Welt neue Regeln verpassen«, *Süddeutsche.de*, 21.01.2017 (http://www.sueddeutsche.de/politik/usa-der-revolutionaer-1.3341785, abgerufen am 10.11.2018).

9 Zukunft

1 Vgl. Christian von Hiller: »Hans Carl von Carlowitz: Er hat die Nachhaltigkeit erfunden«, *FAZ.NET*, 01.03.2014 (http://www.faz.net/aktuell/finanzen/hans-carl-von-carlowitz-er-hat-die-nachhaltigkeit-erfunden-12826006.html, abgerufen am 10.11.2018).

2 Vertrag von Amsterdam, 02.10.1997 (http://europa.eu/european-union/sites/europaeu/files/docs/body/treaty_of_amsterdam.pdf, abgerufen am 21.11.2018).

3 Vgl. Koalitionsvertrag 2013, zit. nach *Bundesregierung.de* (http://www.bundesregierung.de/resource/blob/72488/336570/be89704c0e89fe01a1594f00c5acc938/2013-12-17-koalitionsvertrag-data.pdf?download=1, abgerufen am 10.11.2018).

4 Siehe Volker Siefert: »Nachhaltigkeit – Begriff mit doppeltem Boden«, *FAZ.NET*, 27.04.2001 (http://www.faz.net/aktuell/wirtschaft/nachhaltigkeit-begriff-mit-doppeltem-boden-124354.hml, abgerufen am 10.11.2018).

5 Ebd.

6 Axel Bojanowski: »Verwirrende Werbefloskel«, *Aus Politik und Zeitgeschichte* 31-32/2014, 21.07.2014 (www.bpb.de/apuz/188659/verwirrende-werbefloskel, abgerufen am 10.11.2018).

7 Siehe Politikbarometer zur Nachhaltigkeit in Deutschland, *World Wide Fund For Nature*, Juni 2012 (http://www.wwf.de/fileadmin/fm-wwf/Publikationen-PDF/WWF_Politikbarometer.PDF, abgerufen am 10.11.2018).

8 Bojanowski: »Verwirrende Werbefloskel«, a.a.O.

9 Frank Uekötter: »Ein Haus auf schwankendem Boden: Überlegungen zur Begriffsgeschichte der Nachhaltigkeit«, *Aus Politik und Zeitgeschichte* 31-32/2014, 21.07.2014 (www.bpb.de/apuz/188661/ein-haus-auf-schwankendem-boden-begriffsgeschichte?P=0, abgerufen am 10.11.2018).

10 Elisabeth Wehling: *Politisches Framing*, a.a.O., siehe Kapitel 4, Anm. 27, S. 181 f.

11 Zitiert nach *SPD Hessen*: »SPD Hessen präsentiert Kampagne ›Zukunft jetzt machen««, 20.08.2018 (http://www.spd-hessen.de/2018/08/20/spd-hessen-praesentiert-kampagne-zukunft-jetzt-machen/, abgerufen am 10.11.2018).

12 Siehe Nahles' Interview mit der *Frankfurter Neuen Presse*, 28.07.2018 (https://www.fnp.de/deutschland/andrea-nahles-ueber-koalitionskrise-erneuerung-ihre-eigenen-suenden-10372939.html, abgerufen am 10.11.2018).

13 Siehe Koalitionsvertrag 2009, 26.10.2009, zitiert nach *CSU.de* (http://www.csu.de/common/_migrated/csucontent/091026_koalitionsvertrag.pdf, abgerufen am 10.11.2018).

14 Vgl. Bettina Marx: »Vage Versprechungen und leere Floskeln«, *Deutsche Welle*, 24.10.2009 (http://www.dw.com/de/vage-versprechun-

gen-und-leere-floskeln/a-4811761, abgerufen am 10.11.2018).

15 Siehe Volker Kauder im *Zeit*-Interview, 12.01.2006 (http://www.zeit.de/2006/03/Kauder, abgerufen am 10.11.2018).

16 Wehling, a.a.O., S. 40.

17 Vgl. SPD-Evaluation »Aus Fehlern lernen. Eine Analyse der Bundestagswahl 2017«, 11.06.2018 (https://www.spd.de/fileadmin/Dokumente/Sonstiges/Evaluierung_SPD__BTW2017.pdf, abgerufen am 11.11.2018).

18 Zitiert nach *Welt Online*: »Wurde nicht als Kanzlerin geboren: Angela Merkels Erklärung im Wortlaut«, 29.10.2018 (https://www.welt.de/politik/deutschland/article182938128/Wurde-nicht-als-Kanzlerin-geboren-Angela-Merkels-Erklaerung-im-Wortlaut.html, abgerufen am 10.11.2018).

19 Holger Schmale: »Ein Abgang in Würde«, *Berliner Zeitung*, 29.10.2018 (https://www.berliner-zeitung.de/politik/meinung/kommentar-zu-merkels-rueckzug-ein-abgang-in-wuerde-31512378, abgerufen am 11.11.2018).

20 *taz*-Titel vom 30.10.2018, zitiert nach *Meedia.de*, 30.10.2018 (https://meedia.de/2018/10/30/wir-werden-uns-noch-nach-ihr-sehnen-so-respektvoll-wuerdigt-die-linke-taz-das-polit-phaenomen-angela-merkel/, abgerufen am 11.11.2018).

10 Klartext: Was tun?

1 Habeck, siehe Kapitel 4, Anm. 30, S. 6.

2 Erhard Eppler: *Kavalleriepferde beim Hornsignal. Die Krise der Politik im Spiegel der Sprache*, Frankfurt am Main 1992, S. 7.

3 Ebd., S. 18 f.

4 Ebd., S. 23.

5 Siehe Steinmeier im *ZDF*-Sommer-Interview, siehe Kapitel 3, Anm. 23.

6 Habeck, a.a.O., S. 19.

7 Zitiert nach Stefan Niggemeier: »Die Sprache der Kanzlerin«, *FAZ.NET*, 12.06.2010 (http://www.faz.net/aktuell/feuilleton/fernsehen/hilflo-die-sprache-der-kanzlerin-1996511.html, abgerufen am 22.11.2018).

8 Ebd., S. 28.

9 Siehe *ZDF Berlin direkt*: Sommerinterview mit Alexander Gauland, 12.08.2018 (https://www.zdf.de/politik/berlin-direkt/berlin-direkt--sommerinterview-vom-12-august-2018-100.html, abgerufen am 10.11.2018).

10 Dietmar Neuerer: »Die AfD ist eine Partei ohne Antworten«, *Handelsblatt*, 12.08.2018 (https://www.handelsblatt.com/politik/deutschland/kommentar-zum-gauland-interview-im-zdf-die-afd-ist-die-partei-ohne-antworten/22905472.html?ticket=ST-1945257-Y6lO12LJK-kdVEDVHGXoz-ap2, abgerufen am 10.11.2018).

11 Zitiert nach *Zeit.de*: »Was für ein kruder Nazivergleich«, 13.11.2018 (https://www.zeit.de/politik/deutschland/2018-11/merz-afd-nationalsozialistisch-cdu, abgerufen am 22.11.2018).

12 Vgl. *Tagesspiegel*: »Özdemirs Bundestagsrede zur AfD: ›Deutschland ist stärker, als Ihr Hass es jemals sein wird‹, 26.02.2018 (https://www.tagesspiegel.de/politik/oezdemirs-bundestagsrede-zur-afd-deutschland-ist-staerker-als-es-ihr-hass-jemals-sein-wird/21003244.html, abgerufen am 10.11.2018).

13 Vgl. Habeck in der *F.A.Z.*, 06.10.2017 (http://www.faz.net/aktuell/politik/inland/f-a-z-exklusiv-gruenen-politiker-habeck-will-begriff-heimat-nicht-afd-ueberlassen-15234654.html, abgerufen am 10.11.2018).

14 Jens Spahn: »Lasst uns besser streiten!«, a.a.O, siehe Kapitel 3, Anm. 34.

15 Zitiert nach *Meedia.de*: »Fakt oder Fiktion? Deutsche fühlen sich laut Umfrage nicht in der Lage, Falschnachrichten zu erkennen«, 06.09.2018 (https://meedia.de/2018/09/06/fakt-oder-fiktion-deutsche-fuehlen-sich-laut-umfrage-nicht-in-der-lage-falschnachrichten-zu-erkennen/, abgerufen am 22.11.2018).

16 Ebd.

17 »Nur kein Politiker – sagt das Wahlvolk«, *Frankfurter Rundschau*, 18.02.2012 (http://www.fr.de/bundespraesidentenwahl-nur-kein-politiker-sagt-das-wahlvolk-a-889924, abgerufen am 22.11.2018).

© 2019 Oliver Georgi
Für diese Ausgabe © Duden 2019   D C B A
Bibliographisches Institut GmbH, Mecklenburgische Straße 53, 14197 Berlin

Redaktion Dr. Ludger Ikas
Herstellung Alina Rieger
Layout, Satz und Umschlaggestaltung Schimmelpenninck.Gestaltung, Berlin
Umschlagabbildung Shutterstock/Art_Photo, Microgen
Druck und Bindung CPI books GmbH, Birkstraße 10, 25917 Leck
Printed in Germany

ISBN 978-3-411-71776-7
Auch als E-Book erhältlich unter: ISBN 978-3-411-91280-3
www.duden.de